交通运输专业能力评价教材

公路收费及监控员

（基础知识）

交通运输部职业资格中心　**组织编写**

人民交通出版社
北京

内 容 提 要

交通运输专业能力评价教材《公路收费及监控员》由交通运输部职业资格中心组织编写，分为基础知识和专业实务两册。本书为基础知识分册，共八章，分别为：职业道德，安全知识，收费知识，计算机知识，交通工程知识，电工、电子、通信、机械等知识，文明服务，相关法律、法规知识等。

本书可作为公路收费及监控员专业能力评价教材，也可供相关从业人员学习参考。

图书在版编目（CIP）数据

公路收费及监控员. 基础知识／交通运输部职业资

格中心组织编写. — 北京：人民交通出版社股份有限公司，

2024.6. — ISBN 978-7-114-19606-5

Ⅰ. F542.5

中国国家版本馆 CIP 数据核字第 2024PR7028 号

交通运输专业能力评价教材

书　　名：**公路收费及监控员**（基础知识）

著 作 者：交通运输部职业资格中心

责任编辑：石　遥　刘永超　李　农

责任校对：赵媛媛　魏佳宁

责任印制：刘高彤

出版发行：人民交通出版社

地　　址：（100011）北京市朝阳区安定门外外馆斜街 3 号

网　　址：http://www.ccpcl.com.cn

销售电话：（010）59757973

总 经 销：人民交通出版社发行部

经　　销：各地新华书店

印　　刷：北京市密东印刷有限公司

开　　本：787×1092　1/16

印　　张：15.5

字　　数：370 千

版　　次：2024 年 6 月　第 1 版

印　　次：2024 年 6 月　第 1 次印刷

书　　号：ISBN 978-7-114-19606-5

定　　价：70.00 元

（有印刷、装订质量问题的图书，由本社负责调换）

《公路收费及监控员(基础知识)》

编 写 人 员

主　　编:高连生　陈征皞

副 主 编:张宏春　何　鹏　吴　谊

成　　员:李英奇　廖一明　刘　巍　赵　彦　郑　君

　　　　　王维华　李国辉　陈忠莲　董勇武

审 定 人 员

主　　审:刘　韬

成　　员:董丹丹　汪小文　李　镇　武新超　蒋　彬

　　　　　司　俊　刘解放　胡　琰

前言 >>>

　　培养素质优良的交通技术技能人才队伍,既是加快建设交通强国的重要任务,也是加快建设交通强国的有力支撑。为适应公路运营领域新标准、新技术、新工艺和新材料对公路收费及监控员的新要求,不断提高公路收费及监控员专业能力评价工作的专业性、针对性和实效性,交通运输部职业资格中心依据《公路收费及监控员国家职业技能标准(2022年版)》,组织有关专家编写了《公路收费及监控员(基础知识)》和《公路收费及监控员(专业实务)》两本教材。

　　《公路收费及监控员(基础知识)》分为八章。其中,第一章由张宏春、陈征皞编写;第二章由李英奇编写;第三章由吴谊、刘巍编写;第四章由陈征皞、廖一明编写;第五章由何鹏编写;第六章由赵彦、郑君、王维华编写;第七章由吴谊、李国辉编写;第八章由陈忠莲、董勇武编写。本书由高连生、陈征皞统稿。

　　本书在编写和审定过程中,得到了北京交通运输职业学院、广东省高速公路发展促进会、广东公路科教中心有限公司、中交资产管理有限公司、中铁交通投资集团有限公司、中铁建公路运营有限公司、北京市首都公路发展集团有限公司、浙江省交通投资集团有限公司、安徽皖通高速公路股份有限公司、江西省交通投资集团有限责任公司、山东高速股份有限公司、河南交通投资集团有限公司、广东省交通集团有限公司、广州交通投资集团有限公司、贵州省公路工程集团有限公司、江苏省交通技师学院、湖北交通职业技术学院、湖南交通职业技术学院、陕西交通职业技术学院等单位的大力支持,在此表示感谢!

　　本书在编写过程中,虽经反复推敲,仍难免存在纰漏,敬请广大读者批评指正。

交通运输部职业资格中心
2024 年 4 月

目录 >>>

第一章

职业道德

本章主要介绍职业道德基本知识、公路收费及监控员职业守则和职业素质基本知识等。

第一节　职业道德基本知识

一、职业道德的内涵与特性

(一) 职业道德的内涵

职业道德是指所有从业人员在职业活动中应该遵循的行为准则,是一定职业范围内的特殊道德要求,即整个社会对从业人员的职业观念、职业态度、职业技能、职业纪律和职业作风等方面的行为标准和要求。

职业道德的内容反映了鲜明的职业要求,是职业行为的道德准则。各种职业行为都有其特定的道德要求,即职业道德。从本质上讲,职业道德既对本行业人员在职业活动中的思想和行为方面的要求做出了具体规定,同时又规定了行业对社会所应履行的道德责任和义务。

随着现代社会分工的细化和专业化程度的不断增强,整个社会对从业人员职业观念、职业态度、职业技能、职业纪律和职业作风的要求越来越高,应全面推动以爱岗敬业、诚实守信、办事公道、热情服务、奉献社会为主要内容的职业道德建设。

加强职业道德建设是提高各行业职工整体素质的主要抓手,也是建设有理想、有道德、有文化、有纪律的"四有"职工队伍的内在要求,更是纠正社会不正之风的重要措施之一。

(二) 职业道德的特性

职业道德作为道德的一个方面,与一般道德有着密切的联系,同时又具有自己的特性。

1. 行业性

行业性指的是职业道德只适用于特定的职业活动领域,它往往只约束该行业的从业人员以及他们在职业活动中所发生的行为,对于非本职业的从业人员或本职业的从业人员在该职业之外的行为,则不能起到调节和约束作用。

2. 广泛性

职业道德是职业活动的直接产物。社会分工的多样性,决定了职业活动的多样性,也决定了职业道德的广泛性。可以说,有多少种职业分工,就有多少种职业道德,例如,医生有"医德",教师有"师德",从艺者有"艺德"。随着国家职业道德建设的加强,交通运输行业也涌现出了大批先进人物和先进集体,如"三尺岗亭"写就微笑传奇的公路收费员方秋子、"浪漫出租,温暖泉城"的出租汽车驾驶员周文昌、被称为"高速公路守护者"的公路养护工吴喜军、"规范化管理,争当排头兵"的济南长运巴士 K901 车队等。

3. 实用性

职业道德的表现形式往往比较具体、灵活、多样。它一般是从本职业实际出发,采用制度、守则、公约、承诺、条例、标语、口号等形式,对该行业的职业道德做出规定。职业道德的实用性使其既易于被从业人员所接受和实行,又便于长期坚持下去,形成一种职业的道德习惯。

4. 时代性

随着社会经济的发展,一些职业活动的职业道德规范有相对稳定的一面,同时也会随着时代的发展而变化。每一个时期的职业道德始终反映了当时社会道德现实状况,当时社会道德的要求都会体现在职业道德上,从而使职业道德具有时代性。另一方面,随着一些新的行业、职业的诞生,新的职业道德规范也就应运而生了。

二、职业道德的核心和基本原则

职业人要正确处理个人与社会、竞争与协作、先富与共富、经济效益与社会效益等关系,提倡尊重人、理解人、关心人,发扬社会主义人道主义精神,为人民、社会多做好事,反对拜金主义、享乐主义和极端个人主义,形成体现社会主义制度优越性、促进社会主义市场经济健康有序发展的良好道德风尚。

(一) 为人民服务是职业道德的核心

为人民服务就是一切向人民负责、一切从人民利益出发的思想观点和行为准则,因此它必然成为衡量每个行业制定具体职业道德规范的最高标准。

所谓职业职责,是指从事某种职业的个人对社会、集体和服务对象所承担的社会责任和义务。人们在完成本职工作的时候,往往会遇到各种各样的困难和挫折,需要付出许多努力与艰辛,才能达到要求。如果没有强大的精神动力作支撑,许多人就会半途而废,不能完成自己的岗位职责。为人民服务就是人们以自己的热情与力量克服困难,取得佳绩的精神动力,也是衡量职业行为是非善恶的最高标准。

(二) 集体主义是职业道德的基本原则

职业道德的基本原则不是具体的行为规范,而是从业人员进行职业活动时,应该遵守的具体职业道德行为规范中所体现的价值方针的高度概括。

集体主义在职业道德体系中,是统帅、是灵魂。集体主义不仅是从业人员进行职业活动的根本指导思想,而且也是对每个从业人员的职业行为进行职业道德评价的最高标准。从业者在进行职业活动时,必须坚持集体主义的原则。

第二节　公路收费及监控员职业守则

我国高速公路总体规模不断扩大,从业人员素质不断提高,服务水平不断增强,为交通运输事业发展,满足人民群众生产生活需求,做出了重要贡献。公路收费及监控员是公路管理中不可或缺的一环,他们的职责是确保公路运营管理工作的正常运行和安全,同时也是维护公路交通秩序和保障公众出行安全的重要角色。为加快推进交通运输行业提质增效,更好地适应经济社会发展的新要求,不断满足人民群众对服务质量的新期待,作为交通运输行业精神文明建设的窗口岗位,公路收费及监控员应遵循以下职业守则。

一、遵纪守法,照章办事

遵纪守法指的是每个从业人员都要遵守纪律和法律,尤其要遵守职业纪律和与职业活动相关的法律法规。遵纪守法是每个公民应尽的义务,公路收费及监控员应以国家、集体和人民的利益为一切行为的出发点和落脚点,在处理个人与职业、职业与社会和他人利益关系上,做到遵纪守法,严于律己,遵守规章和纪律。

照章办事就是按照规定办事。公路收费及监控员的工作性质决定了工作中必须照章办事,对违章违规既不能不闻不问,放弃原则,也不能网开一面,顾及私情,更不能将钱款据为己有。公路收费及监控员须提高自身警觉性,时刻保持高度警惕性,做到严格按章办事。

公路收费及监控员要严格遵守各项收费政策,按照上级部门公布的收费规定收费,做到"应征不漏,应免不征",按规定日期全额解缴征收款项;完善收费站内部管理,建立健全各项管理制度,认真考核各部门、各岗位对制度的执行情况;及时总结经验,表扬先进,纠正不正之风,使收费站始终保持正常的工作秩序。

二、诚实守信,操作规范

诚实守信是做人的基本准则,也是社会道德和职业道德的一个基本规范。诚实就是真实无欺,既不自欺,也不欺人。守信就是信守诺言,讲信誉,重信用,忠实履行自己承担的义务。诚实守信是企业在高速公路运营管理中提升品牌形象的体现,诚信经营是企业树立信誉的根本。诚实守信能够树立企业良好的品牌形象,能够赢得广大驾乘人员的信任和支持,能够提高企业的竞争力,并能够助力企业的可持续发展。

操作规范是指在特定操作过程中规定的操作步骤和标准。它可以确保操作的正确、高效和安全,提高工作效率,减少错误和事故的发生。操作规范的目的是为了规范职工的操作,对员工的良好行为习惯产生激励和强化的作用,预防事故发生。对于公路收费及监控员来说,操作规范可以使员工准确地掌握操作要领和流程,从而避免出现问题或错误。公路收费及监控员在服务过程中应进行规范操作,做到动作流畅、快捷、准确,应熟知与本职业工作相关的各类应急预案,具有灵活处理特殊情况的能力,应具备安全操作意识,熟知安全操作规范。

高速公路收费站通过规范的管理,可以提高通行效率,降低交通事故率,保证高速公路的正常运营。因此,我们应加强对高速公路管理规范的制定和执行,为公众出行提供更加便捷和安全的交通环境。

三、恪尽职守,勤勉履职

恪尽职守是指认真地做好本职工作,严守自己的工作岗位。公路收费及监控员需要严格遵守相关法律法规和工作规章制度,确保公路收费工作的合法性和规范性。作为车辆通行费收费员,需要熟悉并掌握相关收费政策和操作流程,确保收费的准确性和公正性。同时还需要具备良好的服务意识,为过往车辆和行人提供及时、准确的咨询和帮助。作为路况监控与信息采集发布员,应时刻与各收费站、稽查、路管及高速交警积极配合,及时按要求填写各类报表,不断学习各种监控业务知识、锻炼操作技能,熟知特殊情况的处理流程。

勤勉履职是指岗位员工在工作中表现出的勤奋、刻苦、不懈怠的精神态度。它强调的是不仅要做好本职工作,还要对得起肩上的职责,勇于承担责任,并在实际行动中展现出这种决心和勇气。公路收费及监控员需要保持高度的工作责任心和敬业精神,全力以赴完成各项工作任务。无论是在炎热的夏天还是寒冷的冬天,都要坚守岗位,确保收费站的正常运行,并且需要时刻保持警觉,及时发现和处理各种突发情况,如交通事故、交通拥堵等,以保障公众的出行安全和道路畅通。

四、团结协作,开拓创新

团结协作是一切事业成功的基础。在一个团队里面,只有不断地分享自己的长处和优点、不断吸取其他成员的长处和优点,遇到问题及时交流,才能让团队的力量发挥得淋漓尽致。团队成员要互相支持、互相配合,顾全大局,明确工作任务和共同目标,尊重他人,虚心诚恳,积极主动协同他人做好各项事务,提高团队的工作效率。团队成员之间需要建立起深厚的感情,增强彼此之间的信任和理解,形成强大的团队凝聚力。

开拓创新是指通过探索新的思路、方法或技术,开辟新的领域或解决新的问题。公路收费及监控员要具备创新的意识,发扬创新精神,锐意进取、与时俱进,不断研究新情况,主动解决新问题,善于总结新经验、新方法,使工作不断提档升级。

五、公平公正,清正廉洁

公平公正是指按照原则办事,处理事情合情合理,不徇私情。公路收费及监控员在具体的职业活动中,应做到办事公道、平衡权益。

清正廉洁的内涵是以国家、集体和人民的利益为一切职业行为的出发点和归宿,在处理个人与职业、职业与社会和他人利益关系问题上,做到公私分明,不收取不义之财,不以工作之便去谋取个人和小团体的私利。公路收费及监控员只有具备廉洁自律的政治品格,才能保持清醒、牢记宗旨、坚定立场、明确方向。公路收费及监控员的工作性质,决定了工作中必须要做到公正无私,清正廉洁。每一个公路收费及监控员都必须提高自身的防腐能力和拒贿的自觉性,时刻保持高度的警惕性,做到知法、懂法、护法、守法。

六、着装整洁,文明礼貌

着装整洁是一个人文明程度和道德修养的外在表现形式。公路收费及监控员应注重着装整洁、专业和适度,以展现出良好的职业形象和职业素养。保持良好的仪容仪表仪态,能更好地树立高速公路窗口行业的形象。

文明礼貌是在确保道路安全、畅通、快捷的基础上,通过亮丽的环境、流畅的线形、安全的保障、员工熟练的工作技艺、真诚的微笑、友善的人际关系,勾勒出温馨、舒畅、满意的服务。

第三节 职业素质基本知识

一、职业素质的定义及其特征

提升从业人员的职业素质,是提高交通运输服务能力和水平的前提,是确保交通运输安全生产的基础,是实现交通运输转型升级的关键。

(一)职业素质的定义

职业素质是劳动者对社会职业了解与适应能力的一种综合体现,其主要表现在职业兴趣、职业能力、职业个性及职业情况等方面。

专业技能和专业知识是职业素质中最具特色的内容,从事不同职业的劳动者,对其所应具备的专业知识和技能有着特定的要求。职业素质以专业知识、技能为特色,但专业知识和专业技能不是其全部内容,它是人的生理素质、心理素质、社会文化素质等根据不同的职业要求有机组合而成的。

人的素质是人所应具备的基本品质,而人的职业素质则是人在职业领域中应具备的品质,是在具体的职业活动中体现出来的。职业素质是在素质的基础上发展起来的,职业素质的发展也会促进人的基本素质的提高。

(二)职业素质特征

1.职业素质的职业性

职业素质的职业性是指不同职业的职业素质是不同的。在当今社会要从事某种职业,必须经过专门的职业训练,这个训练过程也就是职业素质的养成过程。因此,一个人的职业素质是针对某一具体的职业而言的。现代社会分工日趋精细,职业活动的对象和范围有着很大不同,各行各业的职业素质标准也有很大差异。

2.职业素质的稳定性

职业素质的稳定性是指职业素质一经形成,便会成为一种心理特征,会经常在劳动者的职业实践中表现出来。偶发的、没有经过内化的,只在某一种条件下才会表现出的言论和行为并不是人们的职业素质。

3. 职业素质的内在性

职业素质的内在性是指一个人对所从事的职业要求和专业知识的内化。一经形成就以潜能的形式存在,只有在职业活动中才能充分地展现出来,所以职业素质与人的职业活动密不可分。职业活动是劳动者职业素质形成的中介,也是职业素质外化的桥梁。

4. 职业素质的整体性

职业素质的整体性是指劳动者的知识、能力和其他个性品质,在职业活动中的综合表现。一个劳动者在职业中要有所成就,不仅要具备一定的知识、技能,还要具有一定的信念、社会责任感以及良好的自我控制能力、人际沟通能力和耐挫折能力等。

5. 职业素质的发展性

职业素质的稳定性并不意味着职业素质本身是恒定不变的,事实上,人的职业素质形成既是生物进化过程中获得的特性,也是接受和掌握人类社会历史发展成就的结果。职业素质的发展性就是指随着社会发展和科技进步,对劳动者的职业素质提出的不同要求。如果一个劳动者不具备符合时代要求的职业素质就可能失业。为此,劳动者必须从时代发展的需要出发,不断地提高和完善自身的职业素质。

二、职业素质的构成

(一) 思想政治素质

思想政治素质又称为思想道德素质,是指人们在政治上的信念或信仰,包括世界观、人生观和价值观,体现了一个人理想信念方面的修养所达到的状况和水平。思想政治素质是职业素质的灵魂,它对其他素质起着统领作用,规定着其他素质的性质和方向。

理想信念是思想政治素质的核心,它是推动和鼓舞劳动者不断进取的精神动力,也是一种支持人们克服困难、经受严峻考验的精神动力。公路收费及监控员要增强爱国主义、集体主义、社会主义意识,树立科学的世界观,正确的人生观、价值观,以及远大理想,为自身事业发展奠定坚实的思想政治基础。

(二) 职业道德素质

职业道德素质是指劳动者在职业活动中通过教育而形成的职业道德。它包括劳动者在职业活动中表现出来的职业态度、职业道德修养等。良好的职业道德素质,能够促使劳动者忠实地履行自己的职责。

职业态度是人们对待自己职业的看法和行为表现。它包括人们对职业的兴趣、爱好、责任感以及对待劳动成果的态度等方面。公路收费及监控员要树立正确的职业态度,把职业当成事业,培养自己健康的职业情感,通过职业为社会奉献聪明才智。

职业道德修养是指劳动者在学习、实践职业道德过程中所达到的一种精神状态。公路收费及监控员在职业活动中应认真按照职业道德规范要求自己。

（三）科学文化素质

科学文化素质是指人们对自然科学、社会科学、思维科学等人类文化成果的认识和掌握程度。一个人要具备科学文化素质，不仅仅要掌握一些科学文化知识，还必须具备已经内化的品质。

（四）专业技能素质

1.专业技能素质的定义

专业技能素质是指人们从事某项职业时，在专业知识和专业技能方面所应具备的基本状况和水平。它包括扎实的专业基础知识和熟练的专业技能两个方面。

2.提高专业技能素质的重要性

（1）有利于自身的发展和人生价值的实现。劳动者需要不断提高自己的专业技能，从而实现自身的发展，得到社会的认可，实现自己的人生价值。

（2）熟练的专业技能有助于提高职业道德水平。加强职业道德建设，需将专业技能培训作为重要内容，把专业技能水平作为衡量职业道德的主要标准之一，使专业技能和职业道德相辅相成、相得益彰。

（五）身心素质

1.身心素质的定义

身心素质是人们在身体和心理两方面所表现出来的稳定的基本品质，包括身体素质和心理素质。良好的身心素质包括健康的体魄和健全的心理。

2.身心素质的重要性

（1）身体素质的重要性。健康的身体是生活幸福的依托，是成就事业的基础。公路收费及监控员面临着繁重的工作任务和艰苦的工作环境，因此，必须要有强壮的身体和充沛的精力。

（2）心理素质的重要性。一是有利于自身的全面发展。二是有利于创造宽松的人际交往环境。三是有助于顺利完成职业任务。

第二章

安全知识

本章主要介绍消防安全、用电安全、交通安全、作业安全防护、公共安全防护、突发事件应急处置、危险化学品运输安全、职业健康安全、卫生防疫等基本知识。

第一节　消防安全知识

一、火灾与爆炸常识

1. 燃烧定义

燃烧是指可燃物与氧化剂作用发生的放热反应,通常伴有火焰、发光和(或)烟气的现象。[《消防词汇　第 1 部分:通用术语》(GB/T 5907.1—2014)]

2. 火灾定义

火灾是指在时间或空间上失去控制的燃烧。[《消防词汇　第 1 部分:通用术语》(GB/T 5907.1—2014)]

3. 燃烧和火灾发生的必要条件

同时具备氧化物、可燃物、热源,即火的三要素。这三个要素中缺少任何一个,燃烧都不能发生或持续。火的三要素是燃烧的必要条件。在火灾防治中,阻断三要素的任何一个要素就可以扑灭火灾。

4. 其他燃烧类型

(1)自燃——可燃物在没有外部火源的作用时,因受热或自身发热并蓄热所产生的燃烧。

(2)阴燃——物质无可见光的缓慢燃烧,通常产生烟气和温度升高的现象。

(3)闪燃——可燃性液体挥发的蒸气与空气混合达到一定浓度,或者可燃性固体加热到一定温度后,遇明火发生一闪即灭的燃烧。

(4)轰燃——某一空间内,所有可燃物的表面全部卷入燃烧的瞬变过程。

(5)复燃——燃烧火焰熄灭后再度发生有焰燃烧的现象。

5. 火灾的分类

根据《火灾分类》(GB/T 4968—2008),可将火灾分为以下 6 类。

A 类火灾:固体物质火灾。这种物质通常具有有机物性质,一般在燃烧时能产生灼热的余烬。如木材、煤、棉、毛、麻、纸张等火灾。

B 类火灾:液体或可熔化的固体物质火灾。如煤油、柴油、原油、甲醇、乙醇、沥青、石蜡等火灾。

C 类火灾:气体火灾。如煤气、天然气、甲烷、乙烷、丙烷、氢气等火灾。

D 类火灾:金属火灾。如钾、钠、镁、铝镁合金等火灾。

E 类火灾:带电火灾。物体带电燃烧的火灾。

F 类火灾:烹饪器具内的烹饪物(如动植物油脂)火灾。

6. 火灾发生的常见原因

火灾发生的常见原因有以下几种:

(1)火源或热源靠近可燃物;

(2)化学易燃品生产、储存等方法不符合要求;

(3)电气设备类型与场所不适应或绝缘不良,超负荷;

(4)潮湿易燃物品的库房地面低于周围环境地面;

(5)应设置避雷设备的场所没有避雷设备或失灵。

7. 火灾等级

根据公安部 2007 年印发的《关于调整火灾等级标准的通知》(公消〔2007〕234 号),火灾等级分为特别重大、重大、较大和一般火灾四个等级。

特别重大火灾是指造成 30 人以上死亡,或者 100 人以上重伤,或者 1 亿元以上直接财产损失的火灾。

重大火灾是指造成 10 人以上 30 人以下死亡,或者 50 人以上 100 人以下重伤,或者 5000 万元以上 1 亿元以下直接财产损失的火灾。

较大火灾是指造成 3 人以上 10 人以下死亡,或者 10 人以上 50 人以下重伤,或者 1000 万元以上 5000 万元以下直接财产损失的火灾。

一般火灾是指造成 3 人以下死亡,或者 10 人以下重伤,或者 1000 万元以下直接财产损失的火灾。注:"以上"包括本数,"以下"不包括本数。

8. 爆炸常识

广义地讲,爆炸是物质系统的一种极为迅速的物理或化学能量释放或转化过程,是指在周围介质中瞬间形成高压的化学反应或状态变化,通常伴有强烈放热、发光和声响。

爆炸具有极强的破坏作用,包括冲击波、碎片冲击、震荡作用等,还可能造成次生事故,如火灾、高处坠落事故、二次爆炸等。

按照能量的来源不同,爆炸可以分为三类:物理爆炸、化学爆炸、核爆炸。

按照事故类别来分,爆炸可以分为:火药爆炸、瓦斯爆炸、锅炉爆炸、容器爆炸、其他爆炸(如粉尘爆炸等)。

爆炸极限是表征可燃气体、蒸气和可燃粉尘危险性的主要指标之一。

当可燃性气体、蒸气或可燃粉尘与空气(或氧)在一定浓度范围内均匀混合,遇到火源发生爆炸时的浓度范围称为爆炸浓度极限,简称爆炸极限。

爆炸极限值不是一个物理常数,它随条件的变化而变化。对爆炸极限值的影响因素主要有温度、压力、惰性介质、爆炸容器、点火源等。

混合气体的初始温度越高,爆炸极限范围越宽,爆炸危险性增加。混合气体的初始压力对爆炸极限的影响较复杂,一般而言,初始压力增大,气体爆炸极限也变大,爆炸危险性增加。

9. 消防安全标志

消防安全标志见表2-1。

消防安全标志　　　　　　　　　　　　　　　　　表2-1

序号	名称	符号	设置场所或表示含义
1	禁止吸烟		设置在有甲、乙、丙类火灾危险物质的场所和禁止吸烟的公共场所 [注:火灾危险物质的分类参考《建筑设计防火规范(2018年版)》(GB 50016—2014),下同]
2	禁止烟火		设置在有甲、乙、丙类火灾危险物质的场所
3	禁止带火种		设置在有甲类火灾危险物质及其他禁止带火种的各种危险场所
4	禁止用水灭火		设置在生产、储运、使用中有不准用水灭火的物质的场所
5	禁止放置易燃物		设置在具有明火设备或高温的作业场所
6	禁止堆放		设置在消防器材存放处、消防通道及车间主通道等

序号	名称	符号	设置场所或表示含义
7	禁止穿化纤服装		设置在有静电火花会导致灾害或有炽热物质的作业场所
8	禁止穿带钉鞋		设置在有静电火花会导致灾害或有触电危险的作业场所
9	禁止开启无线移动通信设备		设置在火灾、爆炸场所以及可能产生电磁干扰的场所
10	当心火灾		设置在易发生火灾的危险场所
11	当心爆炸		设置在易发生爆炸危险的场所
12	可动火区		设置在经有关部门划定的可使用明火的地点
13	击碎板面		提示需击碎板面才能取到钥匙、工具,操作应急设备或开启紧急逃生出口
14	逃生梯		提示固定安装的逃生梯的位置,可与箭头配合表示方位

序号	名称	符号	设置场所或表示含义
15	消防按钮		标示火灾报警按钮和消防设备启动按钮的位置,可与箭头配合表示方位
16	发声警报器		标示发声警报器的位置
17	火警电话		标示火警电话的位置和号码,可与箭头配合表示方位
18	手提式灭火器		标示手提式灭火器的位置,可与箭头配合表示方位

二、灭火救援

(一)灭火方法

灭火方法有很多,常见的有冷却法、窒息法、抑制法、隔离法等。

冷却法——将灭火剂直接喷射到燃烧物上,降低燃烧物温度,当温度到该物的燃点以下时,燃烧停止。主要用水和二氧化碳来冷却降温。

窒息法——阻止空气流入燃烧区或用不燃烧的物质冲淡空气,使燃烧物得不到足够的氧气而熄灭。

抑制法——用含氟、溴的化学灭火剂喷向火焰,让灭火剂参与到燃烧反应中去,使燃烧链反应中断,达到灭火的目的。

隔离法——将着火的地方或物体与其周围的可燃物隔离或移开,燃烧就会因为缺少可燃物而停止。

(二)常见消防设施与器材

常见消防设施主要有火灾自动报警系统、自动灭火系统、消火栓系统、可提式灭火器系统、灭火器防烟排烟系统以及应急广播和应急照明、安全疏散设施等。

消防器材是指灭火器等移动灭火器材和工具。常见消防器材如图 2-1 所示。

消火栓　　　灭火栓　　　消防水带　　　消防斧

消防桶　　　消防急救箱　　　消防头盔　　　消防铲

图 2-1　常见消防器材

灭火器种类很多,按移动方式分为手提式和推车式;按灭火剂的动力来源可分为储气瓶式、储压式、化学反应式;按所充装的灭火剂不同又可分为清水、泡沫、酸碱、二氧化碳、卤代烷、干粉灭火器等。灭火器基本构造(图 2-2)包括:把手及开关阀门、保险销、压力表、喷管、瓶身等。另外,收费站配电房一般采用七氟丙烷灭火系统。

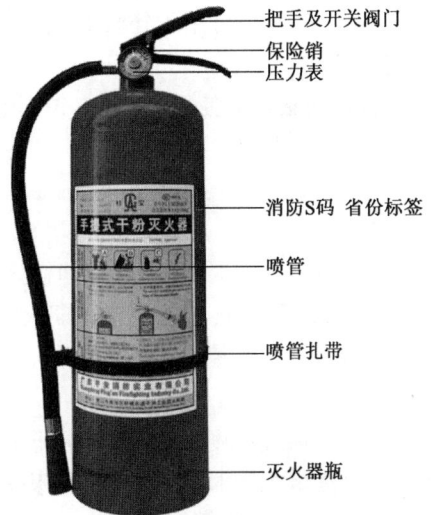

把手及开关阀门
保险销
压力表

消防S码　省份标签

喷管

喷管扎带

灭火器瓶

图 2-2　灭火器基本构造

1. 清水灭火器

清水灭火器充装的是清洁的水,并加入适量的添加剂,采用储气瓶加压的方式,利用二氧化碳钢瓶中的气体作动力,将灭火剂喷射到着火物上,达到灭火的目的,主要适用于扑灭可燃固体物质火灾,即 A 类火灾。

2. 泡沫灭火器

泡沫灭火器包括化学泡沫灭火器和空气泡沫灭火器两种,分别是通过筒内酸性溶液与碱性溶液混合后发生化学反应或借助气体压力,喷射出泡沫覆盖在燃烧物的表面上,隔绝空气起到窒息灭火的作用。泡沫灭火器适合扑救脂类、石油产品等 B 类火灾以及木材等 A 类火灾的初起火灾,但不能扑救 B 类水溶性火灾,也不能扑救带电设备及 C 类和 D 类火灾。

3. 酸碱灭火器

酸碱灭火器是一种内部装有 65% 的工业硫酸和碳酸氢钠的水溶液作灭火剂的灭火器。使用时,两种药液混合发生化学反应,产生二氧化碳压力气体,灭火剂在二氧化碳气体压力下喷出进行灭火。该类灭火器适用于扑救 A 类火灾的初起火灾,但不能用于扑救 B 类火灾,也不能用于扑救 C 类和 D 类火灾。同时也不能用于带电场合火灾的扑救。

4. 二氧化碳灭火器

二氧化碳灭火器利用充装的液态二氧化碳的蒸气压力将二氧化碳喷出灭火,主要是通过降低氧气含量,造成燃烧区窒息而灭火。由于二氧化碳有一定的电绝缘性,因此主要适宜于扑救600V以下带电电器、贵重设备、图书档案、精密仪器仪表的初起火灾,以及一般B类火灾。

5. 干粉灭火器

干粉灭火器以液态二氧化碳或氮气作动力,将灭火器内干粉灭火剂喷出进行灭火。该类灭火器主要通过抑制作用灭火,按使用范围可分为普通干粉和多用干粉两大类。普通干粉主要适宜于扑灭B类、C类以及E类火灾;多用干粉不仅适用于扑救B类、C类以及E类火灾,还适用于扑救一般A类火灾,但都不能扑救轻金属火灾。

6. 七氟丙烷灭火系统

七氟丙烷灭火系统是一种高效能的灭火设备,其灭火剂是一种无色、无味、低毒性、绝缘性好、无二次污染的气体,灭火效能高,灭火速度快,毒性低,绝缘性好,对设备无污损,主要适用于计算机房、通信机房、配电房、油浸变压器、自备发电机房、图书馆、档案室、博物馆及票据、文物资料库等场所,可用于扑救E类火灾、B类火灾,固体表面火灾及灭火前能切断气源的气体火灾。

普通灭火器的使用方法:首先提起灭火器,然后拔掉保险销,一手握住压把,一手握住喷管,对准火苗根部喷射即可。

(三) 火灾逃生常识

(1)发生火灾时,要保持冷静镇定,迅速拨打火警电话,同时也可以运用自己所掌握的灭火常识和现场器材,积极处置初期火灾。

(2)当火情失控后,一定不要入险地,不贪财物。注意火势方向,迅速向通往室外的出口跑去。

(3)当烟气浓度增大时,为防止中毒,应用湿布捂住口鼻。

(4)火焰很大时,应用打湿的床单或棉被裹在身上,冲出火场。

(5)当门、通道等被火封死时,可将窗帘、被罩撕成粗条,结成长绳,一端紧紧固定在门窗或足以负载体重的物体上,然后顺着绳子从窗滑向地面或安全地点。

(6)坚守待援。如所处室内还未着火,又无法脱身,可用棉被蒙住门,用织物堵住门缝,并向上泼水,顶住烟火的进攻。同时,通过窗口向下面招手、呼喊、打手电筒、抛掷物品等发出求救信号。

如遇隧道发生火灾,应注意如下事项:

(1)判断是否能尽快驶离隧道。如果是位置靠前的车辆,可以继续往前,驶离隧道;如果是位置靠后的车辆,驾乘人员应该果断下车逃生。

(2)撤离车辆时,在确保安全的情况下在车身后放置警示标志。

(3)及时使用隧道内火灾报警按钮、紧急电话或手机报警。

(4)使用消防设施自救。隧道内右侧墙壁上一般每间隔50m设置有一个消防设备箱,驾乘人员在确保自身安全的前提下,可以利用隧道消防设施实施自救灭火,如果无法控制火势,应立即疏散逃生。

（5）逃生时,用手巾或衣物(用水沾湿更好)捂住口鼻,最好弯下腰走,朝着火势、烟雾流相反的方向逃离。

（6）较长的隧道大多设有直接通向地面的安全出口和疏散通道,逃生时可根据标志,沿安全出口和疏散通道逃生。

（7）若火灾发生在地铁隧道内,要牢记往上风口跑,即逆着风跑。

（8）隧道监控员应及时发现隧道内的异常情况,并拨打应急救援电话,及时上报信息,并跟踪监控,根据火灾情况进行调度指挥。

三、消防安全管理

1.建设防火防爆安全管理制度

应落实消防安全责任制,制定本单位的消防安全制度、消防安全操作规程,制定灭火和应急疏散预案。

常见的防火防爆安全管理制度有:防火防爆知识宣传教育制度、定期消防技能培训制度、现场明火管理制度、易燃易爆品管理制度、定期防火检查制度等。

2.消防设施设备安全管理

（1）应按照国家标准、行业标准配置消防设施、器材,设置消防安全标志,并定期组织检验、维修,确保消防设施、器材完好有效;消防产品必须符合国家标准;没有国家标准的,必须符合行业标准。禁止使用不合格的消防产品以及国家明令淘汰的消防产品。

（2）各种消防梯经常保持完整完好。

（3）保证消防给水系统的正常使用。应对水枪、水带、管接口、消火栓等进行定期检查,专人管理,保持处于完好状态。

（4）应由专人对火灾探测器和自动报警灭火系统进行管理,保持完好及正常使用。

（5）按国家标准配备灭火器,灭火器的类型应与配备场所的可能火灾类型相匹配。需要配备灭火器的场所主要有:可燃、易燃物存放及其使用场所;动火作业场所;自备发电机房、配电房等设备用房;办公、生活用房;其他具有火灾危险的场所。

（6）做好灭火器的检查与检测。灭火器必须每年送相关检测机构进行检测,取得合格证书。日常检查主要检查压力及部件完好情况,若压力不够应及时送相关机构进行充压。

（7）根据《中华人民共和国消防法》的要求保障疏散通道、安全出口、消防车通道畅通,保证防火防烟分区、防火间距符合消防技术标准。人员密集场所的门窗不得设置影响逃生和灭火救援的障碍物。

3.人员消防安全管理

（1）禁止在具有火灾、爆炸等危险场所吸烟、使用明火。

（2）进行电焊、气焊等具有火灾危险作业的人员和自动消防系统的操作人员,必须持证上岗,并遵守消防安全操作规程。

（3）定期对员工进行消防安全教育培训,签订消防安全协议。动火作业前必须对从业人员进行安全技术交底,根据本单位情况设立消防组织,按照国家法律规定定期组织有针对性的消防演练。

4. 消防安全检查

应按照国家有关法律法规组织防火检查,及时消除火灾隐患。对建筑消防设施每年至少进行一次全面检测,确保完好有效,检测记录应当完整准确,存档备查。

5. 其他

(1)生产、储存、经营易燃易爆危险品的场所不得与居住场所设置在同一建筑物内,并应当与居住场所保持安全距离。

(2)建筑构件、建筑材料和室内装修、装饰材料的防火性能必须符合国家标准,没有国家标准的,必须符合行业标准。

(3)人员密集场所室内装修、装饰,应按消防技术标准的要求,使用不燃、难燃材料。

(4)电器产品、燃气用具的产品标准,应当符合消防安全的要求。

(5)任何人发现火灾都应当立即报警。任何单位、个人都应当无偿为报警提供便利,不得阻拦报警。严禁谎报火警。火警电话:119。

(6)人员密集场所发生火灾,该场所的现场工作人员应当立即组织、引导在场人员进行疏散。

第二节　用电安全知识

一、电流对人体的伤害

电流通过人体,刺激肌体组织,会使肌体产生针刺感、压迫感、打击感、痉挛、疼痛、血压异常、昏迷、心律不齐、心室颤动等症状,严重时会破坏人的心脏、肺部、神经系统的正常工作,造成危及生命的伤害。

电流对人体的伤害程度与通过人体电流的大小、种类、持续时间、通过途径及人体状况等多种因素有关。其中电流大小与作用时间是主要因素。

1. 通过人体的电流值

通过人体的电流值分为感知电流、摆脱电流、室颤电流几种。

(1)感知电流指引起感觉的最小电流值。男性约为 1.1mA,女性约为 0.7mA。

(2)摆脱电流是指在一定概率下,人触电后能自行摆脱带电体的最大电流值。超过摆脱电流时,由于受刺激肌肉收缩或中枢神经失去对手的正常指挥作用,导致无法自主摆脱带电体。摆脱概率为 99.5% 的摆脱电流,男性最小为 9mA,女性为 6mA。

(3)室颤电流是指引起心室发生纤维性颤动的最小电流值。根据研究表明,心室颤动可以在短时间内致人死亡。室颤电流与电流持续时间关系密切。一般来说,持续时间越长,室颤电流越小。

2. 人体安全电流值

通常把摆脱电流看作允许电流,即通过人体电流的最低值,安全电流值为 10mA。

3. 人体阻抗

人体阻抗是定量分析人体电流的重要参数之一,干燥的情况下,人体电阻约为 1000 ~ 3000Ω;潮湿的情况下,人体电阻约为 500 ~ 800Ω。接触电压、电流强度、作用时间、频率的增加会导致人体阻抗下降。皮肤表面潮湿、有导电污物、伤痕、破损等也会导致人体阻抗降低,接触压力、接触面积的增大均会降低人体阻抗。

4. 人体安全电压

一般情况下,人体能够承受的安全电压为 36V。

5. 电流持续时间

通过人体的电流持续时间越长,越容易引起心室颤动,危险性就越大。

6. 电流途径

流经心脏的电流越大,电流路线越短,危险性越大。最危险的途径是左手到前胸。判断危险性,既要看电流值,又要看电流途径。

7. 电流种类

工频(50Hz)电流伤害最大,直流电流、高频交流电流、冲击电流以及特殊波形电流也都对人体具有伤害作用,其伤害程度一般比工频电流轻。

8. 个体特征

电流伤害也因人而异,影响因素有健康情况、性别、年龄等。

二、电气危险因素及事故种类

根据能量意外释放理论,电气危险因素是由于电能意外释放形成的。电气危险因素分为触电危险、电气火灾和爆炸危险、雷电危险、静电危险、射频电磁辐射危害和电气系统故障等。电气事故可分为触电事故、雷击事故、静电事故、电磁辐射事故和电气装置事故。

(一)触电

按照触电事故的构成方式,触电事故可分为电击和电伤两种伤害形式。

1. 电击

电击是指电流对人体内部组织的伤害。主要特征有:伤害人体内部,外表没有显著痕迹,致命电流较小。

按照电击时所触及的带电体是否为正常带电状态,电击分为直接接触电击和间接接触电击。

(1)直接接触电击是指在电气设备或线路正常运行状态下,人体直接触及设备或线路正常运行时的带电体发生的电击(如误触接线端子发生的电击)。

(2)间接接触电击是指设备或线路故障时,人体触及意外带电的导体(原本正常状态下不带电)发生的电击(如触及漏电设备的外壳发生的电击)。

2.电伤

电伤是指电流的热效应、化学效应、光效应或机械效应对人体造成的伤害。电伤会在人体上留下明显伤痕,主要有灼伤、电烙印和皮肤金属化等。

电伤的危险程度取决于受伤面积、受伤深度、受伤部位等。

3.触电方式

按照人体触及带电体的方式和电流流过人体的途径,触电可分为单相触电、两相触电和跨步电压触电。

(1)单相触电是人体接触到地面或其他接地导体,同时另一部位触及一相带电体的触电事故。对于高电压,人体虽然没有触及,但因超过了安全距离,高电压对人体产生电弧放电,也属于单相触电。据统计,单相触电事故约占全部触电事故的70%。

(2)两相触电是指人体两个部位同时触及两相带电体而发生的触电事故。此时人体所承受的电压为线路电压,电压相对较高,因此危险性也较大。

(3)跨步电压触电。

当电网或电气设备发生接地故障时,流入地中的电流在土壤中形成电位,地表面也形成以接地点为圆心的径向电位差分布。如果人行走时前后两脚间(一般按0.8m计算)电位差达到危险电压而造成触电,称为跨步电压触电。

人距离接地点越近,跨步电压越高,危险性越大。一般在距离接地点20m以外,可以认为地电位为零。

在高压故障接地处,或有大电流流过接地装置附近,都可能出现较高的跨步电压,因此,要求在检查高压设备的接地故障时,室内不得接近接地故障点4m以内,室外不得接近故障点8m以内。若进入上述范围,工作人员必须穿绝缘靴。

(二) 电气火灾和爆炸

电气火灾和爆炸是由电气引燃源引起的火灾和爆炸。电气装置在运行中产生的危险温度、电火花和电弧是电气引燃源的主要形式。在爆炸性气体、爆炸性粉尘环境及火灾危险环境,电气线路、开关、熔断器、插座、照明器具、电热器具、电动机等均可能引起火灾和爆炸。油浸电力变压器、多油断路器等电气设备不仅有较大的火灾危险,还有爆炸的危险。在火灾和爆炸事故中,电气火灾和爆炸事故占有很大的比例。从我国一些大城市的火灾事故统计可知,电气火灾已居首位。

(三) 雷电危害

雷电是大气中的一种放电现象,具有雷电流幅值大、雷电流陡度大、冲击性强、冲击过电压高的特点。

雷电能量释放所形成的破坏力可带来极为严重的后果,包括火灾和爆炸、触电、设备和设施损坏、大规模停电等。

（四）静电危害

静电危害是由静电电荷或静电场能量引起的。在生产工艺过程中以及操作人员的操作过程中，某些材料的相对运动、接触与分离等原因导致了相对静止的正电荷和负电荷的积累，即产生了静电。由此产生的静电其能量不大，不会直接使人致命。但是，其电压可能高达数十千伏以上，容易发生放电，产生放电火花。

1. 静电产生的危害

（1）在有爆炸和火灾危险的场所，静电放电火花会成为可燃性物质的点火源，造成爆炸和火灾事故。

（2）人体因受到静电电击的刺激，可能引发二次事故，如坠落、跌伤等。此外，对静电电击的恐惧心理还对工作效率产生不利影响。

（3）某些生产过程中，静电的物理现象会对生产产生妨碍，导致产品质量不良、电子设备损坏。

2. 静电的消散

静电消散有两种方式：中和与泄漏。

（1）静电中和主要通过空气发生，空气中自然存在的带电粒子极为有限，中和极为缓慢，一般不会被觉察到。迅速的静电中和主要发生在带电体上的静电放电。

（2）静电泄漏主要通过带电体本身及其相连接的其他物体发生。

（五）电气装置故障危害

电气装置故障危害是由于电能或控制信息在传递、分配、转换过程中失去控制而产生的。断路、短路、异常接地、漏电、误合闸、误掉闸、电气设备或电气元件损坏、电子设备受电磁干扰而发生误动作、控制系统硬件或软件的偶然失效等都属于电气装置故障。其主要危害在于电气装置故障在一定条件下会引发或转化为造成人员伤亡及重大财产损失的事故。主要危害如下：

（1）引起火灾和爆炸。

（2）异常带电电气系统中，原本不带电的部分因电路故障而异常带电，可导致触电事故发生。

（3）异常停电。在某些特定场合还会造成设备损坏和人身伤亡。

（4）安全相关系统失效。

三、触电防护技术

（一）绝缘

绝缘是指利用绝缘材料对带电体进行封闭和隔离。

绝缘电阻是衡量绝缘性能优劣的最基本的指标。通过测定其绝缘电阻，可以在一定程度上判定某些电气设备的绝缘好坏。任何情况下,绝缘电阻不得低于每伏工作电压1000Ω,并应符合专业标准的规定。

（二）屏护和间距

屏护是一种对电击危险因素进行隔离的手段,即采用遮栏、护罩、护盖、箱匣等把危险的带电体同外界隔离开来,以防止人体触及或接近带电体引起触电事故。屏护还起到防止电弧伤人、防止弧光短路以及便于检修的作用。

间距是指带电体与地面之间、带电体与其他设备和设施之间、带电体与带电体之间必要的安全距离。间距的作用是防止人体触及或接近带电体造成触电事故,避免车辆或其他器具碰撞或过分接近带电体造成事故,防止火灾、过电压放电及各种短路事故,以及方便操作。

不同电压等级、不同设备类型、不同安装方式、不同的周围环境所要求的间距不同。

（三）接地

1. 保护接地

保护接地是指将电气设备在故障情况下可能呈现危险电压的金属部位经接地线、接地体同大地紧密地连接起来。其安全原理是通过低电阻接地,把故障电压限制在安全范围内,但漏电状态并未因保护接地消失。

2. 重复接地

重复接地是指PE线(地线)或PEN线(兼有地线与中性线功能)上除工作接地以外其他点的再次接地。重复接地可以减轻PE线或PEN线断开或接触不良时电击的危险性,但不能完全消除触电的危险。

重复接地的接地电阻一般不应超过10Ω。

3. 工作接地

工作接地是指电气装置为了运行的需要,将电力系统中的某一点接地,以保证电气装置可靠运行,如变压器或发电机中性点接地、避雷器接地等。工作接地的另一主要作用是减轻各种过电压的危险。

工作接地的接地电阻一般不应超过4Ω。

（四）保护接零

保护接零是指把电气设备的金属外壳和电网的零线可靠连接,以保护人身安全的一种措施。其安全原理是当某相带电部分碰连设备外壳时,形成该相对零线的单相短路,短路电流促使线路上的短路保护元件迅速动作,从而把故障设备电源断开,消除电击危险。

保护接零也能降低漏电设备上的故障电压,但一般不能降低到安全范围内,其第一位的安全作用是迅速切断电源。

接地与接零示意图如图2-3所示。

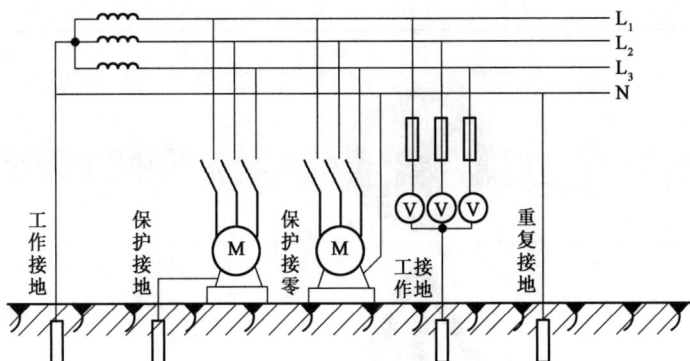

图 2-3 接地与接零

（五）双重绝缘和加强绝缘

双重绝缘指工作绝缘（基本绝缘）和保护绝缘（附加绝缘）。前者是带电体与不可触及的导体之间的绝缘，是保证设备正常工作和防止电击的基本绝缘；后者是不可触及的导体与可触及的导体之间的绝缘，是当工作绝缘损坏后用于防止电击的绝缘。加强绝缘是具有与上述双重绝缘相同绝缘水平的单一绝缘。

具有双重绝缘和加强绝缘的电气设备属于Ⅱ类设备，在其明显部位应有"回"形标志。手持电动工具应优先选用Ⅱ类设备；在潮湿场所及金属构架上工作时，除选用特低电压工具外，还应选用Ⅱ类设备。

（六）特低电压

特低电压是指在一定条件下，一定时间内，不危及生命安全的电压。我国相关标准规定了特低电压额定值（工频有效值）的等级为：42V、36V、24V、12V 和 6V。

特低电压额定值选用应根据使用环境、人员和使用方式等因素确定。例如，特别危险环境中使用的手持电动工具应采用 42V 特低电压；有电击危险环境中使用的手持照明灯和局部照明灯应采用 36V 或 24V 特低电压；金属容器内、特别潮湿等特别危险环境中使用的手持照明灯应采用 12V 特低电压；水下作业等场所应采用 6V 特低电压。

（七）安全用电标志

安全用电标志见表 2-2。

安全用电标志 表 2-2

序号	名称	符号	设置场所或表示含义
1	禁止合闸 有人工作		设置在一经合闸即可送电到施工设备的开关和刀闸操作手柄上

续上表

序号	名称	符号	设置场所或表示含义
2	禁止启动		设置在暂停使用的设备附近
3	当心触电		设置在有可能发生触电危险的电气设备和线路上
4	止步 高压危险	止步 高压危险	设置在工作地点临近带电设备的遮栏上；室外工作地点附近带电设备的构架横梁上；禁止通行的过道上；高压试验地点
5	必须接地		设置在防雷、防静电场所
6	当心电缆		设置在有暴露的电缆或地面下有电缆处施工的地点
7	Ⅱ类设备		表示具有双重绝缘或加强绝缘的设备
8	禁止触摸	或	设置在禁止触摸的设备或物体附近
9	必须拔出插头		设置在设备维修、故障、长期停用、无人值守状态下
10	静电敏感器件		提示设备对静电敏感

四、用电安全管理及规范

1. 用电安全制度

生产经营单位必须建立健全电气安全管理制度,保证用电安全。常见的电气安全制度包括:岗位责任制、交接班制度、巡视检查制度、限制进入制度、电气安全操作规程、设备检修制度、临时用电制度、技术交底制度、工作票制度、作业许可制度、作业监护制度、作业间断转移、作业终结制度、调度管理制度、事故处理制度、技术培训制度等。同时,要求相关人员熟练掌握相关事故预案,并定期组织演练,提高应急处置能力,降低事故损失。

2. 作业人员用电安全管理

(1)从事电气作业中的特种作业人员应经专门的安全作业培训,在取得相应特种作业操作资格证书后,方可上岗。

(2)电气作业人员应严格执行各项安全标准、法规、制度和规程,具体包括各种电气标准、电气安装规范和验收规范、电气运行管理规程、电气安全操作规程及其他有关规定。

(3)电气作业人员在进行电气作业前应熟悉作业环境,并根据作业的类型和性质采取相应的防护措施;进行电气作业时,所使用的电工个体防护用品和工具应保证合格并与作业活动相适应。

(4)当非电气作业人员需要从事接近带电用电产品的辅助性工作时,应先主动了解或由电气作业人员介绍现场相关电气安全知识、注意事项或要求,由具有相应资格的人员带领,并在其指导下参与工作,并对其安全负责。

(5)电气作业人员应积极参加安全教育培训,参加各项有关安全活动,宣传电气安全,参加安全检查,并提出意见和建议等。

3. 电气设备设施安全管理

(1)配电设备设施应定期进行全面巡视检查,并做好各项运行管理记录。

(2)作业场所应按照相关规定,配备高、低压电工安全用具并定期检测,并按要求正确使用、规范设置,确保安全用具在规定的使用期内绝缘可靠。

(3)要按规定配置安全警示标牌并做到正确使用,从而防止危险作业行为的发生。

(4)电气线路及用电设备应按标准配置开关,保证安全;应按标准敷设电气线路。

(5)严禁超负荷用电和私接乱拉电源线。需临时用电时,要经企业相关部门审批,并采取严格的管理措施和安全技术措施,防止事故的发生。

4. 用电安全注意事项

(1)电路未经验电,应视作有电处理,不得用手触摸,避免事故的发生。

(2)电气设备出现故障,应先切断电源,确认无电后方可处理,并在电源开关处挂上"不准合闸"的标志。

(3)电气设备的使用必须配置符合标准的保险丝或空气开关,照明灯等设备应按照特低电压标准选用额定值。

（4）中途停电的设备必须关闭电源。

（5）清洁、保养、维修机械或电气装置前，必须先切断电源，等机械停稳后再进行操作。严禁带电或采用预约停送电时间的方式进行检修。未做特别说明，维护工作应在设备停止运行的情况下完成。

（6）在进行电源线的安装、拆除操作之前，必须先关掉电源开关，严禁电源线带电安装或拆除。

（7）非电工严禁拆接电气线路、插头、插座、电气设备、电灯等。

（8）使用电气设备前必须检查线路、插头、插座、漏电保护装置是否完好。

（9）电气线路或机具发生故障时，应找电工处理，非电工不得自行修理或排除故障。

（10）在雷雨天气，大气中会产生强电磁场，为避免雷电击损设备，应在安装设备时做好防雷接地工作。

（11）禁止在电线上挂晒物料。

（12）禁止使用照明器烘烤、取暖，禁止擅自使用电炉和其他电加热器。

（13）易燃易爆物品不得放在容易发生火花的电源附近，避免引起火灾或爆炸事故。

（14）为防止人体静电损坏敏感元器件，在接触静电敏感设备、手拿插板、电路板、IC芯片等之前，必须佩戴防静电手环，并将防静电手环的另一端良好接地。在防静电手环与接地点之间的连线上，必须串接大于1MΩ的电阻以保护人员免受意外电击。使用的防静电手环应定期进行检查，确保正常使用。

（15）出现人身触电事故应立即切断电源，然后采用正确的施救方法。

五、触电急救方法与注意事项

（一）脱离电源

人触电以后，可能由于痉挛、失去知觉或中枢神经失调而紧抓带电体，不能自行脱离带电体。帮助触电人尽快脱离电源是救活触电人员的首选方法。

1.脱离电源方法

（1）如果触电地点附近有电源开关，可迅速断开电源。

（2）如果没有电源开关，可通过绳索、木棒等绝缘物件作为工具，拉开触电人或拉开或挑开电线。

（3）可通过前级停电方法断开电源。

2.脱离电源注意事项

（1）救护人不可直接用手或其他导电性物件作为救护工具，而必须使用绝缘的工具操作；救护人最好用一只手操作，以防自己触电；对于高压电源，应注意保持必要的安全距离。

（2）防止触电人脱离电源后可能的摔伤。特别是当触电人在高处的情况下，应考虑防摔措施；即使触电人在平地，也应注意触电人倒下的方向有无危险。

（二）现场急救方法

当触电人脱离电源后，应迅速诊断和急救。应先检查触电人有无呼吸和心跳，然后根据情况迅速地对症救治。现场主要采用的急救方法是人工呼吸法和胸外按压法。

第三节　交通安全知识

一、交通事故特点及原因

1. 交通事故的特点

《中华人民共和国道路交通安全法》第一百一十九条指出：交通事故是指车辆在道路上因过错或者意外造成的人身伤亡或者财产损失的事件。由此可以看出交通事故的四个基本特征：涉及车辆，发生在道路上，当事人在主观上有过错或意外，客观方面造成人身伤亡或者财产损失的后果。除此以外，交通事故还有行为违法多、事发突然、受道路环境影响大等特点。

2. 交通事故的原因

交通事故主要有以下原因：

（1）违章驾驶：

①超限行驶，包括超速、超载、超高、超宽等；

②违反超车规定；

③行车不礼让；

④违反会车规定；

⑤违反通行规则；

⑥不遵守正确行驶指令；

⑦距离过近。

（2）驾驶人判断不及时或判断错误。

（3）驾驶人操作处理错误。

（4）驾驶人的体力或精力不足，如疲劳驾驶、服药后驾驶、酒后驾驶。

（5）无权驾车上路。

（6）道路及道路环境的原因。

（7）行人、乘客或非机动车驾驶人的原因。

（8）其他机动车、人力车、畜力车违章等。

二、交通信号常识

全国实行统一的道路交通信号。

交通信号包括交通信号灯、交通标志、交通标线和交通警察的指挥。

1.交通信号灯

交通信号灯是指挥交通运行的信号灯,交通信号灯由红灯、绿灯、黄灯组成。红灯表示禁止通行,绿灯表示准许通行,黄灯表示警示。

交通信号灯按功能可分为:机动车信号灯、非机动车信号灯、人行横道信号灯、车道信号灯、方向指示信号灯(箭头信号灯)、闪光警告信号灯、道口信号灯、掉头信号灯等。各种信号灯可以根据要求进行组合。

2.交通标志

道路交通标志是以颜色、形状、字符、图形等向道路使用者传递交通控制、引导信息。

道路交通标志按作用分类,分为主标志和辅助标志两大类。

主标志包括:

①禁令标志——禁止或限制道路使用者交通行为的标志。

②指示标志——指示道路使用者应遵循的标志。

③警告标志——警告道路使用者注意道路、交通的标志。

④指路标志——传递道路方向、地点、距离信息的标志,分为一般道路指路标志和高速公路、城市快速路指路标志。其中,一般道路指路标志分为路径指引标志、地点指引标志、道路沿线设施指引标志、其他道路信息指引标志;高速公路、城市快速路指路标志分为路径指引标志、沿线信息指引标志、沿线设施指引标志。

⑤旅游区标志——提供旅游景点方向、距离的标志。

⑥告示标志——告知路外设施、安全行驶信息以及其他信息的标志。

其中,禁令标志、指示标志为道路使用者必须遵守标志,其他标志仅提供信息,如指路标志、旅游区标志。

辅助标志设在主标志下方,是对主标志进行辅助说明的标志。

(1)常见禁令标志。常见的禁令标志有:停车让行标志、减速让行标志、禁止通行标志、禁止驶入标志、禁止机动车驶入标志、禁止非机动车进入标志、禁止行人进入标志、禁止向左(或向右)转弯标志、禁止直行标志、禁止掉头标志、禁止超车标志、解除禁止超车标志、禁止车辆停放标志、禁止车辆长时停放标志、限制高度标志、限制质量标志、限制速度标志、解除限制速度标志、会车让行标志等。

(2)常见指示标志。常见的指示标志有:直行标志、向左(或向右)转弯标志、直行和向左转弯(或直行和向右转弯)标志、分隔带右侧(或左侧)行驶标志、环岛行驶标志、单行路标志、会车先行标志、人行横道标志、车道行驶方向标志、机动车车道标志、非机动车车道标志、行人标志、允许掉头标志等。

(3)常见警告标志。常见的警告标志有:交叉路口标志、急弯路标志、反向弯路标志、连续弯路标志、陡坡标志、窄路标志、注意行人标志、注意儿童标志、注意落石标志、事故易发路段标志、注意障碍物标志、施工标志、注意车道数变少标志、线形诱导标等。

(4)常见指路标志。常见的一般指路标志有:交叉路口预告标志、交叉路口告知标志、地名标志、分界标志、停车场(区)标志、港湾式紧急停车带标志、服务站标志、应急避难设施(场所)标志、绕行标志、此路不通标志、超限检测站标志、隧道出口距离标志、里程碑等。

常见的高速公路、城市快速路指路标志有：入口指引标志、确认标志、出口指引标志、起点标志、终点预告标志、终点标志、地名标志、分界标志、交通信息标志、停车领卡标志、特殊天气建议速度标志、隧道出口距离标志、方向标志、收费站预告及收费站标志、电子不停车收费(ETC)车道指引标志、电子不停车收费(ETC)车道标志、人工收费车道标志、绿色通道标志、停车场(区)标志、服务区预告标志、停车区预告标志、超限检测站标志等。

3. 交通标线

道路交通标线是由施划或安装于道路上的各种线条、箭头、文字、图案及立面标记、实体标记、突起路标和轮廓标等所构成的交通设施，它的作用是向道路使用者传递有关道路交通的规则、警告、指引等信息，可以与标志配合使用，也可以单独使用。

道路交通标线按功能可分为以下三类：

(1)指示标线。指示车行道、行车方向、路面边缘、人行道、停车位、停靠站及减速丘等的标线。

(2)禁止标线。告示道路交通的遵行、禁止、限制等特殊规定的标线。

(3)警告标线。促使道路使用者了解道路上的特殊情况，提高警觉准备应变防范措施的标线。

常见的道路交通标线有：白色虚线、白色实线、黄色虚线、黄色实线、双白虚线、双白实线、白色虚实线、双黄实线、双黄虚线、黄色虚实线、橙色虚实线、蓝色虚实线。

4. 交通警察手势信号

交通警察指挥手势信号分为：停止信号、直行信号、左转弯信号、左转弯待转信号、右转弯信号、变道信号、减速慢行信号、示意车辆靠边停车信号等。

交通警察在夜间没有路灯、照明不良或者遇有雨、雪、雾、沙尘、冰雹等低能见度天气条件下执勤时，右手可以持指挥棒，按照上述手势信号指挥。

三、最易引发事故的交通违法行为

(一) 酒后驾驶

1. 酒后驾车的严重后果

酒精会严重影响驾驶人的操作能力及反应时间，从而引发道路交通事故。当驾驶人血液中酒精含量达 80mg/100mL 时，发生交通事故的概率是血液中不含酒精时的 2.5 倍；达到 100mg/100mL 时，发生交通事故的概率是血液中不含酒精时的 4.7 倍。即使在少量饮酒的状态下，交通事故的危险度也可达到未饮酒状态的 2 倍左右。

2. 酒后驾驶的认定标准

饮酒和醉酒的认定标准：饮酒驾车是指车辆驾驶人血液中的酒精含量大于或等于 20mg/100mL，小于 80mg/100mL 的驾驶行为。醉酒驾车是指车辆驾驶人血液中的酒精含量大于或等于 80mg/100mL 的驾驶行为。

3. 饮酒后驾驶机动车的相关规定

《中华人民共和国道路交通安全法》第二十二条规定：饮酒、服用国家管制的精神药品或者麻醉药品,或者患有妨碍安全驾驶机动车的疾病,或者过度疲劳影响安全驾驶的,不得驾驶机动车。

第九十一条规定:饮酒后驾驶机动车的,处暂扣六个月机动车驾驶证,并处一千元以上二千元以下罚款。因饮酒后驾驶机动车被处罚,再次饮酒后驾驶机动车的,处十日以下拘留,并处一千元以上二千元以下罚款,吊销机动车驾驶证。

醉酒驾驶机动车的,由公安机关交通管理部门约束至酒醒,吊销机动车驾驶证,依法追究刑事责任;五年内不得重新取得机动车驾驶证。

饮酒后驾驶营运机动车的,处十五日拘留,并处五千元罚款,吊销机动车驾驶证,五年内不得重新取得机动车驾驶证。

醉酒驾驶营运机动车的,由公安机关交通管理部门约束至酒醒,吊销机动车驾驶证,依法追究刑事责任;十年内不得重新取得机动车驾驶证,重新取得机动车驾驶证后,不得驾驶营运机动车。

饮酒后或者醉酒驾驶机动车发生重大交通事故,构成犯罪的,依法追究刑事责任,并由公安机关交通管理部门吊销机动车驾驶证,终生不得重新取得机动车驾驶证。

(二)超速驾驶

1.超速行驶对交通安全的影响

超速会加剧机件的磨损和损毁、增加制动距离、影响车辆的操作稳定性、影响驾驶人的判断、增加事故后的损害程度。

2.超速驾驶的相关规定

《中华人民共和国道路交通安全法》第四十二条规定:机动车上道路行驶,不得超过限速标志标明的最高时速。在没有限速标志的路段,应当保持安全车速。

夜间行驶或者在容易发生危险的路段行驶,以及遇有沙尘、冰雹、雨、雪、雾、结冰等气象条件时,应当降低行驶速度。

《中华人民共和国道路交通安全法》第五十八条规定:残疾人机动轮椅车、电动自行车在非机动车道内行驶时,最高时速不得超过十五公里。

《中华人民共和国道路交通安全法》第九十九条规定:机动车行驶超过规定时速百分之五十的,由公安机关交通管理部门处二百元以上二千元以下罚款。

《道路交通安全违法行为记分管理办法》对超速驾驶的规定见表2-3。

《道路交通安全违法行为记分管理办法》对超速驾驶的规定　　　　表2-3

记分分值	驾驶校车、中型以上载客载货汽车、危险物品运输车辆	驾驶其他机动车
记12分	在高速公路、城市快速路上行驶超过规定时速百分之二十以上	在高速公路、城市快速路上行驶超过规定时速百分之五十以上
记9分	在高速公路、城市快速路以外的道路上行驶超过规定时速百分之五十以上	—

续上表

记分分值	驾驶校车、中型以上载客载货汽车、危险物品运输车辆	驾驶其他机动车
记6分	在高速公路、城市快速路上行驶超过规定时速未达到百分之二十，或者在高速公路、城市快速路以外的道路上行驶超过规定时速百分之二十以上未达到百分之五十	在高速公路、城市快速路上行驶超过规定时速百分之二十以上未达到百分之五十，或者在高速公路、城市快速路以外的道路上行驶超过规定时速百分之五十以上
记3分	—	在高速公路、城市快速路以外的道路上行驶超过规定时速百分之二十以上未达到百分之五十
记1分	在高速公路、城市快速路以外的道路上行驶超过规定时速百分之十以上未达到百分之二十	—

(三) 疲劳驾驶

1. 疲劳驾驶的危害

长时间驾驶机动车、长途行车前睡眠不好或患妨碍安全驾驶机动车的疾病时开车易引发疲劳，驾驶人疲劳会造成判断能力下降、反应迟钝和操作失误增加，重度疲劳时，还可能出现短时间睡眠现象，从而失去对车辆的控制能力。疲劳驾驶会大大增加交通事故发生的概率。

2. 疲劳驾驶的相关规定

《中华人民共和国道路交通安全法实施条例》第六十二条规定，不得连续驾驶机动车超过4小时未停车休息或者停车休息时间少于20分钟。

《中华人民共和国道路交通安全法实施条例》第一百零四条规定，机动车驾驶人过度疲劳仍继续驾驶，且又无其他机动车驾驶人即时替代驾驶的，公安机关交通管理部门除依法给予处罚外，可以将其驾驶的机动车移至不妨碍交通的地点或者有关部门指定的地点停放。

《道路交通安全违法行为记分管理办法》规定，连续驾驶中型以上载客汽车、危险物品运输车辆超过4小时未停车休息或者停车休息时间少于20分钟的，一次记9分；连续驾驶载货汽车超过4小时未停车休息或者停车休息时间少于20分钟的，一次记3分。

《中华人民共和国道路交通安全法》第九十条规定，机动车驾驶人违反道路交通安全法律、法规关于道路通行规定(连续驾驶机动车超过4小时未停车休息或停车休息时间少于20分钟的)，处警告或者20元以上200元以下罚款。

(四) 违反交通信号指示

1. 违反交通信号指示的危害

违反交通信号指示会破坏通行规则，极易造成拥堵，并且增加交通事故的发生率。

2. 交通信号指示的相关规定

《中华人民共和国道路交通安全法》第三十八条规定：车辆、行人应当按照交通信号通行；遇有交通警察现场指挥时，应当按照交通警察的指挥通行；在没有交通信号的道路上，应当在确保安全、畅通的原则下通行。

《中华人民共和国道路交通安全法》第四十四条规定：机动车通过交叉路口，应当按照交通信号灯、交通标志、交通标线或者交通警察的指挥通过；通过没有交通信号灯、交通标志、交通标线或者交通警察指挥的交叉路口时，应当减速慢行，并让行人和优先通行的车辆先行。

《道路交通安全违法行为记分管理办法》第十条规定：驾驶机动车不按交通信号灯指示通行的，一次记 6 分。

《道路交通安全违法行为记分管理办法》第十二条规定：驾驶机动车违反禁令标志、禁止标线指示的，一次记 1 分。

第四节　作业安全防护知识

一、机械作业安全

（一）机械安全概述

机械具有数量大、系统复杂、危险多、事故伤害大等特点，因此机械安全至关重要。

机械安全是由设计阶段的安全措施和机械用户补充的安全措施来实现的，当设计阶段的措施不足以避免或充分限制各种危险和风险时，则由用户采取补充安全措施来最大限度地减小遗留风险。

对大多数机械而言，机械的危险区主要在传动机构和执行机构及其周围区域，因此防护的重点也是围绕这两个区域进行。

（二）机械作业安全要点

1. 人员安全要求

（1）机械操作人员应经过专业培训、考核合格并取得相应资格证书，做到持证上岗。

（2）机械作业前，施工技术人员应向操作人员进行安全技术交底，操作人员应熟悉作业环境和施工条件，并应听从指挥，遵守现场安全管理规定。

（3）操作人员在作业过程中，应集中精力，正确操作，并应检查机械工况，不得擅自离开工作岗位或将机械交给其他无证人员操作，无关人员不得进入作业区或操作室内。

（4）操作人员应根据机械有关保养维护规定，认真及时做好机械保养维护工作，保持机械的完好状态，并应做好维护保养记录。

（5）实行轮班作业的机械，应执行交接班制度，填写交接班记录，接班人员上岗前应认真检查。

2. 作业安全要求

（1）机械使用前，应对机械进行检查、试运转。

（2）机械上的各种安全防护和保险装置及各种安全信息装置必须齐全有效。

（3）机械集中停放的场所、大型机械应有专人看管，并应按规定配备消防器材，机房及机械周边不得堆放易燃、易爆物品。

（4）挖掘机、起重机等作业易发生安全事故的施工现场，应设置警戒区域，悬挂警示标志，非工作人员不得入内。

（5）任何时候，在启动机器时，须确保无人在车上或车下工作，无人在临近危险区域活动。

（6）在操作时一定严格按照操作规程进行，不得违章操作。

（7）操作完成后应将机械停放在规定场所，并将其熄火，挡位放在中间位或空挡，工作装置处于规定位置，做好制动、锁好车门；临时停放时，一定要停放在平坦坚实的地面。

3. 维修养护

（1）清洁、保养、维修机械或电气装置前，必须先切断电源，等机械停稳后再进行操作。严禁带电或采用预约停送电时间的方式进行检修；未做特别说明时，维护工作应在发动机停止运行的情况下完成。

（2）机械不得带病运转，检修前应悬桂"禁止合闸，有人工作"的警示牌。

（3）冬季机械不易起动时，严禁用火烤。

（4）停用一个月以上或封存的机械，应做好停用或封存前的保养工作。

二、高处作业安全

（一）高处作业概述

高处作业指凡在坠落高度基准面 2m 以上（含 2m）有可能坠落的高处进行的作业。高处作业要求承载时建筑物或支承处应承住一定的荷载，因此高处作业风险较大。

（二）高处作业防护

常见的高处作业包括临边作业、洞口作业、悬空作业、交叉作业等。高处作业必须做好防护，否则就可能发生高处坠落等事故，造成人员伤亡和财产损失。

临边作业是指在工作面边沿无围护或围护设施高度低于 0.8m 的高处作业，包括楼板边、楼梯段边、屋面边、阳台边、各类坑、沟、槽等边沿的高处作业。

洞口作业是指在地面、楼面、屋面和墙面等有可能使人和物料坠落，其坠落高度大于或等于 2m 的洞口处的高处作业。

悬空作业是指在周边无任何防护设施或防护设施不能满足防护要求的临空状态下进行的高处作业。

交叉作业是指垂直空间贯通状态下，可能造成人员或物体坠落，并处于坠落半径范围内、上下左右不同层面的立体作业。

1. 高处作业风险防范措施

（1）作业培训。高处作业人员应经过专门的安全作业培训，取得相应资格后，方可上岗作业，并应定期进行职业健康检查。

（2）作业审批。高处作业实施前，应进行作业审批。遇有 5 级及以上强风、浓雾、沙尘暴、雾霾、雷电、暴雨、高温、低温等恶劣条件，不得进行室外高处作业。在紧急状态下必须进行高处作业时，按生产经营单位应急预案执行。在有毒有害、易燃易爆、粉尘等环境中进行高处作业时，应对作业点的环境进行检测，检测合格后方可作业。

（3）职业禁忌。作业人员有下列情况的，不得从事高处作业：①患有心脏病、高血压、贫血病、癫痫病、恐高症、精神疾病等疾病；②年老体弱、视力不佳、疲劳过度、身体不适、情绪不稳定；③饮酒后或服用降低判断能力和行动能力的药品期间。

（4）告知警示。作业前对作业人员和监护人员进行风险告知，并进行安全技术交底，交底记录应存档；根据作业特点，在高处作业现场醒目位置设置安全警示标识。

（5）监督检查。作业前应对作业审批情况、作业人员情况、安全技术交底及安全防控措施进行检查。

（6）作业过程安全控制。

①作业前应制定好作业计划、作业程序及安全措施。

②作业前应检查安全标志、工器具、仪表等设备设施完好；脚手架、操作平台、吊笼、梯子、防护围栏、挡脚板等安全设施应坚固、牢靠；工作面无冰霜雪水或与操作无关的杂物。

③现场所有存在坠落风险的物件已被先行清理、撤除或固定。

④作业时作业人员应正确佩戴、使用个人劳动防护用品。

⑤作业过程中使用的工具、材料、零件等应装入工具袋，工具在使用时应系安全绳，不用时放入工具袋中。

⑥严禁在不坚固、不牢靠或在拆除过程中的结构物上作业；严禁在未固定（可移动或转动）、无防护设施的构件及管道上进行作业或通行；严禁在工作平台、孔洞边缘和通道内休息。

⑦在交叉作业时，不应进行上下垂直作业，分层作业时，中间应有隔离措施。

⑧作业人员应沿着通道、梯子上下，不应沿着绳索、防护架或防护栏攀爬。

⑨作业期间发现安全防护设施有缺陷或隐患时，应立即停止作业并整改；作业人员在作业中如果发现紧急情况时，应立即发出信号，并迅速撤离现场。

⑩作业结束后，应清点好作业现场的工器具，清理、清运完物料等再离开。

2. 高处作业防护措施

（1）临边作业。主要防护措施有安全栏杆、安全网、安全带等。

（2）洞口作业。主要防护措施有安全栏杆、安全网、盖板、警示标志等。

（3）悬空作业。保证有牢靠的立足处；所用设备，均需经过技术鉴定或验证后方可使用；做好个人防护，系安全带和双安全绳。

（4）交叉作业。主要防护措施有安全防护棚、双层防护设施等。

三、道路养护作业安全

（一）道路养护作业概述

道路养护作业可分为长期养护作业、短期养护作业、临时养护作业和移动养护作业

（图 2-4），应根据养护作业类型制定相应的安全保通方案。

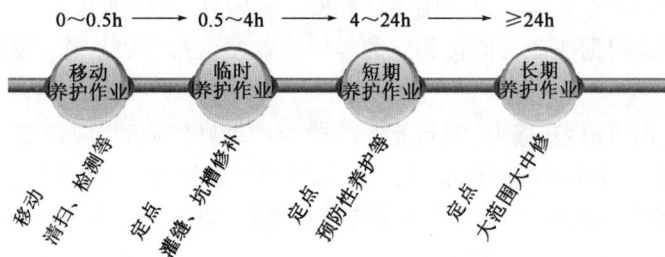

图 2-4　道路养护作业分类图

（二）道路养护作业安全控制

养护作业安全管理包括作业区外的交通安全管理和作业区内的生产安全管理两部分。

1. 作业区外交通安全管理

（1）道路养护作业占用行车道断面时，为保障作业区外车辆通行有序，需对车辆行驶速度、路线、方向采取强制性的管理。

（2）道路养护作业时，应按照规定设置道路作业标志与设施，提醒、警告或引导过往车辆驾驶人按规定速度、线路行驶，避免作业人员、装备与行驶车辆发生冲突，封闭作业区应起到隔离作用以维护养护作业人员和设备的安全。

（3）常见的养护安全标志和设施有：渠化装置，主要有锥形交通路标、安全带、路栏、作业隔离墩和防撞桶（墙）等。

2. 作业区内的安全控制

（1）按照行业标准设置养护作业控制区。作业区域内根据具体作业内容和作业要求进行防护，并按"警告区、上游过渡区、缓冲区、作业区、下游过渡区、终止区"设置防护区。

（2）按照行业标准设置、摆放和回收各类作业标志（包括夜间作业）。

（3）公路养护作业应在保障养护作业人员、设备和车辆运行安全的前提下，充分考虑养护作业对交通安全保通状况的影响，保障交通通行。

（4）公路养护作业应利用可变信息标志、交通广播、网络媒体、临时性交通标志等沿线设施、信息服务平台，及时发布前方公路或区域路网内的养护作业信息。

（5）公路长期养护作业应组织制定养护安全作业应急预案。当发生突发事件时，应及时启动应急预案。

（6）养护作业现场应由专人进行交通管理和设施管理，公路养护作业未完成前，不得擅自改变作业控制区的范围和安全设施的布设位置。

（7）现场作业人员按规定穿戴统一的带有反光功能的工作装或反光背心及劳动保护用品。

（8）公路养护作业人员必须在作业控制区内进行养护作业。人员上下作业车辆或装卸物资必须在工作区内进行。

(9)作业人员应按规定进出养护作业控制区。

(10)夜间进行养护作业应布设照明设施和警示频闪灯,并应加强养护作业的现场管理。

(11)公路检测宜根据作业时间按相应的养护作业类型布置养护作业控制区,并应加强现场检测作业管理。

(12)在易发生山体滑坡、塌方、泥石流等路段养护维修作业时,应设专人观察险情。在高路堤路肩、陡边坡等路段养护维修作业时,应采取防滑坠落措施,并注意防备危岩、浮石滚落。

(13)遇大雨、大雪、雾天、大风等恶劣天气不宜进行养护作业,但有特殊情况必须进行时,应按相关规范要求做好安全防护措施。

(14)公路养护安全设施在使用期间应定期检查维护,保持设施完好并能正常使用。用于夜间养护作业的安全设施必须具有反光性或发光性。

(15)公路养护作业控制区安全设施的布设与移除,应按移动养护作业要求进行。安全设施布设顺序应从警告区开始,向终止区推进,并确保已摆放的安全设施清晰可见;移除顺序应与布设顺序相反,但警告区标志的移除顺序应与布设顺序相同。

(16)专业作业车辆按规定设置统一的警示灯牌、标识、车身标色。

(17)作业车辆、机具、材料应按规定进出现场、停放和堆放。

(18)养护作业的移动电器、机械设备按相关规定使用。

(19)按规定进行高空作业。

四、有限空间作业安全

(一)有限空间作业概述

1.有限空间作业的概念

有限空间是指封闭或部分封闭,进出口较为狭窄有限,未被设计为固定工作场所,自然通风不良,易造成有毒有害、易燃易爆物质积聚或氧含量不足的空间。

有限空间作业是指作业人员进入有限空间实施的作业活动。

2.有限空间作业的风险

有限空间作业存在的主要安全风险包括中毒、缺氧窒息、燃爆以及淹溺、高处坠落、触电、物体打击、机械伤害、灼烫、坍塌、掩埋、高温高湿等。在某些环境下,上述风险可能共存,并具有隐蔽性和突发性。

(1)中毒。引发有限空间作业中毒风险的典型物质有:硫化氢、一氧化碳、苯和苯系物、氰化氢、磷化氢等。

(2)缺氧窒息。空气中氧含量的体积分数约为20.9%,氧含量低于19.5%时为缺氧。缺氧会对人体多个系统及脏器造成影响,甚至使人致命。空气中氧气含量不同,对人体的影响也不同。引发有限空间作业缺氧风险的典型物质有二氧化碳、甲烷、氮气、氩气等。

(3)燃爆。有限空间中积聚的易燃易爆物质与空气混合形成爆炸性混合物,若混合物浓度达到其爆炸极限,遇明火、化学反应放热、撞击或摩擦火花、电气火花、静电火花等点火源时,就会发生燃爆事故。有限空间作业中常见的易燃易爆物质有甲烷、氢气等可燃性气体以及铝粉、玉米淀粉、煤粉等可燃性粉尘。

(二)有限空间作业安全管理措施

1.建立健全有限空间作业安全管理制度

为规范有限空间作业安全管理,存在有限空间作业的单位应建立健全有限空间作业安全管理制度和安全操作规程。

2.辨识有限空间并建立健全管理台账

存在有限空间作业的单位应根据有限空间的定义,辨识本单位存在的有限空间及其安全风险,确定有限空间数量、位置、名称、主要危险有害因素、可能导致的事故及后果、防护要求、作业主体等情况,建立有限空间管理台账并及时更新。

3.设置安全警示标志或安全告知牌

对辨识出的有限空间作业场所,应在显著位置设置安全警示标志或安全告知牌,以提醒人员增强风险防控意识并采取相应的防护措施。

4.开展相关人员有限空间作业安全专项培训

单位应对有限空间作业分管负责人、安全管理人员、作业现场负责人、监护人员、作业人员、应急救援人员进行专项安全培训。参加培训的人员应在培训记录上签字确认,单位应妥善保存培训相关材料。

培训内容主要包括:有限空间作业安全基础知识,有限空间作业安全管理,有限空间作业危险有害因素和安全防范措施,有限空间作业安全操作规程,安全防护设备、个体防护用品及应急救援装备的正确使用,紧急情况下的应急处置措施等。

5.配置有限空间作业安全防护设备设施

单位应根据有限空间作业环境和作业内容,配备气体检测设备、呼吸防护用品、坠落防护用品、其他个体防护用品和通风设备、照明设备、通信设备以及应急救援装备等。

单位应加强设备设施的管理和维护保养,确保其处于完好状态,发现设备设施影响安全使用时,应及时修复或更换。

6.制定应急救援预案并定期演练

单位应按照相关法律法规制定有限空间作业安全事故专项应急预案或现场处置方案,定期组织培训,确保有限空间作业现场负责人、监护人员、作业人员以及应急救援人员掌握应急预案内容。有限空间作业安全事故专项应急预案应每年至少组织 1 次演练,现场处置方案应至少每半年组织 1 次演练。

7.加强有限空间发包作业管理

将有限空间作业发包的,承包单位应具备相应的安全生产条件,即满足有限空间作业安全所需的安全生产责任制、安全生产规章制度、安全操作规程、安全防护设备、应急救援装备、人员资质和应急处置能力等方面的要求。

不得将有限空间作业工程发包给不具备相应资质和不具备安全生产条件的单位和个人。

(三) 有限空间作业过程及注意事项

1. 作业审批

作业前应对作业环境进行安全风险辨识,分析存在的危险有害因素,提出消除、控制危害的措施,编制详细的作业方案。作业方案应经本单位相关人员审核和批准。

根据有限空间作业方案,确定作业现场负责人、监护人员、作业人员,并明确其安全职责。

应严格执行有限空间作业审批制度。审批内容应包括但不限于制定作业方案、配备经过专项安全培训的人员、配备满足作业安全需要的设备设施等。

审批负责人应在审批单上签字确认,未经审批不得擅自开展有限空间作业。

2. 作业准备

(1)安全技术交底。

作业现场负责人应对实施作业的全体人员进行安全交底,告知作业内容、作业过程中可能存在的安全风险、作业安全要求和应急处置措施等。交底后,交底人与被交底人双方应签字确认。

(2)设备安全检查。

作业前应对安全防护设备、个体防护用品、应急救援装备、作业设备和用具的齐备性和安全性进行检查,发现问题应立即修复或更换。

当有限空间可能为易燃易爆环境时,设备和用具应符合防爆安全要求。

(3)封闭作业区域及安全警示。

应在作业现场设置围挡,封闭作业区域,并在进出口周边显著位置设置安全警示标志或安全告知牌。

占道作业的,应在作业区域周边设置交通安全设施。夜间作业的,作业区域周边显著位置应设置警示灯,人员应穿着高可视警示服。

(4)打开进出口。

作业人员应站在有限空间外上风侧,打开进出口进行自然通风。可能存在爆炸危险的,开启时应采取防爆措施。若受进出口周边区域限制,作业人员开启时可能接触有限空间内涌出的有毒有害气体的,应佩戴相应的呼吸防护用品。

(5)安全隔离。

存在可能危及有限空间作业安全的设备设施、物料及能源时,应采取封闭、封堵、切断能源等可靠的隔离(隔断)措施,并上锁挂牌或设专人看管,防止无关人员意外开启或移除隔离设施。

(6)清除及置换。

有限空间内盛装或残留的物料对作业存在危害时,应在作业前对物料进行清洗、清空或置换。

(7)检测与通风。

有限空间作业前,必须严格执行"先通风、再检测、后作业"的原则,根据施工现场有限空间作业实际情况,对有限空间内部可能存在的危害因素进行检测,检测不合格严禁作业。

作业前应在有限空间外上风侧,使用泵吸式气体检测报警仪对有限空间内气体进行检测。

检测应从出入口开始,沿人员进入有限空间的方向进行。垂直方向的检测由上至下,至少进行上、中、下三点检测,水平方向的检测由近至远,至少进行进出口近端点和远端点两点检测。

检测指标应包括氧浓度、易燃易爆物质浓度值、有毒有害气体浓度值等。有毒有害气体至少包括:硫化氢、一氧化碳。

经检测,有限空间内气体浓度不合格的,必须对有限空间进行强制通风。应向有限空间内输送清洁空气,禁止使用纯氧通风。有限空间设置固定机械通风系统的,作业过程中应全程运行。

对有限空间进行强制通风一段时间后,应再次进行气体检测。检测结果合格后方可作业;检测结果不合格的,不得进入有限空间作业,必须继续进行通风,并分析可能造成气体浓度不合格的原因,采取更具针对性的防控措施。

(8)人员防护。

气体检测结果合格后,作业人员在进入有限空间前还应根据作业环境选择并佩戴符合要求的个体防护用品与安全防护设备。

3. 安全作业

(1)作业。

在确认作业环境、作业程序、安全防护设备和个体防护用品等符合要求后,作业现场负责人方可许可作业人员进入有限空间作业。

(2)监测通风。

作业过程中,应采取适当的方式对有限空间作业面进行实时监测。监测方式有监护人员的监护检测和作业人员的个体检测两种。

作业过程中还应持续进行通风。当有限空间内进行涂装作业、防水作业、防腐作业以及焊接等动火作业时,应持续进行机械通风。

(3)作业监护。

监护人员应在有限空间外全程持续监护,不得擅离职守,并做好以下两方面工作:

①跟踪作业人员的作业过程,与其保持信息沟通,发现有限空间气体环境发生不良变化、安全防护措施失效和其他异常情况时,应立即向作业人员发出撤离警报,并采取措施协助作业人员撤离。

②防止未经许可的人员进入作业区域。

(4)中断作业与撤离。

作业期间发生下列情况之一时,作业人员应立即中断作业,撤离有限空间:

①作业人员出现身体不适;

②安全防护设备或个体防护用品失效;

③气体检测报警仪报警;

④监护人员或作业现场负责人下达撤离命令;

⑤其他可能危及安全的情况。

4. 作业完成

有限空间作业完成后,作业人员应将全部设备和工具带离有限空间,清点人员和设备,确保有限空间内无人员和设备遗留后,关闭进出口,解除本次作业前采取的隔离、封闭措施,恢复现场环境后安全撤离作业现场。

5. 事故抢救注意事项

(1)一旦发生作业人员伤害事件,严禁盲目施救;
(2)抢救他人前,必须先保护好自己,做好安全防护;
(3)严禁在有毒、窒息环境中摘下防护面罩。

第五节　公共安全防护知识

一、公共安全概述

公共安全,是指社会和公民个人进行正常的生活、工作、学习、娱乐和交往所需要的稳定的外部环境和秩序。

公共安全包含信息安全、食品安全、公共卫生安全、公众出行规律安全、避难者行为安全、人员疏散的场地安全、建筑安全、城市生命线安全、网络安全、恶意和非恶意的人身安全及人员疏散等。

二、公共安全防护常识

1. 公共场所安全

人员稠密的公众场所,如灯会、公园、商场、体育场馆、影剧院、歌舞厅、网吧等,一旦发生混乱,后果不堪设想。公共场所安全应注意以下几点:

(1)进入公众场所时,要提前观察好安全通道、应急出口的位置。
(2)参加大型集会时,要穿着合适的衣服与鞋子,注意保持身体的平衡,防止摔倒。
(3)切勿堵塞安全门,或在安全通道上堆积杂物。确保消防设施完备,符合应急要求。
(4)发生拥挤或遇到紧急情况时,应保持镇静,在相对安全的地点短暂停留。
(5)人群拥挤时,要用双手抱住胸口,以免内脏被挤压而受伤,能靠边走最好靠边,以便减少人群压力。
(6)注意收听广播,服从现场工作人员引导,尽快从就近安全出口有序撤离,切勿逆着人流行走或抄近路。
(7)在人群中不小心跌倒时,应立即收缩身体,紧抱头部,最大限度地减少伤害。

2. 电梯安全

(1)以下几种情况最好不要乘坐电梯:
①电梯发生异响,这预示着电梯可能会有安全问题;

②遇到火灾；

③雷雨天,如果没有紧急事情最好不要乘坐电梯,因为电梯机房通常是在楼顶的最高处,容易招引雷电。

(2)电梯维修和保养时,禁止乘梯,以免发生伤亡事故。

(3)不要大力触按电梯按钮。

(4)等候电梯时,不要反复按动按钮。

(5)不要倚靠在门上,以免开门时摔伤。

(6)禁止扒门和打开轿顶安全窗,以免发生高坠事故。

(7)乘坐电梯时一定要看清了再步入和步出。

(8)禁止将易燃、易爆品带入电梯内。电梯内禁止吸烟。不得在轿厢内喧哗打闹。

(9)不要用任何物体撞击电梯。

(10)不要在电梯门中间停留,以免被电梯门夹伤。

(11)电梯超载警告声响起时要退出来,以免电梯超载发生意外。

(12)不要将水渗漏在电梯内,以免发生滑倒或电梯故障。

(13)电梯因故障停止运行时,不要惊慌,用轿厢内的电话或对讲机通知专业维修人员来处理,不要强行扒门。

(14)一旦发生电梯下坠事故:

①不论在几层楼,迅速把每层楼的按键都按下。当紧急电源启动时,电梯可以马上停止继续下坠。

②整个背部和头部紧贴电梯内墙,成一直线,运用电梯墙壁作为脊椎的防护。

③如果电梯内有扶手,最好紧握把手,这是为了固定位置,防止因重心不稳而摔伤。

④如果电梯内没有扶手,用手抱颈,避免脖子受伤。

⑤膝盖呈弯曲姿势,可以借用膝盖的弯曲来承受重击压力。

⑥脚尖点地、脚跟提起,以减缓冲力。

3. 非法侵害

常见的非法侵害有抢夺、抢劫、盗窃等。预防和减轻非法侵害对自身的损害主要应注意以下几点:

(1)到银行存取大额款项时应尽量有人陪同,最好以汇款方式代替提取大量现金;输入密码时,应防止他人窥探;不要随手扔掉填写有误的存、取款单;离开银行时,应警惕是否有可疑人员尾随。

(2)驾车外出时,应随手将车门锁按下,尽量关闭车窗,勿将皮包和现金任意置于座位上,以防犯罪分子撬开车门抢包。

(3)外出时,应将手提包、移动电话、金项链等较贵重物品牢固掌握在自己手(身)上,使作案者难以轻易抢走。

(4)遇到抢劫后,应先保证人身处于安全,并尽快报警,尽量记住歹徒人数、体貌特征、口音、所持凶器、逃跑车辆车牌号及逃跑方向等情况,同时尽量留住现场见证人。

(5)及时清理插在门缝、门把手上的各类广告、传单。

(6)要认真辨别上门推销员、维修工、家政服务员等的身份,不要让陌生人进屋;老人或儿童独自在家时,应锁好房门,不接待任何客人。

(7)夜间遭遇入室盗窃,应沉着应对,切忌立即起身查看甚至开灯。可以咳嗽几声,故意大声说"谁呀"之类的话,或用手机悄悄拨打110报警,千万不可一时冲动,造成不必要的人身伤害。

(8)家中无人时遭遇盗窃,发现后应立即报警,并要注意保护现场。

4. 信息安全

现代社会是信息社会,信息安全至关重要,生活中主要遇到的信息安全风险有个人信息泄露、信息骚扰、网络诈骗等,预防这些风险至关重要,做到信息安全主要应注意以下几点:

(1)对于包含以各种借口要求提供银行账号、密码、股票账户、身份证号码等私人涉密内容的电话和信息,千万不要轻易提供相关内容,应及时通过银行等部门的官方联系方式进行确认,对于诈骗信息应及时报警。

(2)网购应尽量挑选大平台;不要点外部链接,不输入任何信息;不向他人提供短信验证码。

(3)收到骚扰信息的手机短信、彩信、电子邮件等,应保留信息证据,并及时报警,在公安机关提取证据前不要将信息删除。

(4)对于包含恐吓、威胁索要钱财等内容的信息,应及时报警,千万不要私自将钱财以任何形式交给犯罪分子,以免造成不必要的经济损失。

5. 恐怖袭击

恐怖袭击是指针对公众或特定目标,通过使用极端暴力手段(如暴力劫持、自杀性爆炸、汽车爆炸、施放毒气或投放危险性、放射性物质),造成人员伤亡或重大财产损失,危害公共安全,制造社会恐慌的行为。

遇到恐怖袭击时,应注意以下几点:

(1)发生恐怖袭击事件时,要迅速撤离到安全区域,同时拨打报警电话求助,等待救援人员救助。

(2)地铁、轻轨等人员聚集场所发生恐怖袭击事件时,应迅速从危险区域脱身,服从救援人员引导或按照疏散标示有序疏散。暂时无法快速疏散的,应寻找相对安全地点暂避,并利用一切方法迅速报警求助。

(3)遇倒塌、烟火或刺激性气味气体时,应根据情况,采取衣物蒙住鼻子、遮盖裸露皮肤、匍匐前进等自救手段迅速撤离。

(4)在撤离危险区域时,应尽量向明亮、空旷和上风方向区域疏散。在建筑物中疏散时,要选择楼梯通道,不要乘坐电梯,疏散中切忌拥堵,保持有序撤离。

6. 自然灾害防护

(1)台风及暴雨的防护。

①做好防风防雨准备,注意有关媒体报道的最新消息和有关天气预报及预警通知;根据不同的预警级别做好相应的准备工作。

②台风来临前,把门窗、围板、棚架、临时搭建物等易被风吹动的搭建物紧固,妥善安置易受台风影响的室外物品。

③根据台风预警级别做好响应,包括但不限于停工停课、停止户外活动、停止高空及水上作业等。

④预防发生小内涝,可因地制宜,在门口或地下通道出入口处放置挡水板或堆砌土坎、沙袋。

⑤室外积水漫入室内时,应立即切断电源,防止积水带电伤人。

⑥在户外积水中行走时,要注意观察,贴近建筑物行走,防止跌入窨井、地坑等。

⑦驾驶人遇到路面或立交桥下积水过深时,应尽量绕行,避免强行通过。

⑧家住平房的居民应在雨季来临之前检查房屋,维修房顶。

⑨暴雨期间尽量不要外出,必须外出时应尽可能绕过积水严重的地段。

⑩在山区旅游时,注意防范山洪。上游来水突然浑浊、水位上涨较快时,须特别注意。

⑪发生暴雨和山洪时,还要注意泥石流、崩塌、滑坡等其他次生灾害。

⑫可能发生山洪和积水的地区应服从政府的组织引导,及时转移。

(2)地震的防护。

①遇到地震要保持镇静,不能拥挤乱跑。震后应有序撤离。已经脱险的人员,震后不要急于回屋,以防余震。

②地震发生时,如有条件可尽快转移到空旷地带的,应迅速头顶保护物跑到屋外;如无条件转移的,应选择厨房、卫生间等开间小的空间避震,也可躲在内墙根、墙角、坚固的家具旁等易于形成三角空间的地方;要远离外墙、门窗和阳台;不要使用电梯,不要跳楼。

③驾车时发生地震,应迅速躲开立交桥、陡崖、电线杆等,并尽快选择空旷处立即停车。

④身体遭到地震伤害时,应设法清除压在身上的物体,尽可能用湿毛巾等捂住口鼻防尘、防烟;用石块或铁器等敲击物体与外界联系,不要大声呼救,注意保存体力;设法用砖石等支撑上方不稳的重物,保护自己的生存空间。

(3)雷电的防护。

①高大建筑物上必须安装避雷装置,防御雷击灾害。

②雷电天气时,应关闭门窗,拔掉家用电器电源插头,防止雷电从电源线入侵;应远离门窗、水管、煤气管等金属物体。

③在室外时,要及时躲避,不要在空旷的野外停留。在空旷的野外无处躲避时,应尽量寻找低洼之处(如土坑)藏身,或者立即下蹲,降低身体的高度;远离孤立的大树、高塔、电线杆、广告牌;不要使用手机。

④对被雷电击中人员,应立即采用心肺复苏法抢救。

第六节　突发事件应急处置知识

一、突发事件概述

1. 突发事件及分类分级

突发事件,是指突然发生,造成或者可能造成严重社会危害,需要采取应急处置措施予以应对的自然灾害、事故灾难、公共卫生事件和社会安全事件。

按照社会危害程度、影响范围等因素,自然灾害、事故灾难、公共卫生事件分为特别重大、重大、较大和一般四级。

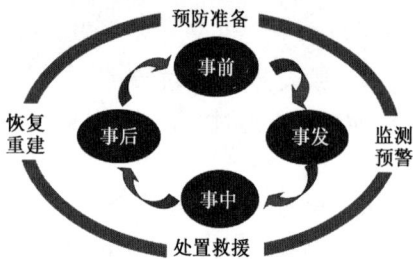

图2-5 突发事件应对处理体系图

2.突发事件应对体系

突发事件应对是一个动态的过程,包括预防与应急准备、监测与预警、应急处置与救援、事后恢复与重建4个阶段,如图2-5所示。

3.应急管理体系

国家建立统一领导、综合协调、分类管理、分级负责、属地管理为主的应急管理体制。

二、突发事件的预防与应急准备

(一)应急预案

1.国家建立健全突发事件应急预案体系

国务院制定国家突发事件总体应急预案,组织制定国家突发事件专项应急预案。国务院有关部门根据各自的职责和国务院相关应急预案,制定国家突发事件部门应急预案。

地方各级人民政府和县级以上地方各级人民政府有关部门根据有关法律、法规、规章、上级人民政府及其有关部门的应急预案以及本地区的实际情况,制定相应的突发事件应急预案。

2.生产经营单位制定本单位应急预案

生产经营单位的主要负责人具有组织制定并实施本单位的生产安全事故应急救援预案的职责。

生产经营单位对重大危险源应当制定应急救援预案,并告知从业人员和相关人员在紧急情况下应当采取的应急措施。

特种设备使用单位应当制定特种设备的事故应急措施和救援预案。

3.应急预案层次

生产经营单位应急预案分为综合应急预案、专项应急预案和现场处置方案。

综合应急预案,是指生产经营单位为应对各种生产安全事故而制定的综合性工作方案,是本单位应对生产安全事故的总体工作程序、措施和应急预案体系的总纲。

专项应急预案,是指生产经营单位为应对某一种或者多种类型生产安全事故,或者针对防止重要生产设施、重大危险源、重大活动的生产安全事故而制定的专项性工作方案。

现场处置方案,是指生产经营单位根据不同生产安全事故类型,针对具体场所、装置或者设施而制定的应急处置措施。

(二)危险、隐患的排查监控和治理

1.县级人民政府职责

县级人民政府应当对本行政区域内容易引发自然灾害、事故灾难和公共卫生事件的危险源、危险区域进行调查、登记、风险评估,定期进行检查、监控,并责令有关单位采取安全防范措施。

2.省市级政府职责

省级和设区的市级人民政府应当对本行政区域内容易引发特别重大、重大突发事件的危险源、危险区域进行调查、登记、风险评估,组织进行检查、监控,并责令有关单位采取安全防范措施。

3.生产经营单位职责

所有单位应当建立健全安全管理制度,定期检查本单位各项安全防范措施的落实情况,及时消除事故隐患;掌握并及时处理本单位存在的可能引发社会安全事件的问题,防止矛盾激化和事态扩大;对本单位可能发生的突发事件和采取安全防范措施的情况,应当按照规定及时向所在地人民政府或者人民政府有关部门报告。

矿山、建筑施工单位和易燃易爆物品、危险化学品、放射性物品等危险物品的生产、经营、储运、使用单位,应当制定具体应急预案,并对生产经营场所,有危险物品的建筑物、构筑物及周边环境开展隐患排查,及时采取措施消除隐患,防止发生突发事件。

4.公共场所要求

公共交通工具、公共场所和其他人员密集场所的经营单位或者管理单位应当制定具体应急预案,为交通工具和有关场所配备报警装置和必要的应急救援设备、设施,注明其使用方法,并显著标明安全撤离的通道、路线,保证安全通道、出口的畅通。

有关单位应当定期检测、维护其报警装置和应急救援设备、设施,使其处于良好状态,确保正常使用。

三、突发事件的监测与预警

(一)突发事件的监测系统

国务院建立全国统一的突发事件信息系统。

县级以上地方各级人民政府应当建立或者确定本地区统一的突发事件信息系统,汇集、储存、分析、传输有关突发事件的信息,并与上级人民政府及其有关部门、下级人民政府及其有关部门、专业机构和监测网点的突发事件信息系统实现互联互通,加强跨部门、跨地区的信息交流与情报合作。

地方各级人民政府应当按照国家有关规定向上级人民政府报送突发事件信息。县级以上人民政府有关主管部门应当向本级人民政府相关部门通报突发事件信息。专业机构、监测网

点和信息报告员应当及时向所在地人民政府及其有关主管部门报告突发事件信息。

有关单位和人员报送、报告突发事件信息,应当做到及时、客观、真实,不得迟报、谎报、瞒报、漏报。

(二)突发事件监测与预警制度

1.国家建立健全突发事件监测制度

县级以上人民政府及其有关部门应当根据自然灾害、事故灾难和公共卫生事件的种类和特点,建立健全基础信息数据库,完善监测网络,划分监测区域,确定监测点,明确监测项目,提供必要的设备、设施,配备专职或者兼职人员,对可能发生的突发事件进行监测。

2.国家建立健全突发事件预警制度

可以预警的自然灾害、事故灾难和公共卫生事件的预警级别,按照突发事件发生的紧急程度、发展势态和可能造成的危害程度分为一级、二级、三级和四级,分别用红色、橙色、黄色和蓝色标示,一级为最高级别。

3.预警响应措施

(1)三、四级警报响应措施。

发布三级、四级警报,宣布进入预警期后,县级以上地方各级人民政府应当根据即将发生的突发事件的特点和可能造成的危害,采取下列措施:

①启动应急预案。

②责令有关部门、专业机构、监测网点和负有特定职责的人员及时收集、报告有关信息,向社会公布反映突发事件信息的渠道,加强对突发事件发生、发展情况的监测、预报和预警工作。

③组织有关部门和机构、专业技术人员、有关专家学者,随时对突发事件信息进行分析评估,预测发生突发事件可能性的大小、影响范围和强度,以及可能发生的突发事件的级别。

④定时向社会发布与公众有关的突发事件预测信息和分析评估结果,并对相关信息的报道工作进行管理。

⑤及时按照有关规定向社会发布可能受到突发事件危害的警告,宣传避免、减轻危害的常识,公布咨询电话。

(2)一、二级警报响应措施。

发布一级、二级警报,宣布进入预警期后,县级以上地方各级人民政府除采取三、四级警报的响应措施外,还应当针对即将发生的突发事件的特点和可能造成的危害,采取下列一项或者多项措施:

①责令应急救援队伍、负有特定职责的人员进入待命状态,并动员后备人员做好参加应急救援和处置工作的准备。

②调集应急救援所需物资、设备、工具,准备应急设施和避难场所,并确保其处于良好状态,随时可以投入正常使用。

③加强对重点单位、重要部位和重要基础设施的安全保卫,维护社会治安秩序。

④采取必要措施,确保交通、通信、供水、排水、供电、供气、供热等公共设施的安全和正常运行。

⑤及时向社会发布有关采取特定措施避免或者减轻危害的建议、劝告。

⑥转移、疏散或者撤离易受突发事件危害的人员并予以妥善安置,转移重要财产。

⑦关闭或者限制使用易受突发事件危害的场所,控制或者限制容易导致危害扩大的公共场所的活动。

⑧法律、法规、规章规定的其他必要的防范性、保护性措施。

四、突发事件的应急处置与救援

(一) 应急管理体系基本框架

按照《全国安全生产应急救援体系总体规划方案》的要求,事故应急管理体系主要由组织体系、运行机制、法律法规体系以及支持保障系统等部分构成,如图2-6所示。

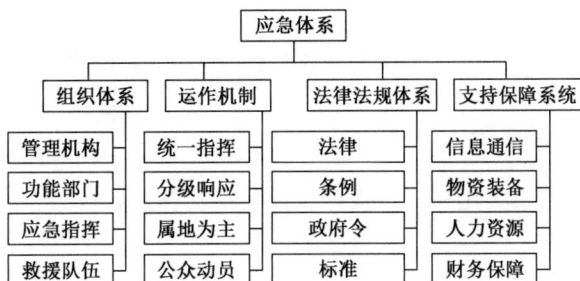

图2-6 事故应急管理体系图

(二) 应急处置与现场救援级别

对于不同级别的突发事件,履行统一领导职责或者组织处置突发事件的人民政府也有所不同,具体见表2-4。

突发事件级别和组织处置 表2-4

应急组织	级别			
	特别重大(Ⅰ)	重大(Ⅱ)	较大(Ⅲ)	一般(Ⅳ)
国家级	+			
省级	+	+		
市级	+	+	+	
县级	+	+	+	+

(三) 事故应急响应程序

事故应急响应程序按过程可分为接警、响应级别确定、应急启动、救援行动、应急恢复和应急结束等几个过程,如图2-7所示。

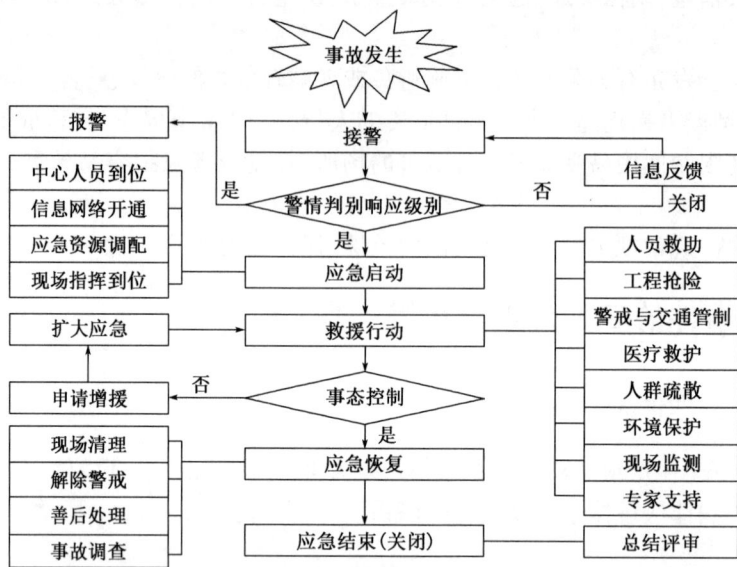

图 2-7　事故应急响应程序

(四)现场应急指挥系统

现场应急指挥系统的模块化结构由指挥、行动、策划、后勤以及资金/行政5个核心应急响应职能组成,如图2-8所示。

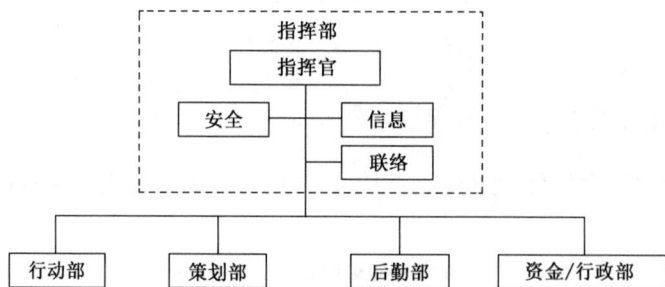

图 2-8　现场应急指挥系统图

(五)应急处置措施

1. 自然灾害、事故灾难或者公共卫生事件的应急处置

突发事件发生后,履行统一领导职责或者组织处置突发事件的人民政府应当针对其性质、特点和危害程度,立即组织有关部门,调动应急救援队伍和社会力量,依照法律、法规、规章的规定采取应急处置措施。

自然灾害、事故灾难或者公共卫生事件发生后,履行统一领导职责的人民政府可以采取下列一项或者多项应急处置措施:

（1）组织营救和救治受害人员，疏散、撤离并妥善安置受到威胁的人员以及采取其他救助措施。

（2）迅速控制危险源，标明危险区域，封锁危险场所，划定警戒区，实行交通管制以及其他控制措施。

（3）立即抢修被损坏的交通、通信、供水、排水、供电、供气、供热等公共设施，向受到危害的人员提供避难场所和生活必需品，实施医疗救护和卫生防疫以及其他保障措施。

（4）禁止或者限制使用有关设备、设施，关闭或者限制使用有关场所，中止人员密集的活动或者可能导致危害扩大的生产经营活动以及采取其他保护措施。

（5）启用本级人民政府设置的财政预备费和储备的应急救援物资，必要时调用其他急需物资、设备、设施、工具。

（6）组织公民参加应急救援和处置工作，要求具有特定专长的人员提供服务。

（7）保障食品、饮用水、燃料等基本生活必需品的供应。

（8）依法从严惩处囤积居奇、哄抬物价、制假售假等扰乱市场秩序的行为，稳定市场价格，维护市场秩序。

（9）依法从严惩处哄抢财物、干扰破坏应急处置工作等扰乱社会秩序的行为，维护社会治安。

（10）采取防止发生次生、衍生事件的必要措施。

2. 社会安全事件的应急处置

社会安全事件发生后，组织处置工作的人民政府应当立即组织有关部门，并由公安机关针对事件的性质和特点，依照有关法律、行政法规和国家其他有关规定，采取下列一项或者多项应急处置措施：

（1）强制隔离使用器械相互对抗或者以暴力行为参与冲突的当事人，妥善解决现场纠纷和争端，控制事态发展。

（2）对特定区域内的建筑物、交通工具、设备、设施以及燃料、燃气、电力、水的供应进行控制。

（3）封锁有关场所、道路，查验现场人员的身份证件，限制有关公共场所内的活动。

（4）加强对易受冲击的核心机关和单位的警卫，在国家机关、军事机关、国家通讯社、广播电台、电视台、外国驻华使领馆等单位附近设置临时警戒线。

（5）法律、行政法规和国务院规定的其他必要措施。

严重危害社会治安秩序的事件发生时，公安机关应当立即依法出动警力，根据现场情况依法采取相应的强制性措施，尽快使社会秩序恢复正常。

五、应急演练

（一）应急预案演练的要求

（1）各级人民政府应急管理部门应当至少每两年组织一次应急预案演练，提高本部门、本地区生产安全事故应急处置能力。

(2)生产经营单位应当制定本单位的应急预案演练计划,根据本单位的事故风险特点,每年至少组织一次综合应急预案演练或者专项应急预案演练,每半年至少组织一次现场处置方案演练。

(3)易燃易爆物品、危险化学品等危险物品的生产、经营、储存、运输单位,矿山、金属冶炼、城市轨道交通运营、建筑施工单位,以及宾馆、商场、娱乐场所、旅游景区等人员密集场所经营单位,应当至少每半年组织一次生产安全事故应急预案演练,并将演练情况报送所在地县级以上地方人民政府负有安全生产监督管理职责的部门。

(二)应急预案演练的目的

(1)检验预案。发现应急预案中存在的问题,提高应急预案的科学性、实用性和可操作性。

(2)锻炼队伍。熟悉应急预案,提高应急人员在紧急情况下妥善处置事故的能力。

(3)磨合机制。完善应急管理相关部门、单位和人员的工作职责,提高协调配合能力。

(4)宣传教育。普及应急管理知识,提高参演和观摩人员风险防范意识和自救互救能力。

(5)完善准备。完善应急管理和应急处置技术,补充应急装备和物资,提高其适用性和可靠性。

(三)应急演练的内容

(1)预警与报告。根据事故情景,向相关部门或人员发出预警信息,并向有关部门和人员报告事故情况。

(2)指挥与协调。根据事故情景,成立应急指挥部,调集应急救援队伍和相关资源,开展应急救援行动。

(3)应急通信。根据事故情景,在应急救援相关部门或人员之间进行音频、视频信号或数据信息互通。

(4)事故监制。根据事故情景,对事故现场进行观察、分析或测定,确定事故严重程度、影响范围和变化趋势等。

(5)警戒与管制。根据事故情景,建立应急处置现场警戒区域,实行交通管制,维护现场秩序。

(6)疏散与安置。根据事故情景,对事故可能波及范围内的相关人员进行疏散、转移和安置。

(7)医疗卫生。根据事故情景,调集医疗卫生专家和卫生应急队伍开展紧急医学救援,并开展卫生监测和防疫工作。

(8)现场处置。根据事故情景,按照相关应急预案和现场指挥部要求对事故现场进行控制和处理。

(9)社会沟通。根据事故情景,召开新闻发布会或事故情况通报会,通报事故有关情况。

（10）后期处置。根据事故情景,应急处置结束后,开展事故损失评估、事故原因调查、事故现场清理和相关善后工作。

（11）其他。根据相关行业(领域)安全生产特点开展其他应急工作。

(四) 应急演练的组织与实施

一次完整的应急演练活动要包括计划、准备、实施、评估总结和改进等五个阶段。

1. 演练计划

演练计划应包括演练目的、类型、时间、地点、演练主要内容、参加单位和经费预算等。

2. 演练准备

（1）成立演练组织机构。

（2）编制演练文件。

（3）演练工作保障。

3. 应急演练的实施

（1）熟悉演练任务和角色。

（2）组织预演。

（3）安全检查。

（4）应急演练。

（5）演练记录。

（6）评估准备。

（7）演练结束。

4. 应急演练评估与总结

（1）应急演练评估。

应急演练结束后,在演练现场,评估人员或评估组负责人对演练中发现的问题、不足及取得的成效应进行口头点评。

评估人员针对演练中观察、记录以及收集的各种信息资料,依据评估标准对应急演练活动全过程进行科学分析和客观评价,并撰写书面评估报告。

（2）应急演练总结。

演练结束后,由演练组织单位根据演练记录、演练评估报告、应急预案、现场总结等资料,对演练进行全面总结,并形成演练书面总结报告。报告可对应急演练准备、策划等进行简要总结分析。参与单位也可对本单位的演练情况进行总结。

5. 应急演练持续改进

（1）应急预案修订完善。

根据演练评估报告中对应急预案的改进建议,由应急预案编制部门按程序对预案进行修订完善。

（2）应急管理工作改进。

应急演练结束后，组织应急演练的部门（单位）应根据应急演练评估报告、总结报告提出的问题和建议对应急管理工作（包括应急演练工作）进行持续改进。

组织应急演练的部门（单位）应督促相关部门和人员，制定整改计划，明确整改目标，制定整改措施，落实整改资金，并应跟踪督查整改情况。

第七节 危险化学品运输安全知识

一、危险化学品常识

（一）危险化学品定义

危险化学品，是指具有毒害、腐蚀、爆炸、燃烧、助燃等性质，对人体、设施、环境具有危害的剧毒化学品和其他化学品。

（二）危险化学品分类

依据《化学品分类和危险性公示 通则》（GB 13690—2009），危险化学品按理化、健康或环境危险的性质共分为 3 大类 29 小类。

1. 理化危险

包括爆炸物、易燃气体、易燃气溶胶、氧化性气体、压力下气体、易燃液体、易燃固体、自反应物质或混合物、自燃液体、自燃固体、自热物质和混合物、遇水放出易燃气体的物质或混合物、氧化性液体、氧化性固体、有机过氧化物、金属腐蚀剂16 个小类。

2. 健康危险

包括急性毒性、皮肤腐蚀/刺激、严重眼损伤/眼刺激、呼吸或皮肤过敏、生殖细胞致突变性、致癌性、生殖毒性、特异性靶器官系统毒性——一次接触、特异性靶器官系统毒性——反复接触、吸入危险 10 个小类。

3. 环境危险

包括危害水生环境——急性危害、危害水生环境——长期危害、危害臭氧层 3 个小类。

（三）危险货物分类及包装标志

根据《危险货物分类和品名编号》（GB 6944—2012），危险货物按其具有的危险性或最主要的危险性分为 9 个类别。第 1 类、第 2 类、第 4 类、第 5 类和第 6 类再分成项别，类别和项别不同标志不同。危险货物分类及包装标志见表2-5。

危险货物分类及包装标志   表 2-5

类别	项别	符号
第 1 类: 爆炸品	1.1 项:有整体爆炸危险的物质和物品 1.2 项:有迸射危险,但无整体爆炸危险的物质和物品 1.3 项:有燃烧危险并有局部爆炸危险或局部迸射危险或两种危险都有,但无整体爆炸危险的物质和物品	 (符号:黑色,底色:橙红色)
	1.4 项:不呈现重大危险的物质和物品	 (符号:黑色,底色:橙红色)
	1.5 项:有整体爆炸危险的非常不敏感物质	 (符号:黑色,底色:橙红色)
	1.6 项:无整体爆炸危险的极端不敏感物品	 (符号:黑色,底色:橙红色)

类别	项别	符号
第2类: 气体	2.1项:易燃气体	(符号：黑色,底色：正红色)　(符号：白色,底色：正红色)
	2.2项:非易燃无毒气体	(符号：黑色,底色：绿色)　(符号：白色,底色：绿色)
	2.3项:毒性气体	(符号：黑色,底色：白色)
第3类: 易燃液体	—	(符号：黑色,底色：正红色)　(符号：白色,底色：正红色)
第4类:易燃 固体、易于 自燃的物质、 遇水放出易燃 气体的物质	4.1项:易燃固体、自反应物质和固态 退敏爆炸品	(符号：黑色,底色：白色红条)

类别	项别	符号
第4类:易燃固体、易于自燃的物质、遇水放出易燃气体的物质	4.2项:易于自燃的物质	 (符号：黑色,底色:上白下红)
	4.3项:遇水放出易燃气体的物质	 (符号：黑色,底色：蓝色)　(符号：白色,底色：蓝色)
第5类:氧化性物质和有机过氧化物	5.1项:氧化性物质	 (符号：黑色,底色：柠檬黄色)
	5.2项:有机过氧化物	 (符号：黑色,底色: 红色和柠檬黄色)　(符号：白色,底色: 红色和柠檬黄色)
第6类:毒性物质和感染性物质	6.1项:毒性物质	 (符号：黑色,底色：白色)

类别	项别	符号
第6类：毒性物质和感染性物质	6.2项：感染性物质	 （符号：黑色,底色：白色）
第7类：放射性物质	—	 （符号：黑色,底色：白色,附一条红竖条） 黑色文字,在标签下半部分写上： "放射性" "内装物_____" "放射性强度_____" 在"放射性"字样之后应有一条红竖条 7A一级放射性物质标志图 （符号：黑色,底色：上黄下白,附两条红竖条） 黑色文字,在标签下半部分写上： "放射性" "内装物_____" "放射性强度_____" 在一个黑边框格内写上："运输指数" 在"放射性"字样之后应有两条红竖条 7B二级放射性物质标志图

续上表

类别	项别	符号
第7类: 放射性物质	—	(符号:黑色,底色:上黄下白,附三条红竖条) 黑色文字,在标签下半部分写上: "放射性" "内装物_____" "放射性强度_____" 在一个黑边框格内写上:"运输指数" 在"放射性"字样之后应有三条红竖条 7C三级放射性物质标志图 (符号:黑色,底色:白色) 黑色文字 在标签上半部分写上:"易裂变" 在标签下半部分的一个黑边 框格内写上:"临界安全指数" 7E裂变性物质标志图
第8类: 腐蚀性物质	—	(符号:黑色,底色:上白下黑)
第9类:杂项 危险物质 和物品,包括 危害环境物质	—	(符号:黑色,底色:白色)

注:类别和项别的号码顺序并不是危险程度的顺序。

二、危险化学品运输安全管理

(一)危险化学品安全监督管理的部门及职责

对危险化学品的生产、储存、使用、经营、运输实施安全监督管理的有关部门(以下统称负有危险化学品安全监督管理职责的部门),依照下列规定履行职责:

(1)安全生产监督管理部门负责危险化学品安全监督管理综合工作,组织确定、公布、调整危险化学品目录,对新建、改建、扩建生产、储存危险化学品(包括使用长输管道输送危险化学品,下同)的建设项目进行安全条件审查,核发危险化学品安全生产许可证、危险化学品安全使用许可证和危险化学品经营许可证,并负责危险化学品登记工作。

(2)公安机关负责危险化学品的公共安全管理,核发剧毒化学品购买许可证、剧毒化学品道路运输通行证,并负责危险化学品运输车辆的道路交通安全管理。

(3)质量监督检验检疫部门负责核发危险化学品及其包装物、容器(不包括储存危险化学品的固定式大型储罐,下同)生产企业的工业产品生产许可证,并依法对其产品质量实施监督,负责对进出口危险化学品及其包装实施检验。

(4)环境保护主管部门负责废弃危险化学品处置的监督管理,组织危险化学品的环境危害性鉴定和环境风险程度评估,确定实施重点环境管理的危险化学品,负责危险化学品环境管理登记和新化学物质环境管理登记;依照职责分工调查相关危险化学品环境污染事故和生态破坏事件,负责危险化学品事故现场的应急环境监测。

(5)交通运输主管部门负责危险化学品道路运输、水路运输的许可以及运输工具的安全管理,对危险化学品水路运输安全实施监督,负责危险化学品道路运输企业、水路运输企业驾驶人员、船员、装卸管理人员、押运人员、申报人员、集装箱装箱现场检查员的资格认定;铁路监管部门负责危险化学品铁路运输及其运输工具的安全管理;民用航空主管部门负责危险化学品航空运输以及航空运输企业及其运输工具的安全管理。

(6)卫生主管部门负责危险化学品毒性鉴定的管理,负责组织、协调危险化学品事故受伤人员的医疗卫生救援工作。

(7)工商行政管理部门依据有关部门的许可证件,核发危险化学品生产、储存、经营、运输企业营业执照,查处危险化学品经营企业违法采购危险化学品的行为。

(8)邮政管理部门负责依法查处寄递危险化学品的行为。

(二)危险货物运输经营要求

1. 申请许可

从事危险化学品道路运输、水路运输的,应当分别依照有关道路运输、水路运输的法律、行政法规的规定,取得危险货物道路运输许可、危险货物水路运输许可,并向工商行政管理部门办理登记手续。

2. 主管部门

申请从事货运经营的,应当依法向市场监督管理部门办理有关登记手续,从事危险货物运输经营的,还应向设区的市级人民政府交通运输主管部门提出申请。

3.经营要求

(1)人员要求。

危险化学品道路运输企业、水路运输企业应当配备专职安全管理人员。

危险化学品道路运输企业、水路运输企业的驾驶人员、船员、装卸管理人员、押运人员、申报人员、集装箱装箱现场检查员应当经交通运输主管部门考核合格,取得从业资格。具体办法由国务院交通运输主管部门制定。

(2)安全防护措施。

运输危险化学品,应当根据危险化学品的危险特性采取相应的安全防护措施,并配备必要的防护用品和应急救援器材。

用于运输危险化学品的槽罐以及其他容器应当封口严密,能够防止危险化学品在运输过程中因温度、湿度或者压力的变化发生渗漏、洒漏;槽罐以及其他容器的溢流和泄压装置应当设置准确、起闭灵活。

国家鼓励货运经营者实行封闭式运输,保证环境卫生和货物运输安全。

货运经营者应当采取必要措施,防止货物脱落、扬撒等。

(3)装卸与押运安全。

危险化学品的装卸作业应当遵守安全作业标准、规程和制度,并在装卸管理人员的现场指挥或者监控下进行。运输危险货物应当配备必要的押运人员,保证危险货物处于押运人员的监管之下,并悬挂明显的危险货物运输标志。

(4)运输车辆要求。

通过道路运输危险化学品的,应当按照运输车辆的核定载质量装载危险化学品,不得超载。

危险化学品运输车辆应当符合国家标准要求的安全技术条件,并按照国家有关规定定期进行安全技术检验。

危险化学品运输车辆应当悬挂或者喷涂符合国家标准要求的警示标志。

(三)剧毒化学品运输相关要求

通过道路运输剧毒化学品的,托运人应当向运输始发地或者目的地县级人民政府公安机关申请剧毒化学品道路运输通行证。

(四)水路运输要求

通过水路运输危险化学品的,应当遵守法律、行政法规以及国务院交通运输主管部门关于危险货物水路运输安全的规定。

三、危险化学品运输相关处罚规定

1.《中华人民共和国道路运输条例》

第六十三条规定,未取得道路运输经营许可,擅自从事道路危险货物运输经营,由县级以上地方人民政府交通运输主管部门责令停止经营,并处罚款。违法所得超过2万元的,没收违法所得,处违法所得2倍以上10倍以下的罚款;没有违法所得或者违法所得不足2万元的,处3万元以上10万元以下的罚款。构成犯罪的,依法追究刑事责任。

2.《危险化学品安全管理条例》

(1)第八十五条规定:未依法取得危险货物道路运输许可、危险货物水路运输许可,从事危险化学品道路运输、水路运输的,分别依照有关道路运输、水路运输的法律、行政法规的规定处罚。

(2)第八十六条规定,有下列情形之一的,由交通运输主管部门责令改正,处5万元以上10万元以下的罚款;拒不改正的,责令停产停业整顿;构成犯罪的,依法追究刑事责任:

①危险化学品道路运输企业、水路运输企业的驾驶人员、船员、装卸管理人员、押运人员、申报人员、集装箱装箱现场检查员未取得从业资格上岗作业的;

②运输危险化学品,未根据危险化学品的危险特性采取相应的安全防护措施,或者未配备必要的防护用品和应急救援器材的;

③通过内河运输危险化学品的承运人违反国务院交通运输主管部门对单船运输的危险化学品数量的限制性规定运输危险化学品的;

④托运人不向承运人说明所托运的危险化学品的种类、数量、危险特性以及发生危险情况的应急处置措施,或者未按照国家有关规定对所托运的危险化学品妥善包装并在外包装上设置相应标志的;

⑤运输危险化学品需要添加抑制剂或者稳定剂,托运人未添加或者未将有关情况告知承运人的。

(3)第八十七条规定,委托未依法取得危险货物道路运输许可、危险货物水路运输许可的企业承运危险化学品的,由交通运输主管部门责令改正,处10万元以上20万元以下的罚款,有违法所得的,没收违法所得;拒不改正的,责令停产停业整顿;构成犯罪的,依法追究刑事责任。

(4)第八十八条规定:有下列情形之一的,由公安机关责令改正,处5万元以上10万元以下的罚款;构成违反治安管理行为的,依法给予治安管理处罚;构成犯罪的,依法追究刑事责任:

①超过运输车辆的核定载质量装载危险化学品的;

②使用安全技术条件不符合国家标准要求的车辆运输危险化学品的;

③运输危险化学品的车辆未经公安机关批准进入危险化学品运输车辆限制通行的区域的;

④未取得剧毒化学品道路运输通行证,通过道路运输剧毒化学品的。

(5)第八十九条规定,有下列情形之一的,由公安机关责令改正,处1万元以上5万元以下的罚款;构成违反治安管理行为的,依法给予治安管理处罚:

①危险化学品运输车辆未悬挂或者喷涂警示标志,或者悬挂或者喷涂的警示标志不符合国家标准要求的;

②通过道路运输危险化学品,不配备押运人员的;

③运输剧毒化学品或者易制爆危险化学品途中需要较长时间停车,驾驶人员、押运人员不向当地公安机关报告的。

(6)第九十条规定:对发生交通事故负有全部责任或者主要责任的危险化学品道路运输企业,由公安机关责令消除安全隐患,未消除安全隐患的危险化学品运输车辆,禁止上道路行驶。

(7)第九十一条规定,危险化学品道路运输企业、水路运输企业未配备专职安全管理人员的,由交通运输主管部门责令改正,可以处1万元以下的罚款;拒不改正的,处1万元以上5万元以下的罚款。

第八节　职业健康安全知识

一、职业病危害基本概念

(一)职业病与职业病危害

职业病,是指企业、事业单位和个体经济组织等用人单位的劳动者在职业活动中,因接触粉尘、放射性物质和其他有毒、有害因素而引起的疾病。

职业病危害,是指对所从事职业活动的劳动者可能导致职业病的各种危害。职业病危害因素包括职业活动中存在的各种有害的化学、物理、生物因素以及在作业过程产生的其他职业有害因素。

接触职业危害因素不一定就会患职业病,职业病发生与否主要取决于接触职业性危害因素的性质、接触剂量和接触人员的易感性。

(二)职业病危害因素分类

1.按来源分类

各种职业病危害因素按其来源可分为以下三类:

(1)生产过程中产生的危害因素。

①化学因素,包括生产性粉尘和化学有毒物质。

②物理因素,例如异常气象条件(高温、高湿、低温)、异常气压、噪声、振动、辐射等。

③生物因素,例如附着于皮毛上的炭疽杆菌、甘蔗渣上的真菌,医务工作者可能接触到的生物传染性病原物等。

(2)劳动过程中的危害因素。

①劳动组织和制度不合理,劳动作息制度不合理等。

②精神性职业紧张。

③劳动强度过大或生产定额不当。

④个别器官或系统过度紧张,如视力紧张等。

⑤长时间不良体位或使用不合理的工具等。

(3)生产环境中的危害因素。

①自然环境中的因素,例如炎热季节的太阳辐射。

②作业场所建筑卫生学设计缺陷因素,例如照明不良、换气不足等。

2. 按有关规定分类

2015 年修订的《职业病危害因素分类目录》将职业病危害因素分为六大类:①粉尘(52种);②化学因素(375 种);③物理因素(15 种);④放射性因素(8 种);⑤生物因素(6 种);⑥其他因素(3 种)。

(三)职业病危害因素接触限值

职业病危害因素的接触限值量值,指劳动者在职业活动过程中长期反复接触,对绝大多数接触者的健康不引起有害作用的容许接触水平。

其中,化学有害因素的职业接触限值主要包括时间加权平均容许浓度、最高容许浓度、短时间接触容许浓度三类。

(1)时间加权平均容许浓度(PC-TWA),指以时间为权数规定的 8h 工作日、40h 工作周的平均容许接触浓度。

(2)最高容许浓度(MAC),指工作地点、在一个工作日内、任何时间有毒化学物质均不应超过的浓度。

(3)短时间接触容许浓度(PC-STEL),指在遵守时间加权平均容许浓度前提下容许短时间(15min)接触的浓度。

(四)职业病的分类

2013 年印发的《职业病分类和目录》(国疾控发[2013]48 号),职业病种类包括 10 大类132 种:

(1)职业性尘肺病及其他呼吸系统疾病(19 种),其中尘肺(13 种)、其他呼吸系统疾病(6 种)。

(2)职业性皮肤病(9 种)。

(3)职业性眼病(3 种)。

(4)职业性耳鼻喉口腔疾病(4 种)。

(5)职业性化学中毒(60 种)。

(6)物理因素所致职业病(7 种)。

(7)职业性放射性疾病(11 种)。

(8)职业性传染病(5 种)。

(9)职业性肿瘤(11 种)。

(10)其他职业病(3 种)。

二、职业病危害预防与控制的工作方针与原则

职业病危害防治工作,必须发挥政府、工会、生产经营单位、工伤保险机构、职业卫生技术

服务机构、职业病防治机构等各方面的力量,由全社会加以监督,贯彻"预防为主,防治结合"的方针,遵循"三级预防"的原则,实行分类管理、综合治理,不断提高职业病危害防治管理水平。

1. 一级预防

又称病因预防,是从根本上杜绝职业病危害因素对人的作用,即改进生产工艺和生产设备,合理利用防护设施及个人防护用品,以减少工人接触的机会和程度。

2. 二级预防

又称发病预防,是通过早期检测发现人体受到职业病危害因素所致的疾病。其主要手段是定期进行环境中职业病危害因素的监测和对接触者的定期体格检查,评价工作场所职业病危害程度,控制职业病危害,加强防毒防尘、防止物理性因素等有害因素的危害,使工作场所职业病危害因素的浓度(强度)符合国家职业卫生标准。对劳动者进行职业健康监护,开展职业健康检查,早期发现职业性疾病损害,早期鉴别和诊断。

3. 三级预防

是在患职业病以后,合理进行康复治疗,包括对职业病病人的保障,对疑似职业病病人进行诊断。保障职业病病人享受职业病待遇,安排职业病病人进行治疗、康复和定期检查,对不适宜继续从事原工作的职业病病人,应当调离原岗位并妥善安置。

一级预防是最理想的方法,可对整个的或选择的人群的职业健康能起到根本的作用,一般所需投入比二级预防和三级预防要少,效果更好。

三、常见职业病危害因素

(一) 生产性粉尘与尘肺病

1. 尘肺病

尘肺病是由于在职业活动中长期吸入生产性粉尘(灰尘),并在肺内潴留而引起的肺组织发生弥漫性、进行性纤维组织增生性疾病。

2. 生产性粉尘

能够较长时间悬浮于空气中的固体微粒叫作粉尘。在生产中,与生产过程有关而形成的粉尘叫作生产性粉尘。生产性粉尘对人体有多方面的不良影响,很多都能导致尘肺病,尤其是含有游离二氧化硅的粉尘,能引起严重的职业病——矽肺。

3. 尘肺病预防措施

(1)改革工艺过程,革新生产装备,采用无毒低毒物质代替高毒物质。

(2)采用湿式作业,减少粉尘的产生,防止粉尘飞扬,降低环境粉尘浓度。

(3)对产生粉尘的设备尽可能进行密闭。

(4)采取通风及抽风措施。

（5）做好从业人员的个人安全防护，做好职业健康检查，加强培训教育和监督检查。

（二）噪声

1.生产性噪声及分类

在生产过程中，由于机械转动、气体排放、工件撞击与摩擦所产生的噪声，称为生产性噪声或工业噪声。主要分为以下三类：

（1）空气动力噪声，由于气体压力变化引起气体扰动，气体与其他物体相互作用所致。

（2）机械性噪声，指机械撞击、摩擦或质量不平衡旋转等机械力作用下引起固体部件振动所产生的噪声。

（3）电磁噪声，由于磁场脉冲，磁致伸缩引起电气部件振动所致。

2.噪声的危害

由于长时间接触噪声导致的听阈升高，不能恢复到原有水平的，称为永久性听力下降，临床上称噪声聋。

噪声不光会损伤听力，还可能引发生理机能的不良反应，如长期暴露在强噪声环境中，会诱发多种慢性疾病，如高血压、动脉硬化、冠心病、消化性溃疡、头晕、记忆力衰退、神经衰弱症等；噪声同时对人的心理也有不良影响，主要表现是烦恼、焦急、讨厌、生气等各种不愉快的情绪，甚至失去理智。此外，由于噪声的掩蔽效应，会使人不易察觉一些危险信号，从而容易造成工伤事故。

3.噪声的预防措施

（1）根治声源。改进设备结构并选择低噪声设备；改变操作程序或工艺过程，采用低噪声工艺；提高机械设备加工精度和装配质量，减少噪声泄漏。

（2）控制传播途径。安装消声器、加装吸声装置、隔声罩等。

（3）防护接受者。保护耳朵、头部——耳塞、防声棉、防声耳罩、防声帽；防护人的胸部；改变工作日程。

（三）电磁辐射

1.电磁辐射及危害

电磁辐射是通过空间传播的一种能量，其能量以粒子或者电磁波的形式传播，传播过程不需要媒介。

可分为电离辐射（X射线等）和非电离辐射（微波、红外线、紫外线、激光等）。

电磁辐射的危害有：加快皮肤衰老、造成光感性皮炎、毛发脱落；致使免疫能力下降；危害内分泌系统；危害心血管系统（心悸、失眠、心动过缓、心搏血量减少、心律不齐、白细胞减少等）；危害视觉系统，造成角膜炎、电光性眼炎、白内障等，严重可导致双目失明；还有可能损伤染色体，诱发基因突变。

2.电磁辐射的预防

（1）屏障防护。在特殊情况下采用专业设施设备及个人防护用品对特殊人群进行防护。

（2）距离防护。划定控制区以保证公众与电磁辐射源的距离,可采用自动或半自动的远距离操作。

（3）时间防护。缩短电磁辐射设施的使用时间。

（四）高低温

1. 高温的危害

高温会导致脉搏加快、皮肤血管舒张、血流量增加、心率和呼吸加快、消化液分泌量减少,抑制消化吸收能力;食欲不振、消化不良、胃肠疾病增加;注意力不集中;严重时会出现头晕、头痛、恶心、疲劳乃至虚脱等症状;大量丧失水分和盐分,引起虚脱、昏厥乃至死亡。

高温还会导致事故发生概率增加和工作效率降低。

2. 低温的危害

人体在低温作业环境中,皮肤血管收缩,体表温度降低、寒战,使辐射和对流散热达到最低程度。

低温能影响劳动能力和工作效率,严重时可造成冷冻损伤或者诱发加重某些病症如哮喘、缺血性心脏病、脑卒中等。

四、职业健康管理

1. 职业病危害项目申报

国家建立职业病危害项目申报制度。

用人单位工作场所存在职业病目录所列职业病的危害因素的,应当及时、如实向所在地卫生行政部门申报危害项目,接受监督。

2. 建设项目的职业病防护设施要求

（1）建设项目的职业病防护设施所需费用应当纳入建设项目工程预算,并与主体工程同时设计,同时施工,同时投入生产和使用。

（2）新建、扩建、改建建设项目和技术改造、技术引进项目可能产生职业病危害的,建设单位在可行性论证阶段应当进行职业病危害预评价。建设项目在竣工验收前,建设单位应当进行职业病危害控制效果评价。

3. 劳动过程中的防护和管理

（1）材料和设备应保障职业健康。

（2）作业场所应保障职业健康。

（3）作业环境进行职业病危害因素检查管理。

（4）完善职业病防护设备设施和配备个人防护用品。

（5）履行告知义务,从业人员应明确作业场所的职业病危害因素及其预防措施和应急救援措施。

（6）进行职业健康监护,为作业人员进行职业健康检查,职业健康检查包括上岗前、在岗期间和离岗前职业健康检查以及遭受急性危害时进行的健康检查。

（7）做好对人员的职业卫生培训，包括主要负责人、职业卫生管理人员的职业卫生培训以及从业人员的职业卫生培训。

（8）做好职业病危害事故的应急救援、报告和处理。

第九节　卫生防疫知识

一、传染病的基本常识

（一）传染病的概念

传染病是指能够在人群中或人和动物之间引起流行的感染性疾病。此类疾病是由病原体（如细菌、病毒、真菌、寄生虫等）侵入人体内引起的，病原体在体内繁殖或产生毒素，并对人的健康造成危害，严重时可导致感染者死亡。

传染病的特点是有病原体，有传染性和流行性，感染后常有免疫性。有些传染病还有季节性或地方性。

（二）传染病传播的基本条件

传染病要形成传播，必须具备三个条件，即传染源、传播途径、易感人群。

1. 传染源

传染源是指体内有病原体生长、繁殖并且能排出病原体的人和动物，传染源包括传染病患者、隐性感染者、病原体携带者和受感染的动物。

2. 传播途径

病原体离开传染源后，到达另一个易感者的途径，称为传播途径。传染病的传播途径主要包括呼吸道传播、消化道传播、日常生活接触传播及虫媒传播等，不同种类的传染病传播媒介不同，包括空气、飞沫、尘埃、水、食物、苍蝇、手、用具、玩具，另外吸血节肢动物、血液、体液、血制品、土壤等也可以作为传染病传播媒介，传播方式主要分为呼吸道、消化道、日常生活接触、血液传播、性传播以及土源传播。常见传染病的传播途径见表2-6。

常见传染病的传播途径　　　　　　　　　　　　　　表2-6

常见传染病病种	传播方式	传播媒介
麻疹、白喉等	呼吸道传播	空气、飞沫、尘埃
伤寒、痢疾等	消化道传播	水、食物、苍蝇
手足口病、水痘	日常生活接触传播	手、用具、玩具
疟疾、斑疹伤寒	虫媒传播	吸血节肢动物
肝炎、艾滋病等	血液传播和性传播	血液、体液、血制品
破伤风、炭疽、钩虫、蛔虫等	土源传播	土壤

3. 易感人群

对某一传染病缺乏特异性免疫力的人称为易感者,易感者在某一特定人群中的比例决定该人群的易感性。

(三)传染因素的控制方法

1. 管理传染源

传染病报告制度是早期发现传染病的重要措施,必须严格遵守。对于传染病患者,应按照不同种类的传染病采取不同的隔离和治疗方法,对传染病的接触者(即有可能成为传染源的人),应分别按具体情况采取检疫措施、密切观察措施、药物预防或预防接种疫苗的方式,来减少发病及发病后对人群的影响。

病原携带者是指没有任何临床症状但能排出病原体的人。病原体携带者按携带病原的不同而相应称为带菌者、带虫者等。管理传染源时,在必要的情况下,要在人群中主动检测出病原携带者,并进行治疗、教育、调整工作岗位和随访观察。

2. 切断传播途径

切断传播途径对于传染病传播控制具有重要的作用,常见的切断传播途径主要措施有隔离接触者、消毒杀菌、佩戴口罩、卫生和环境整治等。对于消化道传染病、虫媒传染病以及许多寄生虫病来说,切断传播途径通常是起主导作用的预防措施。

3. 保护易感人群

保护易感人群要从两个方面做工作,一方面是减少人群接触病原体的概率,如加强个人防护、卫生习惯等,另一方面就是提高人群免疫力。通常提高人群免疫力的方式有以下两种。

(1)通过改善饮食营养、锻炼身体等措施可以提高机体非特异性免疫力。

(2)通过预防接种疫苗提高人群的主动或被动特异性免疫力。接种疫苗等之后可使机体具有对抗病毒、细菌的特异性主动免疫。特别是儿童计划免疫对传染病预防起关键性的作用。

二、常见传染性疾病防护常识

(一)流行性感冒

1. 流行性感冒的概念

流行性感冒简称流感,是由流感病毒引起的急性呼吸道传染病,其潜伏期短、传染性强、传播速度快。临床主要表现为高热、乏力、头痛、全身肌肉酸痛等症状,一般一周内自愈,但在老年人和慢性病患者中则可引起较严重的并发症。

2. 流行性感冒的症状

流感潜伏期通常为1~3d。患者起病急,早期可出现乏力、高热、寒战、头痛、全身酸痛等全身中毒症状,可伴有或不伴有流涕、咽痛、干咳等症状,有些人有恶心、呕吐等消化道症状。

老年人、婴幼儿和免疫力低下者可迅速发展为肺炎,出现呼吸困难及发绀,病情较重。

3.流行性感冒的传播途径

每年10月至次年3月是流感高发时期。流感主要通过空气飞沫传播,即病毒可通过病人咳嗽、打喷嚏等方式传播给健康人,此外也可通过接触被污染的手、日常用具等间接传播。流感病人及隐性感染者为主要传染源,发病3d内传染性最强。病毒主要存在于病人鼻涕、痰和唾液中。

4.流行性感冒的预防

(1)接种流感疫苗是预防流感发生和重症流感最重要的手段。由于流感病毒很容易变异,因此,每年接种最新的流感疫苗才能达到预防的效果,尤其是老人、幼儿、孕妇以及患基础疾病的高危人群。

(2)流感流行期间应避免前往人群聚集、空间密闭的场所。规范佩戴口罩,勤洗手、勤消毒、减少与流感样症状患者的密切接触。经常开窗通风,保持室内空气新鲜。咳嗽或打喷嚏时,用纸巾或手肘部遮挡口鼻,防止飞沫远距离传播喷溅。

(3)患者应隔离治疗,至体温恢复正常、其他流感样症状消失48h后解除隔离。

(4)加强身体锻炼,多做户外活动,增强体质,饮食均衡,充分休息,避免过度疲劳。根据天气合理增减衣物,避免受寒或大量出汗导致免疫力下降。

(二)结核病

1.结核病

结核病是由结核分枝杆菌引起的慢性传染病。个体除头发和牙齿外,各器官系统都有可能受到结核分枝杆菌感染。但结核分枝杆菌80%以上侵犯的是肺脏,称为肺结核,俗称"肺痨"。

2.肺结核的症状

肺结核的主要症状是咳嗽、咳痰、痰中带血丝、咯血、低热、胸痛等。如果这些症状持续2周及以上时,应高度怀疑为肺结核,应及时到医院就诊。

3.肺结核的传染源与传播途径

肺结核的传染源主要为痰中带菌的肺结核患者。据调查,一个传染性肺结核患者如果不及时治疗,平均一年将传染10~15个健康人。在人口密集、拥挤、通风不良等环境下存在传染源时,将会有更多的人因吸入带有结核分枝杆菌的空气而感染。

肺结核主要通过呼吸道传播。当肺结核患者在咳嗽、打喷嚏、大声谈笑、甚至唱歌时,会喷出来很多带有结核分枝杆菌的飞沫,这些飞沫会在空气中悬浮很长一段时间。

如果健康人吸入这种带菌的飞沫,就可能引起感染。

4.肺结核的易感人群

健康人感染结核分枝杆菌不一定发病。是否发病成为肺结核病人,主要受感染结核分枝杆菌数量和身体抵抗力强弱的影响。学习压力大、作息不规律、长期精神紧张、过度劳累、营养不良等均为肺结核发病的诱因。学生、老年人、糖尿病病人、肿瘤病人、艾滋病病毒感染者等都容易发生肺结核。

5. 肺结核的预防

(1)接种卡介苗。目前,我国新生儿注射的第一针疫苗就是卡介苗,这可以让新生儿获得针对结核分枝杆菌的免疫能力,降低重症结核病的发病率。

(2)发现症状及时治疗。如果出现咳嗽、咳痰超过两周,特别是出现血痰等症状时,应及时就诊。只要坚持规律服用抗结核药物、完成疗程,绝大多数肺结核病人都能治愈。

(3)健康人群要主动做好防护。在结核病传播的高风险环境中,比如去医院就诊、接触疑似结核病患者时,主动佩戴口罩。养成良好的生活习惯、劳逸结合、适量运动、保证营养、不随地吐痰、室内经常开窗换气。

6. 发现肺结核患者的应对方法

(1)首先要进行疫情报告,对肺结核患者进行正规抗结核治疗,及时采取隔离措施。

(2)做好密切接触者筛查,首次筛查的范围为密切接触的人员,15 岁及以上的密切接触者主要开展结核菌素试验和 X 线胸片检查;15 岁以下的密切接触者先进行结核菌素试验,强阳性者再行 X 线胸片检查。

(3)做好通风消毒。

①自然通风或机械通风。每日通风不少于70min。

②紫外线消毒。需在消毒专业人员指导下进行。

③采用太阳光照射也是杀灭结核分枝杆菌有效的方法。将患者的被褥、衣物、书籍等用品放在太阳下暴晒3~4h,也可以达到消毒效果。

④化学消毒。可选用0.5%~1.0%的过氧乙酸溶液,在专业人员指导下进行,消毒时门窗要关闭,室内不能有人活动。消毒结束后,打开门窗通风换气。不建议每日使用化学消毒剂进行空气消毒。

(三)病毒性肝炎

1. 病毒性肝炎

病毒性肝炎是由多种肝炎病毒引起的,以肝脏炎症和坏死病变为主的一组传染病。常见的病毒性肝炎为甲、乙、丙、丁、戊型。

2. 病毒性肝炎的症状

临床上以疲乏、食欲减退、肝大、肝功能异常为主要表现,部分病例出现黄疸。

3. 病毒性肝炎的传播途径

病毒性肝炎的传播途径主要包括:消化道传播、血液传播、母婴传播、性传播等。

4. 病毒性肝炎的预防方法

(1)肝炎患者、病毒携带者是本病的传染源,接种甲肝、乙肝等疫苗是最好的预防措施。

(2)患有病毒性肝炎的患者应尽快进行隔离和治疗。

(3)定期消毒,经常通风换气。

(4)保持环境卫生,做好个人卫生,提高抗病能力。

三、食源性疾病

1.食源性疾病的概念

食源性疾病是指由于摄入食物中含有的致病因子,引起的以急性病理过程为主要临床表现的感染性或中毒性疾病的统称,包括食物中毒。

大多数食源性疾病的发生是因摄入了被致病因素污染的食物和水,导致致病因素进入机体而引发的疾病。

2.食源性疾病常见类型与特点

食源性疾病分为以下几类:细菌性食源性疾病、真菌及其毒素食源性疾病、有毒动植物食源性疾病、化学性食源性疾病。

动物性食物是引起细菌性食源性疾病的主要原因,其中,畜肉类及其制品居首位,其次是禽肉、鱼、乳、蛋类;植物性食物如米糕、米粉等也容易引起细菌性食物中毒。真菌性食源性疾病常见于霉变的玉米、甘蔗等,有毒动植物食源性疾病多见于河豚、麻痹性贝类、毒蘑菇、发芽的马铃薯、四季豆等食物中毒,化学性食物中毒多见于亚硝酸盐中毒,农药中毒等。

3.食源性疾病危险因素的常见来源

食源性疾病危险因素来源主要有以下几个方面:

(1)过早地烹调食物。煮熟的食物保存在室温条件下超过2h,容易滋生细菌。重新加热时,加热的温度和时间不够,未能杀死病菌。

(2)肉、奶、蛋、豆类及其制品加热不彻底或不均匀,未烧熟煮透,未能杀死病菌。

(3)误食有毒的动植物或者烹调加工方法不当(如四季豆未炒熟)没有去除其中的有毒物质。

(4)厨房卫生环境较差,食品从业人员健康状况和卫生习惯不良,生熟食混放、混用菜板菜刀,导致生熟食交叉污染等。

(5)饮用或使用不洁净的水。饮水机作为一个暂时储水介质,其卫生状况直接影响饮用水的卫生状况;饮水机使用时间越长,其内部污染越严重,越易污染桶装水。

4.食源性疾病的主要症状

不同致病因素导致的食源性疾病,患者临床症状往往不尽相同。细菌性食源性疾病发生较多,引起的临床症状最常见的是消化道症状,如恶心、呕吐、腹痛、腹泻等,且所有患者的临床症状相似,发病时间相对集中。

5.食源性疾病的预防及食堂卫生管理

(1)食堂从业人员必须经健康检查,取得健康合格证明方可上岗。

(2)建立健全食品安全相关制度,加强对食堂从业人员的卫生知识培训和考核,提高从业人员的食品安全卫生意识,避免食源性疾病的发生。

（3）建立从业人员晨检制度，发现有咳嗽、发热、腹泻或者化脓性、渗出性皮肤病等症状的人员，不得上岗。

（4）严格落实采购查验、索证索票、采购记录制度，从来源上保证食品安全。

（5）保证食物的储存和操作安全。保持清洁、生熟分开、使用安全的水和食品原料，防止食品受到细菌污染；注意控制温度和时间，控制细菌生长繁殖；要烧熟煮透、严格洗消，杀灭病原菌。

（6）加强监督管理检查。

（7）加强宣传教育，养成良好的卫生习惯。

第三章

收费知识

本章主要介绍高速公路路网知识、通行介质基本常识、真假货币辨识基本知识、票款基本知识、收费设备使用知识、车型分类分型知识、偷逃车辆通行费查处知识、道路运营数据运用分析知识和收费政策知识等。

第一节　高速公路路网知识

一、公路的等级划分

公路按技术等级分为高速公路、一级公路、二级公路、三级公路和四级公路五个等级。其中,高速公路以外的其他公路称为普通公路。

公路按行政等级分为国道、省道、县道、乡道、村道和专用公路六个等级。其中,国道包括国家高速公路和普通国道,省道包括省级高速公路和普通省道。高速公路为专供汽车分方向、分车道行驶,全部控制出入的多车道公路,其年平均日设计交通量宜在15000辆小客车以上。

公路路线编号的首位代表公路的行政等级,采用一位字母标识符表示,见表3-1。

公路行政等级字母标识符　　　　　　　　　　表3-1

公路行政等级	字母标识符	公路行政等级	字母标识符
国道	G	乡道	Y
省道	S	村道	C
县道	X	专用公路	Z

二、高速公路的功能

高速公路具有交通限制、分隔行驶、控制出入、设施完善等功能,使公路运输发生了质的变化。具体如下:

1. 交通限制

交通限制主要指对车辆和车速的限制。高速公路专供汽车使用,且限制汽车最低和最高速度。最高速度不得超过 120km/h，最低速度不得低于 60km/h。

2.分隔行驶

分隔行驶包括两个方面：一是在相向车道间设中间分隔带，实行对向行车分离。二是对于同一方向的车辆，设两条以上的车道，划线分车道，使车辆分道行驶，减少同向行车的干扰，保证车辆安全畅通。

3.控制出入

控制出入是指对进出高速公路的车辆严格控制，消除侧向干扰，保证行车安全。采用全封闭、全立交，规定车辆只能从指定的互通式立交匝道进出。

4.设施完善

采用高标准、设置完善的交通安全与服务设施，从行车条件和技术上为安全、快速行车提供可靠的保证。设置功能齐全的服务设施，满足安全、快捷、舒适的行车需求。

三、高速公路的特点及优势

(一)高速公路的特点

1.汽车专用

针对普通公路混合交通相互干扰大，不安全，又影响车速的缺点，高速公路实行交通限制，专供汽车高速行驶。

2.分方向行驶

高速公路通过设置中央分隔带实行不同方向车流分向行驶，使车辆行驶更为有序，保证了高速公路连续畅通和良好的运营秩序。

3.控制出入

高速公路采用全封闭、全立交，严格控制出入的方式，有效消除了侧向干扰，给车辆安全快速通行提供了保障。

4.设施及服务完善

高速公路设置了功能齐全的交通安全设施、监控设施及各种服务设施，提供了停车休息、餐饮、加油等多功能综合服务。这些设施及服务使车辆快速、安全、舒适地行驶有了充分保障。

5.技术指标高

高速公路采用较高的设计速度和荷载标准，使道路平纵线形、车道宽度、车道数量、路侧环境、标志标线、路面等级、桥涵隧道以及互通等所有技术指标适应车辆舒适、安全、快速的行车要求。

(二)高速公路的优势

虽然公路运输本身具有机动灵活、适应性强、"门对门"服务、量大面广等特点，但普通公路存在线形等技术标准较低、车速低、混合交通相互干扰大、开放式管理易造成侧向行人与非机动车相互干扰、事故风险较大、安全性较差等问题。而高速公路存在的前述特点,使得高速公路运输具有更突出的优势。

1. 行驶速度高、运输费用省

针对普通公路混合交通相互干扰大、安全性较差且影响车速的缺点,高速公路规定汽车专用并对车辆种类加以限制。为防止车辆车速相差过大,减少同向车流的相互干扰,一般规定低速车辆不得上路,并限定最高车速。我国高速公路规定最高运行速度不超过120km/h,最低车速不得低于60km/h,较普通公路行驶速度有了大幅度提高。

2. 通行能力强、运输效率高

一条双向四车道的高速公路,行车速度为80~100km/h,平均每昼夜可通过25000~50000辆车次。若以客货车各占一半估算(货车按5t计算),高速公路每年可承运货物约4500万t。而一级铁路的设计年货运量是1500万t,只相当于高速公路年货运量的1/3,一般公路的运输效率则更低。

3. 具有鲜明的级差效益特性

高速公路同一般公路相比,在经济上的最主要特性是具有鲜明的"级差效益"。所谓的级差效益,是指同种汽车完成相同的运输工作,使用高速公路时得到的效益高出使用一般公路的效益。

高速公路所特有的级差效益特性,也为高速公路的筹资、建设及运营管理采用不同于一般普通公路的方式奠定了基础。该特性使得其在建设期和运营期适宜采用市场经济的方法。例如,高速公路可以借款贷款建设,建成后利用收费方式还贷。

4. 具有完善的现代化交通安全设施及管理

高速公路除车道较多、全封闭、全立交并具有良好的线形和路面条件外,为了提高管理效率,还设置了覆盖高速公路全线的监控设施,如安全、监控、通信、服务等,以及沿线布设的收费站、加油站、紧急电话、停车场、服务区等各种服务设施。特别是随着基于人工智能(AI)技术的智慧高速公路系统的发展,在充分整合高速公路已有的外场监控及信息采集设备,建立起覆盖高速公路网的智慧感知网络,实现对高速公路网全方位的实时、动态监控,实现交通流量、平均车速、车道占有率、气象状况、交通异常事件自动获取的基础上,建立具有协调联动机制并且集路网运行监测、信息采集与预警、交通紧急救援、公众信息发布及应急指挥调度于一体的智慧高速公路系统。这些先进的设施和系统,对保障车辆快速、安全、舒适地行驶具有重要作用。

5. 行车安全性好

由于高速公路车道多、全封闭、全立交并具有良好的线形和路面条件,还设置有覆盖高速公路全线的安全、监控、通信、服务等监控设施,这些都极大地提高了高速公路行车的安全性。

四、高速公路路线编号结构

国家高速公路的首都放射线、北南纵线、东西横线和地区环线等主线编号,应由一位国道字母标识符"G"和不超过两位的数字编号"×"或"××"组配表示;国家高速公路的城市绕城环线、联络线和并行线编号,应由一位国道字母标识符"G"和两位主线编号"××"、一位路线类型识别号"＊"和一位顺序号"#"组配的四位数字编号表示。国家高速公路路线编号结构见表3-2。

国家高速公路路线编号结构　　　　表3-2

国家高速公路类型		路线编号结构
主线	首都放射线	G×
	北南纵线	G××
	东西横线	G××
	地区环线	G××
城市绕城环线		G××＊#
联络线		G××＊#
并行线		G××＊#

省级高速公路的省会放射线、北南纵线、东西横线等主线编号,应由一位省道字母标识符"S"和不超过两位的数字编号"×"或"××"组配表示;省级高速公路的城市绕城环线和联络线的编号,宜由一位省道字母标识符"S"和两位数字编号"××"组配表示。省级高速公路路线编号结构见表3-3。

省级高速公路路线编号结构　　　　表3-3

省级高速公路类型		路线编号结构
主线	省会放射线	S×
	北南纵线	S××
	东西横线	S××
城市绕城环线		S××
联络线		S××

五、高速公路路线编号规则

1. 国家高速公路路线编号规则

(1)国家高速公路的主线编号,由国道标识符"G"和一至两位数字编号组配表示;城市绕城环线、联络线和并行线编号,由国道标识符"G"和四位数字编号组配表示。

(2)国家高速公路的首都放射线数字编号为一位数,总体上由正北开始按顺时针方向升序编排。

(3)国家高速公路的北南纵线数字编号为两位奇数,总体上由东向西按升序编排。

(4)国家高速公路的东西横线数字编号为两位偶数,总体上由北向南按升序编排。

(5)国家高速公路的地区环线数字编号为两位数,其中第1位为"9",在全国范围总体上按照由北向南的顺序编排。

(6)纳入国家高速公路的城市绕城环线的数字编号为四位数,由两位主线编号加一位识

别号"0"再加一位顺序号组成,即 G××0#,在全国范围内统一编排。主线编号和顺序号的选取应符合下列规定:

①主线编号应优先选取该城市绕城环线所连接的北南纵线、东西横线和地区环线中编号最小者,如该主线所连接的城市绕城环线编号空间已全部使用,则选用主线编号次小者,以此类推;

②城市绕城环线仅连接首都放射线时,主线编号前应以"0"补位,即 G0×0#;

③同一条国家高速公路穿越多个省(自治区、直辖市)时,所连接城市绕城环线的顺序号,宜沿主线起讫方向增序排列。

(7)国家高速公路的联络线数字编号为四位数,由两位主线编号加一位识别号"1"再加一位顺序号组成,即 G××1#,在全国范围内统一编排。联络线数量突破容量时,可将识别号扩容至"3",即 G××3#。主线编号和顺序号的选取应符合下列规定:

①主线编号应优先选取联络线所连接的北南纵线、东西横线和地区环线中编号最小者,如该主线所连接的联络线编号空间已全部使用,则选用主线编号次小者,以此类推;

②联络线仅连接首都放射线时,主线编号前以"0"补位,即 G0×1#;

③同一条国家高速公路主线穿越多个省(自治区、直辖市)时,所连接的联络线的顺序号宜沿主线起讫方向增序排列。

(8)国家高速公路的并行线数字编号为四位数,由两位主线编号加一位识别号"2"再加一位顺序号组成,即 G××2#,在全国范围内统一编排。并行线数量突破容量时,可将识别号扩容至"4",即 G××4#。主线编号和顺序号的选取应符合下列规定:

①主线编号应优先选取并行线所连接的北南纵线和东西横线中编号最小者,如该主线所连接的并行线编号空间已全部使用,则选用主线编号次小者,以此类推;

②并行线仅连接首都放射线时,主线编号前以"0"补位,即 G0×2#;

③同一条国家高速公路主线穿越多个省(自治区、直辖市)时,所连接的并行线的顺序号宜沿主线起讫方向增序排列。

(9)当新增国家高速公路路线时,原国家高速公路路线编号维持不变,新增的路线按其走向及所在位置,分别在原路线编号序列中的预留区间内顺序编号,预留区间不足时,在下一预留区间内编号;利用原有路线延伸起点或终点的国家高速公路,仍采用原路线的编号。

2. 省级高速公路路线编号规则

(1)省级高速公路的主线编号规则宜与国家高速公路主线的编号规则保持一致,由省道标识符"S"加一到两位数字编号组配表示;省级高速公路城市绕城环线和联络线的编号,宜由省道标识符"S"加两位数字编号组配表示。

(2)省级高速公路与相邻省级行政区域的省级高速公路连接贯通时,宜统一编号。

①跨省的省级高速公路为北南纵线时,宜以北侧省(自治区、直辖市)的路线编号为准;

②跨省的省级高速公路为东西横线时,宜以东侧省(自治区、直辖市)的路线编号为准。

(3)各省(自治区、直辖市)编制省级高速公路编号时,可根据路网特征和实际需求安排两位数编号区间的使用方法。

六、国家高速公路网

国家高速公路网由 7 条首都放射线、11 条北南纵线、18 条东西横线,以及 6 条地区环线、12 条都市圈环线、30 条城市绕城环线、31 条并行线、163 条联络线组成。

1. 首都放射线

北京—哈尔滨高速公路(G1)、北京—上海高速公路(G2)、北京—台北高速公路(G3)、北京—港澳高速公路(G4)、北京—昆明高速公路(G5)、北京—拉萨高速公路(G6)、北京—乌鲁木齐高速公路(G7)。

2. 北南纵线

鹤岗—大连高速公路(G11)、沈阳—海口高速公路(G15)、长春—深圳高速公路(G25)、济南—广州高速公路(G35)、大庆—广州高速公路(G45)、二连浩特—广州高速公路(G55)、呼和浩特—北海高速公路(G59)、包头—茂名高速公路(G65)、银川—百色高速公路(G69)、兰州—海口高速公路(G75)、银川—昆明高速公路(G85)。

3. 东西横线

绥芬河—满洲里高速公路(G10)、珲春—乌兰浩特高速公路(G12)、丹东—锡林浩特高速公路(G16)、荣成—乌海高速公路(G18)、青岛—银川高速公路(G20)、青岛—兰州高速公路(G22)、连云港—霍尔果斯高速公路(G30)、南京—洛阳高速公路(G36)、上海—西安高速公路(G40)、上海—成都高速公路(G42)、上海—重庆高速公路(G50)、杭州—瑞丽高速公路(G56)、上海—昆明高速公路(G60)、福州—银川高速公路(G70)、泉州—南宁高速公路(G72)、厦门—成都高速公路(G76)、汕头—昆明高速公路(G78)、广州—昆明高速公路(G80)。

4. 地区环线

辽中地区环线(G91)、杭州湾地区环线(G92)、成渝地区环线(G93)、珠江三角洲地区环线(G94)、首都地区环线(G95)、海南地区环线(G98)。

5. 都市圈环线

哈尔滨都市圈环线(G9901)、长春都市圈环线(G9902)、杭州都市圈环线(G9903)、南京都市圈环线(G9904)、郑州都市圈环线(G9905)、武汉都市圈环线(G9906)、长株潭都市圈环线(G9907)、西安都市圈环线(G9908)、重庆都市圈环线(G9909)、成都都市圈环线(G9910)、济南都市圈环线(G9911)、合肥都市圈环线(G9912)。

七、标识牌

每条高速公路都有自己的标识牌,标识牌统一按照国家高速公路网的格式规范制作。(省级高速公路标识牌样式与国家高速公路大体相同,上段黄底黑字,上书"省级简称 + 高速")。

(1)标识牌整体为圆角矩形,绿底白字。内部绘有边框,白色线条,较粗。

（2）标识牌用"两段式"，上段类似横幅，红底白字，上用黑体书"国家高速"字样。

（3）下段为主体部分，绿底白字，分为两行。上面一行为高速公路的编号，用黑体印刷，字号足够大，使得文字整体宽度与边框平齐。下面一行可选，为高速公路的名称，同样用黑体印刷，要求字样整体宽度与边框平齐。

（4）若高速公路为联络线或城市绕城环线，则其标识牌与主线高速公路有所区别。

①编号比主线高速公路多两位，所以标识牌要宽一些；

②编号多出的两位，字号小于主线编号，约为主线编号的一半。

国家高速公路标识牌如图 3-1 所示，省级高速公路标识牌如图 3-2 所示。

图 3-1　国家高速公路标识牌　　　　图 3-2　省级高速公路标识牌

八、高速公路全国"一张网"

1. 背景介绍

2020 年 1 月 1 日，全国 29 个联网省份的 487 个省界收费站全部取消，全国高速公路"一张网"正式切换。

2. 全国联网技术措施

（1）建立全国高速公路"一张网"联网收费多义性路径识别系统，实现"按实际路径收费、按实际路径拆分"的收费模式。

（2）为解决多义性路径识别问题，采用"RFID（Radio Frequency Identification）复合卡 + RFID 标识点 + 5.8Ghz 自由流 + 高清门架 + 辅以必要行政管理手段"的基本技术路线。

（3）"RFID 复合卡 + RFID 标识点"用于解决 MTC（公路半自动车道收费系统）车辆的多义性路径标识问题。

（4）"5.8Ghz 自由流"用于解决 ETC（电子不停车收费系统）车辆的多义性路径标识问题。

（5）"高清卡口"是联网收费防逃费中有效的稽查手段并可用于遏制恶意屏蔽 RFID 复合卡的行为。

（6）一次行程、一个账单、一次扣费、一次告知。

（7）联网收费通行介质包括 ETC 卡、CPC 卡（高速公路复合通行卡）及纸质通行券等。

（8）ETC 专用车道应仅支持 ETC 车辆不停车通行。

（9）ETC/MTC 混合车道应支持所有交易方式，包括 ETC 交易和其他交易。

（10）CPC 卡在入口 ETC/MTC 混合车道发放，出口 ETC/MTC 混合车道回收，发放时严格遵循"一车一卡"原则。

第二节　通行介质基本常识

一、复合通行卡基本知识

(一) 术语和定义

复合通行卡(Compound Pass Card,简称 CPC 卡):集 5.8GHz 和 13.56MHz 通信功能于一体,具备车辆入口信息、路径信息和计费信息等读写功能,在收费站入口车道发放给车辆、出口车道收回的可重复使用的通行介质。

通行介质核销:对通行介质进行核实注销,使其无法在路网使用。

管理基数:以各省首批采购入库 CPC 卡数量为初始管理基数,并根据运行过程中补充采购、卡丢失、卡损坏等进行增减。管理基数是 CPC 卡跨省调拨的一个重要依据。

卡箱:用于储存和运输 CPC 卡的容器。

静态库存:每个自然日结束时各级卡管理机构的 CPC 卡结存数量。

动态库存:当前时间各级卡管理机构的 CPC 卡数量。动态库存以前一日静态库存为基数,根据发放、回收和调拨等数据进行增减。

库存盘点:各级卡管理机构对仓库内的 CPC 卡进行清点并核对,核对不符的应进行盘盈盘亏登记。

CPC 卡丢失:客户在出口收费站停车交费时未能交还 CPC 卡造成的 CPC 卡数量减少。

CPC 卡流失:在日常运营中除 CPC 卡丢失之外的原因造成 CPC 卡数量减少,主要包括系统中有入口但无出口流水确认等卡流失情况。

长卡:收费员实际收到的 CPC 卡数多于原始收费数据统计结果所产生的 CPC 卡数量差额。

短卡:收费员实际收到的 CPC 卡数少于原始收费数据统计结果所产生的 CPC 卡数量差额。

坏卡:指无法读写、卡表面外观严重破损的 CPC 卡。

(二) 相关管理规定

1. 管理参与方

全国 CPC 卡运营管理分层级进行,一般情况下管理机构分 4 级管理,从上到下分别为部联网中心、省中心、收费公路经营管理单位、收费站。

2. 参与方职责

部联网中心:对全网 CPC 卡的入网、应用、核销等工作进行全生命周期管理,指导全网 CPC 卡调拨;监控和评价全网 CPC 卡使用情况;发现、处理运营中出现的异常情况。

省中心:负责组织省内 CPC 卡的采购、发行、调拨、核销等运营工作,监控和评价省内 CPC

卡使用情况,并配合部联网中心共同开展 CPC 卡管理,确保 CPC 卡使用满足本省收费业务需要。

收费公路经营管理单位:按照相关政策标准、规范、细则开展 CPC 卡使用和管理工作,配合部联网中心、省中心完成 CPC 卡管理工作,确保收费业务正常运转。

收费站:负责收费站内 CPC 卡日常使用、调拨和管理工作,配合部联网中心、省中心及收费公路经营管理单位完成 CPC 卡管理工作,确保收费站收费业务正常运转。

3. 基础信息管理

省中心负责本省内各级卡管理机构基础信息管理,按部联网中心要求进行报备,并做好通行介质管理平台基础信息维护。为确保调拨工作顺利开展,省中心应确保通行介质管理平台中卡管理机构基础信息完整准确。

部联网中心负责建立各省中心通行介质管理平台用户账号,省中心负责建立本省内各级卡管理机构通行介质管理平台用户账号和组织机构。

4. 入网管理

CPC 卡入网工作包括 CPC 卡采购管理、发行管理和入库管理等。由部联网中心根据丢失卡和流失卡等定期核定应补充的 CPC 卡数量,省中心组织省内 CPC 卡采购工作,并在 CPC 卡流通使用前应做好入网管理工作。

(1)采购

省中心组织 CPC 卡采购工作,并在 CPC 卡生产供货前通过通行介质管理平台向部联网中心提出 CPC 卡号段申请。供应商要严格按照部联网中心分配的号段及对应箱号进行 CPC 卡装箱,并在箱表面清晰标注箱号及箱内卡号段。

(2)发行

省中心负责组织 CPC 卡发行工作。发行时应确保 CPC 卡的表面序号和卡内逻辑序号一致、发行文件正确。委托具备资质的第三方检测机构对采购的 CPC 卡进行入网检测,入网检测应包括规范符合性、协议符合性、功能符合性、设备兼容性、环境适应性、实际系统综合测试以及其他功能和性能测试等。

(三)新卡入库

CPC 卡采购、发行完成后,省中心组织检查厂家到货清单格式是否正确,并将货清单导入通行介质管理平台,完成入库操作。如发现因厂家到货清单格式与通行介质管理平台提供样表不符或清单内容有误等导致无法导入情况,应要求厂家进行调整。

(四)运行业务要求

(1)全网的 CPC 卡运行业务应通过通行介质管理平台开展,包括调拨、盘点、坏卡登记、装箱、拆箱、赔付及归还等。

(2)各级卡管理机构应配备相应的管理人员,负责 CPC 卡相关管理工作。

(3)无法读写或电量低于8%的 CPC 卡不得进行调拨或在车道发放。

(4)车道不得发放无入口信息或预先写入信息的 CPC 卡。

（5）各级卡管理机构均应以卡箱为单位进行 CPC 卡管理(车道应用除外)，每个卡箱容量不宜超过 500 张且为整百数。

（五）其他

使用机构负责所有 CPC 卡在运作过程中的管理记录和报表制作,以及对其调拨、使用和结存情况的账务登记工作。其中,收费站现场应设置报表记录收费员当班的领用、发出、回收及异常卡情况,确保 CPC 卡所有流转过程的记录完整。

二、纸质通行券基本知识

1.纸质通行券定义

纸质通行券指收费站所有入口车道出现系统故障无法使用时或重大节假日小型客车免费通行过渡期间,发放给车辆临时作为通行高速公路的通行计费凭证使用纸券。

2.纸质通行券印制要求

纸质通行券由各收费公路经营管理单位自行印制,纸质通行券版面由部统一设计,如图3-3所示。

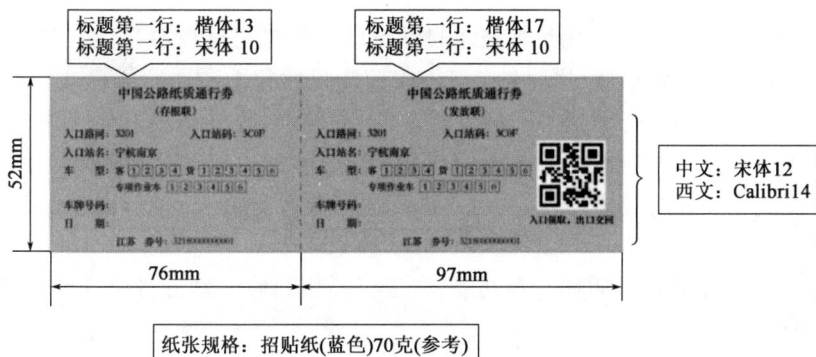

图 3-3　纸质通行券样式

3.纸质通行券印制说明

(1)入口路网号为 4 个字符,入口站码为 4 个字符(HEX 值),编码规则应与《收费公路联网收费技术要求》(交通部 2007 年第 35 号公告)一致。

(2)二维码信息为入口路网号与入口站码,共 8 个字符,如:32013C0F,出口可扫码读取。

(3)券号为省级行政区划代码(2 位) + 年份(2 位) + 序号(10 位),后10 位由各省自行编制,确保券号唯一性。

4.纸质通行券的使用规定

(1)各收费公路经营管理单位做好本路段内纸质通行券管理工作,确保纸质通行券满足本路段收费业务需要。

(2)纸质通行券用于收费站所有车道出现系统故障无法使用的紧急情况,或重大节假日小型客车免费通行过渡期间,发放给其他车辆临时作为通行凭证。

(3)入口发放时,应加盖日期章,填写车型、车牌号码等内容,并做好特情记录。

5.纸质通行券发放流程

(1)纸质通行券使用前须向省中心申请,申请内容应包括但不限于发放时间、发放原因、发放站点、发放纸质通行券起始号码、预计发放数量、预计结束时间等信息。省中心审批同意后,同步通过通行介质管理平台向部联网中心报备启用和停用情况,部联网中心告知相关参与方。

(2)收费公路经营管理单位需在使用纸质通行券后3d内,形成事件报告(纸质通行券事件报告模板)向省中心汇报,再由省中心在2d内汇总情况向部联网中心报备。

(3)收费站入口尽量按纸质通行券编码依次发放纸质通行券,发放结束后,清点发放纸质通行券数量并按要求登记或填报相关报表,同时将发放纸质通行券剩余的存根联与出口回收的纸质通行券交给管理员保管,保存期不少于1年。

(4)入口收费员下班交接后,应计算当班期间实际发放纸质通行券数量(计算公式为:实际发放数量 = 剩余第一张纸质通行券号码 – 发放前第一张纸质通行券号码),并与系统记录数核对,分析不相符原因。

6.热敏打印纸质通行券技术运用

(1)高速公路收费站入口采用热敏技术自动打印入口纸质通行券功能代替传统纸质通行券,其操作和正常发卡操作相似,用时约为5s,相较传统发放纸质通行券模式耗时下降89%,能有效地提高入口放行效率,保证入口信息时效性、准确性;收费站出口传统模式需要在纸质通行券输入时间戳,平均耗时约20s,采用热敏纸质通行券打印平均耗时约13s,耗时下降33%,能有效提高出口通行效率。目前,机打纸质通行券主要用于重大节假日小型客车免费通行过渡期间。

(2)采用自动打印入口纸质通行券功能,有效提高出口收费准确性及在线计费成功率,减少逃费作弊等突出问题。

传统纸质通行券样式如图3-4所示,热敏打印纸质通行券样式如图3-5所示。

图3-4　传统纸质通行券样式

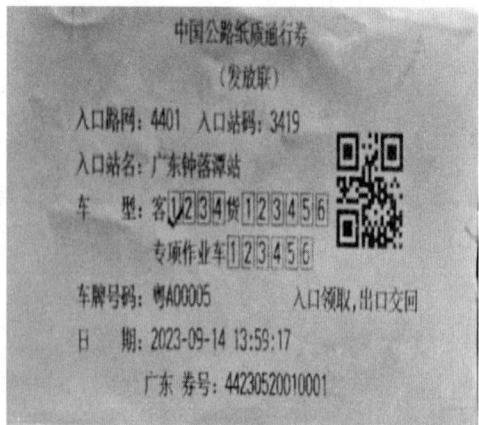

图3-5　热敏打印纸质通行券样式

第三节　真假货币辨识基本知识

一、人民币相关知识

1. 人民币的概念

人民币,是指中国人民银行依法发行的货币,包括纸币和硬币。人民币也是中华人民共和国的法定货币。以人民币支付中华人民共和国境内的一切公共的和私人的债务,任何单位和个人不得拒收。

2. 第五套人民币票面信息汇总

第五套人民币票面信息汇总见表3-4。

第五套人民币票面信息汇总　　　　　表3-4

类型面额	100 元	50 元	20 元	10 元	5 元
颜色	红色	绿色	棕色	蓝黑色	紫色
尺寸(mm)	155×77	150×70	145×70	140×70	135×63
正面团花	茶花	菊花	荷花	月季花	水仙花
正面装饰花纹	中国漆器	少数民族挑绣	青铜饕餮纹路	中国传统瓷器	中国传统建筑装饰
正面主景图案	采用手工雕刻凹版印刷的毛泽东头像				
背面主景图案	人民大会堂	布达拉宫	桂林山水	长江三峡	泰山

二、人民币防伪特征

1. 水印

第五套人民币 50 元、100 元为毛泽东人头像固定水印;1 元、5 元、10 元、20 元为花卉固定水印。

2. 红、蓝彩色纤维(2005 年版取消)

在第五套人民币 100 元、50 元、20 元、10 元、5 元的票面上,可看到纸张中水印处随机分布有红色和蓝色纤维。

3. 安全线

第五套人民币 100 元、50 元为磁性微文字安全线;20 元为明暗相间的磁性安全线。10 元、5 元为开窗安全线。

4. 手工雕刻头像

第五套人民币纸币正面主景为毛泽东头像,均采用手工雕刻凹版印刷工艺,形象逼真、传神,凹凸感强。

5. 隐性面额数字

第五套人民纸币正面右上方有一装饰图案,将票面置于与眼睛接近平行的位置,面对光源作平面旋转45°或90°,可看到面额数字字样。

6. 光变面额数字

第五套人民币50元、100元正面左下方用新型油墨印刷了面额数字,当与票面垂直观察其为绿色,而倾斜一定角度则变为蓝色。

7. 阴阳互补对印图案

第五套人民币纸币正面左下角和背面右下方各有一圆形局部图案,透光观察,正背图案组成一个完整的古钱币图案。

8. 雕刻凹版印刷

第五套人民币中国人民银行行名、面额数字、盲文面额标记、凹印手感线等均采用雕刻凹版印刷,用手指触摸有明显凹凸感。

9. 号码(凸印)

第五套人民币100元为横竖双号码(1999版),横号为黑色,竖号为蓝色;20元、10元、5元为双色横号码(左半部分为红色,右半部分为黑色)。

10. 胶印缩微文字

第五套人民币纸币多处印有胶印缩微文字"RMB100""RMB50"等字样。

11. 专用纸张

第五套人民币纸币采用特种原材料由专用抄造设备抄制的印钞专用纸张印制,在紫外光下无荧光反应。

12. 变色荧光纤维(2005版取消)

第五套人民币纸币在特定波长的紫外光下可以看到纸张中随机分布有黄色和蓝色荧光纤维。

13. 无色荧光图案

第五套人民币纸币的正面行名下方胶印底纹处,在特定波长的紫外光下可以看到面额字样,该图案采用无色荧光油墨印刷,可供机读。

14. 有色荧光图案

第五套人民币100元背面主景上方椭圆形图案中的红色纹线,在特定波长的紫外光下显现明亮的橘黄色;20元人民币背面的中间在特定波长的紫外光下显现绿色荧光图案。

15. 胶印接线印刷

第五套人民币100元正面左侧的中国传统图案是用胶印接线技术印刷的,每根线均由两种以上的颜色组成。

16. 凹印接线印刷

第五套人民币100元背面面额数字"100"、20元正面左侧面额数字"20"是采用凹印接线技术印刷的,两种墨色对接自然完整。

17. 凹印缩微文字

第五套人民币纸币在正面右上方装饰图案中印有凹印缩微文字,在放大镜下,可看到"RMB100""RMB20"等字样。

18. 磁性标记

用特定的检测仪检测,100元、50元的黑色横号码;20元、10元、5元的双色横号码的黑色部分,以及各面额人民币的安全线有磁性,可供机读。

19. 防复印图案(2005版增加)

2005版第五套人民币各面额纸币的水印周围,有一些特殊排列的圆圈,其作用是防止纸币被复印或打印。很多彩色复印机、扫描仪、打印机和图像处理软件(如Photoshop)均有识别此特殊图案的功能,发现带此图案的原稿就会拒绝复印或打印。

20. 凹印手感线(2005版增加)

2005版第五套人民币各面额纸币(包括1999版1元纸币)的右侧,自上而下、有规律地排列着一列线条,用手触摸时,凹凸感明显。

三、伪钞的种类

伪钞分为伪造币和变造币两种。

1. 伪造币

伪造币指仿造真币的图案、形状、色彩等,并采取各种手段制造的假币。包括以下6种:
(1)机制假币(目前市场上主要是机制胶印假币)。
(2)拓印假币。
(3)彩色复印假币。
(4)手工描绘或手工刻板印制的假币。
(5)照相假币。
(6)铸造假币。

2. 变造币

变造币指在真币的基础上,利用挖补、揭层、涂改、拼凑、移位、重印等多种方法制作,改变真币原形态的假币(我们俗称拼钞)。包括剪贴变造币和揭页变造币两种。
变造币的特点:
(1)粘贴水平较高,而且贴得很严实,隐蔽性较高。因此,只要收到有透明胶粘贴的人民币,收费员都要特别注意识别。
(2)以100元的大钞为主,由3张不同的100元拼凑而成。需特别留意透明胶部分的颜色是否与其他部分相同,留意断开的接口图案是否吻合。

对照人民币上的号码,人民币的正面打横和打竖都有人民币号码,正常情况下2个号码是一致的,如果是拼钞,2个号码一般不同。

四、伪钞的识别

1.识别的方法

识别伪钞通常采用直观对比(眼看、手摸、耳听)和仪器检测相结合的方法,即通常所说的一看、二摸、三听、四测。一看是用眼睛仔细看钞票的表面图案印刷质量、水印等;二摸是用手触摸钞票凹凸处的感觉来辨别真伪;三听是用耳朵听当抖动钞票时所发出的声音是否清脆响亮;四测是用验钞机检测钞票。

2.真钞与假钞的区别

真钞与假钞的区别见表3-5。

真钞与假钞区别表 表3-5

类别	真币	假币
纸张	材料为棉短绒和高质量木浆,纤维长,强度高,可发出清脆"啪啪"声,耐用不发毛,不加荧光增白剂,紫光灯下不显荧光	普通纸张,不能发出清脆声,易起毛,在紫光灯下显一层荧光
水印	制币时已将水印印在其中,有浮雕样的立体感	只能盖在表面,发黄,缺少立体感
图案	画面清晰,图案生动,墨层明显,手感突出	人物表情呆板,线条偏粗
油墨	成分复杂,种类繁多,不同位置使用的油墨不一样。含磁性油墨	使用普通油墨
安全线	透视时能看到一条金属线	划线
技术接线	印有不同颜色的地纹线,不会缺口	色彩变化不明显,颜色过渡不自然,不能将所有部位线口接上
套印对印技术	正反面图案一起印成,特定部位正反面一致	正反面分次印刷,图案不能一致

第四节 票款基本知识

一、票据基本知识

票据是高速公路车辆通行费票据。一般分为纸质票据和电子票据2种。

1.纸质票据

纸质票据主要包括计算机打印发票、定额手撕发票,除正常使用的纸质票据外,还存在以下几种情形:

(1)废票是指版面内容残缺不全(例如没有金额或没有套印印章等)及旧版过期作废和盖

上废票章的票据等,包括有金额废票与无金额废票。有金额废票是指已作计算机收费操作,打印的发票信息不全、发票由于各种原因损坏或使用了定额手撕发票的情况产生的票面有路费金额的计算机打印发票。无金额废票是指票面因异常无路费金额显示的计算机打印发票,如未作计算机收费操作打印的发票、测试发票或设备故障产生的票面无路费金额的计算机打印发票。

(2)弃票是指当班当次之前开出的,而驾乘人员不要或丢弃的有效发票。

(3)假票是指私自印制、伪造变造、非营运单位使用的票据。

2.电子票据

电子票据主要包括高速公路联网收费专用电子票据和现金通行费电子票据。

联网收费票据服务应基于统一的服务体系,参与方应参照《收费公路通行费增值税电子普通发票开具运营和服务规则》相关要求向客户提供通行费票据,确保发票开具服务一致性。

同时,发行服务机构应在客户充值完成后实时上传充值发票基础数据。

此外,2024年3月1日起,全国高速公路陆续推广现金通行费票据电子化应用。车主在通过MTC混合车道使用现金交费后,不再领取纸质通行费发票,可通过全国收费公路通行费电子发票服务平台申请开具电子发票,实现无纸化通行。启用通行费发票"纸改电"不仅可以减少纸张浪费和碳排放,减少管理方对票据的管理成本,车主也随时可以通过平台查询历史通行、发票信息,不必担心票据污损、丢失造成的报销困难问题。相比传统的纸质票据打印,可以提高通行效率,减少车辆在车道等待时间,缓解拥堵现象。

二、备用金(现金)基本知识

(1)收费备用金根据不同的需求一般分为收费员备用金、班长备用金、零钞兑换备用金及应急周转金等类型,款项专款专用。

(2)根据不同管理单位管理与使用上的差异,收费备用金主要分为集中式和分散式两种管理模式。

集中式管理。指定管理人员对收费备用金统一管理,收费员实行上班领取,下班归还的方式,具体领取数量可根据收费站不同的需求调整,管理方式相对灵活。

分散式管理。将收费备用金原则上每份按固定额度,分发给各收费员自行管理。一般情况下,分散式仅适用于部分收费员备用金管理,其他如零钞兑换备用、应急备用金更适合于集中式管理。

第五节　收费设备使用知识

收费设备一般包括收费亭内设备和亭外设备两种。而同一收费站不同车道的收费设备略有不同,不同省份、不同路段的收费设备选用的品牌、型号也有所不同,收费系统的选用和操作流程上也存在着差异。常用的收费设备大致包含以下列举部分。

一、收费亭内设备

1.车道控制器

车道控制器是车道收费系统的主要装置,包括工业控制计算机和控制车道内外设备的装置,平时上锁,只能由维修人员开启。高速公路车道类型按发卡/收费方式来分,可分为 ETC 专用车道、人工/ETC 混合车道和人工车道,其控制器也有所不同。混合车道控制器图示如图 3-6所示,ETC 车道机柜图示如图 3-7 所示。

图 3-6　混合车道控制器图示

图 3-7　ETC 车道机柜图示

2.车道显示器(彩色)

车道显示器是放置在收费操作台上,用来显示车道控制器通过特定的传输设备将电子信息显示成相关文字、图像的电子屏幕。收费亭内显示器图示如图 3-8 所示。

3.票据打印机

票据打印机是车道计算机的输出设备,具有电子发票打印功能,主要用于打印车辆通行费票据。票据打印机图示如图 3-9 所示。

图 3-8　收费亭内显示器图示

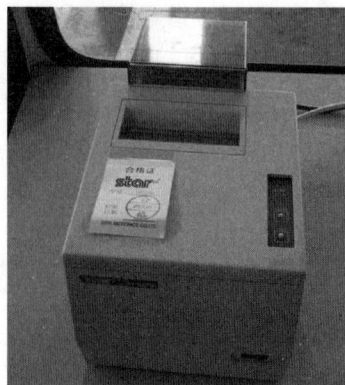

图 3-9　票据打印机图示

4.读写器

用于对复合通行卡写入信息或读取信息的设备。读写器图示如图 3-10 所示。

5.便携机

具有读写卡、发票打印功能的收费一体机。便携机图示如图 3-11 所示。

图 3-10　读写器图示　　　　　　　　图 3-11　便携机图示

6.二维码读写器(纸券操作时使用)

用于读写支付二维码信息的设备。二维码读写器图示如图 3-12 所示。

7.声光报警器

当发生紧急事件时,通过声音和光来提示异常情况出现的报警装置。声光报警器图示如图 3-13 所示。

8.内部有线对讲机(电话)

用于收费亭与监控室的联络。内部有线对讲机图示如图 3-14 所示。

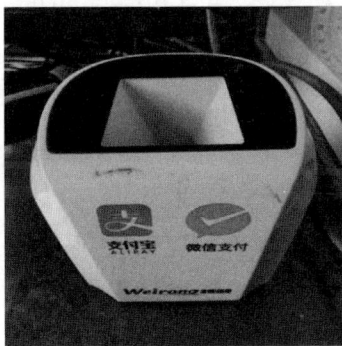

图 3-12　二维码读写器图示　　　　图 3-13　声光报警器图示　　　　图 3-14　内部有线对讲机图示

9.收费移动设备

收费移动设备包括:支付扫描枪(图 3-15)、特情手持机(图 3-16)、移动终端(图 3-17)和绿通车辆查验终端设备(图 3-18)等。

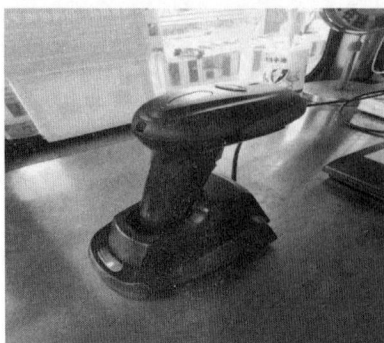

图 3-15　支付扫码枪图示

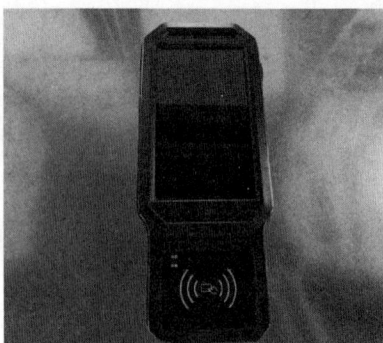

图 3-16　特情手持机图示

图 3-17　移动终端图示

图 3-18　绿通车辆查验专用手机图示

10. 收费专用键盘

在收费亭供收费员输入信息的专用键盘。全国不同省份的高速公路运营管理单位使用的专用键盘样式不一,其主要是配套不同省份高速公路联网收费系统操作流程予以定制,提供一些专用的定制键、常规键或备用键。不同操作键对应的操作流程有所不同。以下列举 6 款差异较大的专用键盘,如图 3-19 所示。

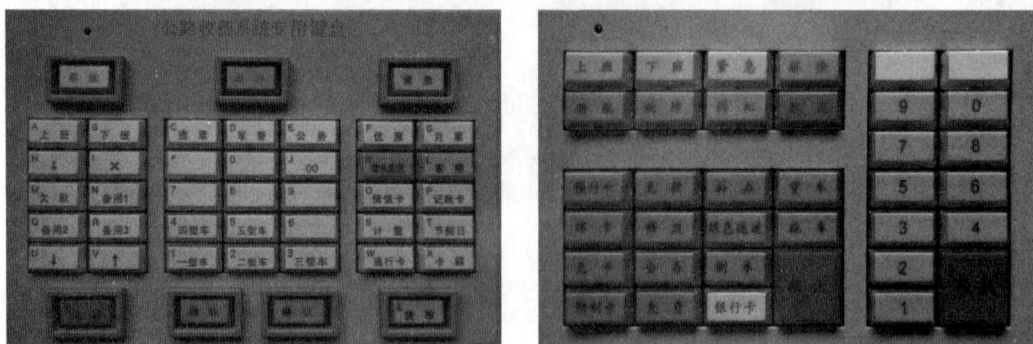

图　3-19

图 3-19 收费专用键盘图示

二、收费亭外设备

1. 雨棚信号灯

提示持有不同通行介质、不同车种的车辆是否可以通行车道的交通信号装置,且具有提示车道打开或关闭功能的设备。雨棚信号灯图示如图 3-20 和图 3-21 所示。

图 3-20 雨棚信号灯(新款)图示

图 3-21 雨棚信号灯(旧款:其中打开为绿色↓,车道关闭为红色×)图示

2.车辆检测器(光栅)

用于识别车辆的设备。车辆检测器图示如图3-22所示。

3.手动栏杆

用于关闭或打开车道的装置。手动栏杆图示如图3-23所示。

图3-22　车辆检测器图示

图3-23　手动栏杆图示

4.自动栏杆

车道控制器通过信号控制其起落的栏杆。自动栏杆图示如图3-24所示。

图3-24　自动栏杆图示

5.信息显示屏(含车道通行信号灯)

显示应缴金额、入口站等信息和通行信号的电子显示装置。信息显示屏图示如图3-25所示。

6.车道摄像机

抓拍车辆通行状况的设备,位于收费亭后方,用于拍摄车辆图片。车辆压住前线圈时触发抓拍功能并输送至车道显示器,车辆通过前线圈后抓拍图片储存于车道工控机。信息显示屏图示如图3-26所示。

图 3-25　信息显示屏图示

图 3-26　信息显示屏图示

7.计重设备

计重设备是用于货车称重的设备,分为轴组式称台(图 3-27)和整车式称台(图 3-28)。计重设备测量的精度受车辆类型、路面情况、收费车道的坡度、车速、车辆的动态平衡、车辆悬挂特征、驾驶人的操作能力等多种因素的影响。作为车辆通行费收费员应在日常使用和操作中尽量杜绝人为因素,力求称重数据的准确。

图 3-27　轴组式称台图示

图 3-28　整车式称台图示

8.路侧单元 RSU(微波读写天线)

ETC 车道内安装的微波天线,当天线检测到装有电子标签车辆进入车道时,电子标签将标签信息和高速卡内信息发送到微波天线,微波天线接收到信息传送给车道控制系统,控制系统判断电子标签内是否插有有效 ETC 卡,当系统判断为有效车辆时,系统控制闸机放行,信息屏显示车辆相关信息,车辆快速通过 ETC 车道,实现不停车收费。微波读写天线图示如图 3-29所示。

9.线圈

铺设在每一车道路面下,形状为平行四边形,有前后线圈之分。前线圈用于感应车辆到达并触发图片抓拍功能,后线圈用于感应车辆离开并实现交易的完成。线圈图示如图 3-30所示。

图 3-29　微波读写天线图示

图 3-30　线圈图示

10. 自助发卡设备

自助发卡设备主要用于高速公路入口收费站代替人工发卡,兼备自动识别车型、记录车牌信息、伸缩臂发放通行卡等功能,能够大大缩减入口人工发卡时间,并提供 24h 不间断服务。自助发卡设备图示如图 3-31 所示。

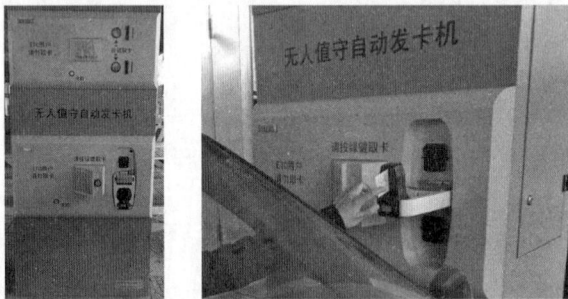

图 3-31　自助发卡设备图示

11. 自助缴费设备

自助缴费设备主要用于高速公路出口收费站代替人工收费,是集成自助收费系统、车辆识别系统和远程视频互助系统等三大模块的终端设备,具有车牌识别、车型识别、语音提示、人机交互、通行费电子缴纳功能,支持 ETC、支付宝、微信支付等支付手段。自助缴费设备图示如图 3-32 所示。

图 3-32　自助缴费设备图示

12. ETC 门架

在高速公路沿线断面建设的,具备通行费分段计费、车牌图像识别等功能的专用配套设施。ETC 门架图示如图 3-33 所示。

图 3-33　ETC 门架图示

第六节　车辆分类分型知识

一、分类依据

按照交通运输部关于贯彻《收费公路车流通行费车型分类》(JT/T 489—2019)有关问题的通知执行。该标准适用于行驶在收费公路上的所有车辆,规定了收费公路车辆通行费的车型分类。

二、术语和定义

1. 载客汽车

设计和制造上主要用于载运人员的汽车,包括装置有专用设备或器具但以载运人员为主要目的的汽车。

2. 载货汽车

设计和制造上主要用于载运货物或牵引挂车的汽车,也包括:装置有专用设备或器具但以载运货物为主要目的的汽车;由非封闭式货车改装的,虽装置有专用设备或器具,但不属于专项作业车的汽车。

3. 专项作业车

装置有专用设备或器具,在设计和制造上用于工程专项(包括卫生医疗)作业的汽车,如汽车起重机、消防车、混凝土泵车、清障车、高空作业车、扫路车、吸污车、钻机车、仪器车、检测车、监测车、电源车、通信车、电视车、采血车、医疗车、体检医疗车等,但不包括装置有专用设备或器具而座位数(包括驾驶人座位)超过 9 个的汽车(消防车除外)。

4.挂车

设计和制造上需由汽车或拖拉机牵引,才能在道路上正常使用的无动力道路车辆,包括牵引杆挂车、中置轴挂车和半挂车。

5.乘用车列车

乘用车和中置轴挂车的组合。

设计和制造上主要用于载运乘客及其随身行李和/或临时物品的汽车,其包括驾驶人座位在内不超过 9 个座位。它可以装置一定的专用设备或器具,也可以牵引一辆中置轴挂车,如旅居车。

6.货车列车

货车和牵引杆挂车或中置轴挂车的组合。其特种车辆主要类别有:全挂车、半挂车和中置轴挂车列车。

(1)全挂车指普通汽车后加挂一个全挂车厢,二者之间用挂钩连接。该车禁止驶入高速公路。

(2)半挂车是车轴置于车辆(当车辆均匀受载时)后面,并且装有可将水平和垂直力传递到牵引车联结装置的挂车。

(3)中置轴挂车,即车轴位于车身重心中央,脱离牵引车时无法独立支撑自身重量。中置轴挂车主要由车厢、车桥、牵引装置组成。

7.半挂汽车列车

半挂牵引车和半挂车的组合,也包括带有连接板的货车和旅居半挂车的组合。

8.摩托车

由动力装置驱动的,具有两个或三个车轮的道路车辆,但不包括:

(1)整车整备质量超过 400kg 的、不带驾驶室、用于载运货物的三轮车辆。

(2)整车整备质量超过 600kg、不带驾驶室、不具有载运货物结构或功能且设计和制造上最多乘坐 2 人(包括驾驶人)的三轮车辆。

(3)整车整备质量超过 600kg 的带驾驶室的三轮车辆。

(4)最大设计车速、整车整备质量、外廓尺寸等指标符合相关国家标准和规定的专供残疾人驾驶的机动轮椅车。

(5)符合电动自行车国家标准的车辆。

三、车型类别标准

收费公路车辆通行费车型分别按客车、货车和专项作业车三个系列分类。

1.客车

客车包括载客汽车和乘用车列车。

客车分类依据公安机关交通管理部门机动车注册登记的车辆类型和核定载人数确定。

收费公路车辆通行费客车车型分类见表3-6。

收费公路车辆通行费客车车型分类 表3-6

类别	车辆类型	核定载人数	说明
1类客车	微型、小型	≤9	车长小于6000mm且核定载人数不大于9人的载客汽车
2类客车	中型	10～19	车长小于6000mm且核定载人数为10～19人的载客汽车
	乘用车列车	—	—
3类客车	大型	≤39	车长不小于6000mm且核定载人数不大于39人的载客汽车
4类客车		≥40	车长不小于6000mm且核定载人数不少于40人的载客汽车

注：摩托车是否上高速公路，具体视各省的规定。摩托车上收费公路的，按1类客车分类。

2. 货车

货车包括载货汽车、货车列车和半挂汽车列车。

货车列车和半挂汽车列车，按牵引车和挂车合并进行车型分类。

货车分类依据车辆总轴数以及车长和最大允许总质量。

收费公路车辆通行费货车车型分类见表3-7。

收费公路车辆通行费货车车型分类 表3-7

类别	总轴数（含悬浮轴）	车长和最大允许总质量
1类货车	2	车长小于6000mm且最大允许总质量小于4500kg
2类货车	2	车长不小于6000mm或最大允许总质量不小于4500kg
3类货车	3	
4类货车	4	
5类货车	5	—
6类货车	≥6	

注：超六轴的货车，根据车辆总轴数按照超限运输车辆执行。

3. 专项作业车

专项作业车分类依据总轴数以及车长和最大允许总质量。

收费公路车辆通行费专项作业车车型分类见表3-8。

收费公路车辆通行费专项作业车车型分类 表3-8

类别	总轴数（含悬浮轴）	车长和最大允许总质量
1类专项作业车	2	车长小于6000mm且最大允许总质量小于4500kg
2类专项作业车	2	车长不小于6000mm或最大允许总质量不小于4500kg
3类专项作业车	3	
4类专项作业车	4	
5类专项作业车	5	—
6类专项作业车	≥6	

四、免费车

1. 免费车判别

（1）免费车辆按照《收费公路管理条例》第七条"收费公路的经营管理者，经依法批准有权向通行收费公路的车辆收取车辆通行费。军队车辆、武警部队车辆，公安机关在辖区内收费公路上处理交通事故、执行正常巡逻任务和处置突发事件的统一标志的制式警车，以及经国务院交通主管部门或者省、自治区、直辖市人民政府批准执行抢险救灾任务的车辆，免交车辆通行费。进行跨区作业的联合收割机、运输联合收割机（包括插秧机）的车辆，免交车辆通行费。联合收割机不得在高速公路上通行。"等相关规定进行判别。

（2）重大节假日小型客车免费工作严格按照国家有关规定实施，不能随意扩大或缩小免费范围和免费时段。

（3）鲜活农产品运输车辆严格按照国家关于绿色通道相关政策予以免费放行。

（4）其他免费车辆按照省人民政府、省交通运输厅政策性文件执行。

2. 免费车管理要求

（1）各运营单位要规范免费车管理，严禁违规免费放行车辆。

（2）运营单位应完整保存免费放行过程录像资料1个月以上、抓拍图片3个月以上，以便于日常稽核工作的开展。

（3）除了节假日免费放行以外，发生因其他原因造成大面积车流拥堵必须实施免费分流的情况时，必须按流程获得上级部门授权后才能实施。实施过程必须按有关规定向省管理中心报备，事后按要求提交专题报告，并保存现场录像以备查核。

3. 免费车主要类别及特征

（1）军车（含部队装备、演习、拉练车）。号牌为白底黑字，前号牌两个字母均为红色，后号牌第二个字母为黑色。

（2）武警车。武警部队车辆号牌有两种类型。一类是 WJ + 省市区代码（两位数字）+ 5 位数字；一类是 WJ + 省市区代码（两位数字）+ 警种代码（1 位字母）+ 车号。

（3）公安部门警车。安装有固定警灯，喷涂警车外观标志，号牌带有一个"警"字，颜色为红色。

（4）国家综合性消防救援车辆。悬挂应急救援专用号牌，分为汽车号牌和摩托车号牌，汽车号牌前牌的所属救援队伍代号为红色，后牌的所属救援队伍代号为黑色。

（5）联合收割机（插秧机）。对持有有效《联合收割机（插秧机）跨区作业证》，且车货总重和外廓尺寸均未超过国家规定的最大值（含已依法办理《超限运输车辆通行证》且车货相符）的联合收割机（插秧机）运输车辆，免收车辆通行费。

（6）绿色通道车辆。根据 2022 年 11 月交通运输部办公厅、国家发展和改革委员会办公厅、财政部办公厅、农业农村部办公厅发布的《关于进一步提升鲜活农产品运输"绿色通道"政策服务水平的通知》，对整车合法装载运输全国统一的《鲜活农产品品种目录》内产品的车辆，免收车辆通行费。

享受"绿色通道"政策的鲜活农产品是指新鲜蔬菜、水果,鲜活水产品,活的畜禽(仔猪、转地放蜂),新鲜的肉、蛋、奶;畜禽、水产品、瓜果、蔬菜、肉、蛋、奶等的深加工产品。花、草、苗木、粮食等不属于鲜活农产品范围,不适用"绿色通道"运输政策。

其中,新鲜蔬菜,可参照现行《新鲜蔬菜分类与代码》(SB/T 10029)关于"蔬菜叶片或其他可食用部位具有一定的光泽和水分,没有发生萎蔫现象"的规定进行判断;对于去皮、去叶、清洗、分割等粗(初)加工的目录中的鲜活农产品,可以正常享受"绿色通道"政策;对深加工产品,可参照《农业农村部等15部门关于促进农产品精深加工高质量发展若干政策措施的通知》(农产发〔2018〕3号)中,关于"农产品精深加工是在粗加工、初加工基础上,将其营养成分、功能成分、活性物质和副产物等进行再次加工,实现精加工、深加工等多次增值的加工过程"的规定进行判断。

另外,装载车货总重和外廓尺寸的最大值,严格按照《汽车、挂车及汽车列车外廓尺寸、轴荷及质量限值》(GB 1589—2016)和相关规定执行,二轴货车车货总重还应当不超过行驶证标明的总质量。《鲜活农产品品种目录》范围内的鲜活农产品与其他农产品混装,且混装的其他农产品不超过车辆核定载质量或车厢容积20%的车辆(仓栅式货车暂以实心栏板高度计算容积)参照整车合法装载车辆执行。运送不可拆解大型物体的低平板专用半挂车载运鲜活农产品的,不享受"绿色通道"政策。通行高速公路的鲜活农产品运输车辆,统一由出口收费站负责对车货总重进行认定,对车货总重超限超载幅度未超过5%的,装载总重及容积达到车辆80%以上的鲜活农产品运输车辆,比照整车合法装载车辆执行,按国家政策对其减免车辆通行费。

(7)其他免费车辆。持有国家或省政府批准、省交通运输厅制发的临时性"免费通行证"的车辆,如:民兵高炮演习车辆、运输抗洪抢险救灾物资车辆等。

第七节 偷逃车辆通行费查处知识

根据《中华人民共和国公路法》《收费公路管理条例》等法律法规,以及部级和省级相关文件要求,通过内、外部稽核,对车辆的通行记录进行检查,对少交、未交、计费异常等情况进行纠正,保障公路收费政策的贯彻执行,维护客户与收费公路经营管理单位的合理权益。通过正面宣传教育,遏制逃费行为,促进客户遵章守法,净化全路网运营秩序。

一、总体组织形式

根据《收费公路联网收费运营和服务规则》《收费公路联网收费运营和服务规程》等规定,由部联网中心、省级稽核管理单位、收费公路经营管理单位与发行服务机构分级开展具体业务工作。

(1)部联网中心协调各省(区、市)实现业务互通、数据共享,跨省稽核、欠费补交、逃费追缴工作。

(2)省级稽核管理单位协调省(区、市)内收费稽核工作,配合部联网中心及联网省份开展跨省收费稽核工作。

(3)收费公路经营管理单位与发行服务机构按照相应法规政策、标准规范、规则流程开展所辖范围内的具体稽核工作。

(4)收费公路经营管理单位应成立稽核机构,建立稽核管理队伍。各单位可根据实际情况,分级建立稽核网络,制定合理的稽核管理制度,建立通行费稽核追缴和补缴激励机制,监督和指导稽核人员开展日常稽核业务。

二、稽核系统

部联网中心统一建立部级稽核业务平台,省联网中心建立省级稽核业务平台和相关移动稽核应用软件,收费公路经营管理单位建立有关稽核业务系统,稽核管理人员应充分运用各级平台,结合实际开展稽核业务工作。

三、术语和定义

1. 优免通行数据

根据各种政策、法规和行业规则,对享受各种优惠减免通行费的车辆,按有关规定程序采集相关信息,包括绿通车辆、联合收割机等车辆交易记录与查验信息。

2. 特情数据

指收费现场进行过特殊情况处理并进行系统或人工标记特情类型的入口、出口、门架的交易数据,包括入出口车牌或车型不一致、无入口信息、无效入口站编码、无卡、损坏卡等类型。

3. 异常通行数据

指针对已完成收费的通行数据,通过设立异常分析模型,筛选出的异常数据。包括:车辆在 ETC 车道收费车型与混合车道收费车型不一致、发行信息与车道通行图片不一致、车辆通行路径信息缺失次数较多等。

4. 追缴名单

指在收费公路通行过程中发生过依法应当交纳而少交、未交、拒交通行费等行为且证据确凿的车辆,对相关车牌号码进行通行限制,追缴通行费的车牌名单定义为追缴名单。

5. 重点关注名单

指在路网内运营车辆存在逃费嫌疑、通行行为异常、需要持续观察等情况的车辆。

6. 通行费补交

指通行收费公路的车辆因客户原因少交、未交、拒交的通行费,在指定期限内客户主动补费的业务行为。

7. 通行费追缴

指欠费车辆客户经收费公路经营管理单位和发行服务机构催交后未交、补交不全或拒交时，对其进行通行费追缴的业务行为。

四、逃费类型

逃费类型主要包括改变车型逃费、改变缴费路径逃费、利用优免政策逃费或者其他逃费类型。稽核逃费类型分类见表3-9。

稽核逃费类型分类表　　　　　　　　　　　　　　　表3-9

一级	二级	三级
改变车型(车种)逃费	货车改客车	
	大车小标	
	甩挂逃费	
改变缴费路径逃费	屏蔽计费设备	屏蔽ETC车载装置
		屏蔽CPC卡
		干扰收费公路计费设施
	有入无出	
	闯关逃费	单车闯关
		多车闯关
		跟车闯关
	私开道口	服务区地方通道
		施工点缺口
		沿线设施缺口
		未开通的收费站
		破坏设施私设开口
	倒换卡	倒换ETC设备
		倒换CPC卡
	网内循环行驶(超时停留)	
利用优免政策逃费	假冒鲜活农产品运输(绿色通道)车辆	假冒行驶证
		假冒相关证明文件
		装载产品质量不合格(变质)
		超限超载(含外廓尺寸)
		装载容积不足80%
		混装减免目录外货物超过20%
		其他假冒"绿色通道"逃费
	假冒抢险救灾、进行跨区作业的领有号牌和行驶证的联合收割机(包括插秧机)及其专用的运输车辆	

一级	二级	三级
其他逃费	U 型行驶	
	J 型行驶	
	车牌不符	
	不可达(不合理)路径	
	一车多签(卡)	
	遮挡车牌	
	套用车牌	
	无车牌	
	移动 OBU(On Board Unit)	
	多次出口丢卡	
	多次入口信息覆盖	
	其他	

注:1.部级分类为一、二级目录,三级目录为各省细化分类参考项。

   2.包含重点关注名单,或者有其他嫌疑的车辆可参考本表分类。

五、偷逃车辆通行费查处基本流程

1.特情流水筛查

稽核管理人员应充分运用入口站、出口站和门架通行数据记录的特情,对有入无出、入口多次覆盖、无卡、坏卡、无入口信息、OBU 拆卸、OBU 车牌与识别车牌不符、ETC 卡与 OBU 车牌(含颜色)不符、ETC 卡与 OBU 车型不符、出入口车辆状态标识(货车 ETC)不符、出入口车型不一致、出入口车牌不一致、出入口车种不一致、超长时间行驶、路径不可通达、U/J 型车、计费金额小于全网最小费额、卡内累计金额异常大等特殊事件进行分析,结合图像视频资料进行排查,积累各类稽核数据要素,深入挖掘逃漏费可疑车辆。

2.构建稽核模型

根据稽核数据要素,分类构建相应功能脚本,可将稽核模型嵌入各级平台,并根据实际情况不断迭代优化,提高模型应用效率。

【示例】

重大节假日应交费车蒙混免费车稽核模型。

(1)整理临界车型车辆基础信息。

①从 ETC 门架计费记录(GantryPassData)和入出口站数据(EnPass、ExPass、OtherTrans)提取车辆号牌、座位数、轴数、长、宽、高、车型作为基础参考信息。有部分 OBU 车辆基础信息发行时填写不统一或交易流水填写错误(包括座位数、轴数、长、宽、高、车种),要适当甄别剔除明显错误的数据。

②由省级发行服务机构从车管库中获取车辆基础信息(座位数、轴数、长、宽、高、车型、

车种)。

(2)创建 SQL 脚本,筛查重大节假日期间非 7 座及以下小客车未交费驶离的可疑记录。

(3)结合图像视频资料对可疑记录进行核实,整理嫌疑车辆的逃漏证据链和上传工单。

六、追缴金额计算规则

为了客观计算嫌疑车辆逃漏的通行费金额,确保合理、公平,拟定如下计算规则:

(1)入口站、门架、出口站有确定路径信息的,按原路径计算通行费。

(2)有入口站和出口站信息,但无门架信息的,按最小费率计算通行费。

(3)信息不全的特殊情况,站点信息认定应结合实际情况取证和识别车牌流水核算逃费金额。

①有入口站但无出口站信息的,出口站定为按合理自然时间顺序在最后门架后的最近一个收费站。

②有出口站但无入口站信息的,入口站定为按合理自然时间顺序倒推在最前门架前的最近一个入口站。

第八节　道路运营数据运用分析知识

数据分析是指用适当的统计分析方法对收集来的各类数据进行分析,提取有用信息和形成结论,对数据加以详细研究和概括总结的过程。在实用中,数据分析可以帮助人们做出判断,以便采取适当行动。其中,道路运营数据包括交通流量数据、通行费数据、操作差错数据、收费人员配置基础数据、收费人员人力资源利用率数据、运营安全生产数据、稽核数据等。

一、数据分析的目的

数据分析的目的就是对过去发生的现象进行评估和分析,寻找事物存在的证据及原因,并在这个基础上对未来事物的发生和发展做出结论并形成能够指导未来行为的知识或者依据。

数据分析的核心并不在于数据本身,而在于设计有意义、有价值的数据分析主题与指标体系,通过科学有效的手段去分析,进而发现问题优化迭代。无论分析给出的结果是积极的还是负面的,都是价值承载体,必须以客观的态度面对。

在高速公路运营中,运营数据的采集和分析不仅仅是针对交通量和通行费,也不仅仅只为收费管理提供科学依据。应从整个运营管理的高度建立系统化的管理理念,重点关注服务质量、运营安全、收费稽查、衍生业务等方面。

对高速公路运营管理而言,除了交通量和通行费,还涉及收费人员配置、收费操作差错率控制、运营安全、人力资源利用等方面,其中一些方面还有助于提高运营管理水平。因此,只有多方面采集和分析有关运营数据,才能发现其中存在的问题。

二、各类道路运营数据的采集与分析

（一）交通流量数据的采集与分析

交通量是指单位时间内通过高速公路某断面的交通流量（即单位时间通过高速公路某断面的车辆数）。交通量是高速公路运营的基础，了解不同类型车辆和车型的数量不仅是了解高速公路当前运营情况的需要，也是做好保畅通、保安全的需要。

1.断面交通流量

断面交通流量是指单位时间内通过某一路段的汽车数量，通常按每天、每月、每季、每年的时间长度来采集断面交通流量，当交通量较大时，也按每小时的时间长度来衡量其大小。一条高速公路不同路段的断面交通流量是不同的，上行和下行路幅的断面交通流量也不同，甚至差别很大。

（1）断面交通流量数据采集。

为了确定不同路段的断面交通流量，一般在相邻两个收费站之间及与其他高速公路接驳的互通区域前后安装交通量数据采集设备，一般称之为交调站或 ETC 门架。通过交调站或 ETC 门架可以完成某一道路断面的交通流量、车速和车种比重的数据采集。

（2）断面交通流量数据分析。

完成高速公路不同路段断面的交通流量数据采集后，根据各汽车代表车型与标准小客车折算系数表（表 3-10）将自然车流量数据转化成标准车当量数 PCU（Passenger Car Unit）。折算方法为标准车当量数＝折算系数×每型车车流量之和，根据标准车数据的大小与不同路段断面的数据差异对比展开分析，得出不同路段断面的交通需求和服务水平高低。

各汽车代表车型与标准小客车折算系数 　　　　　　　　　　表 3-10

汽车代表车型	一类车	二类车	三类车	四类车	五类车	六类车
客车折算系数	1.0	1.0	1.5	1.5	—	—
货车及专项作业车折算系数	1.0	1.5	2.5	2.5	4.0	4.0

（3）断面交通流量数据分析结果应用。

①为保畅通及保安全工作提供依据。

按照规定，高速公路服务水平不得低于三级，否则需要采取相应措施限制交通流量，保证高速公路畅通安全运行。根据不同路段断面交通流量数据分析中的 V/C 值（最大服务交通量与基本通行能力的比值），判断出交通防护保畅通工作的重点路段。一般情况下，当 V/C 值超过 0.50 时，即高速公路服务水平接近三级时，保畅通及清障救援工作的压力将增大，需要保持高度重视。

此外，还可以对特殊时段、特殊时期、重大节假日的交通数据进行分析，为制定某一时段或某一时期的运营安全措施提供依据。

②判断车流量变化趋势。

根据不同年度、季度、月度的断面交通流量变化情况，可以预测将来某一时期或某一时段的交通流量大小,为后续的养护成本预算、配套服务建设、安全生产投入、清障救援设备配置、升级改造等方面的运营管理提供依据。

③为路段内衍生业务的开展提供依据。

为路段内广告出租,服务区加油、餐饮、便利店等衍生业务出租、对外分包谈判和自行经营前的策划提供交通流量数据作为参考依据。

2. 收费站出入口交通流量

收费站出入口交通流量是指单位时间内汽车通过某一收费站驶入和驶出高速公路车辆数的总和。

(1)收费站出入口交通流量数据采集。

通过收费站入口发卡设备终端和出口收费设备终端进行数据采集,后台按照不同车种和车型进行分类统计。

(2)收费站出入口交通流量数据分析。

通过对不同时段、不同时期采集的数据进行对比性分析,主要包括出口车流量、入口车流量、特情车流量等。

(3)收费站出入口交通流量数据分析结果应用。

①为收费站配置收费员数量提供依据。

②作为衡量收费站保畅通工作压力大小的依据。

③为制订收费站改造扩建计划、智能化终端选择提供依据。

④为收费稽查提供依据。

3. 不同车种、车型的交通流量

除了对上述断面交通流量和收费站出入口交通流量数据分析外,还需要对不同车型车流量数据进行采集、分类和统计,计算不同车型流量占比情况。

针对不同车种、车型的交通量进行分析,有助于高速公路管理人员掌握高速公路的主要车型和顾客群体。其作用主要有以下方面:

(1)为运营安全工作提供依据。

通过对各型客车和货车的占比情况进行分析,特别是中大型客货车的占比情况,可以有针对性地制定安全措施,为运营安全提供依据。例如,针对"两客一危"车辆数较多的路段,增加监控设备,进行有针对性的巡逻和监控轮巡,并在适当的位置增设清障救援设备等。

(2)为路段内衍生业务策划提供依据。

为服务区住宿、加油、清障救援、汽车修理等的经营效果进行前瞻性分析,并提供翔实依据。

(3)为制定引车上路策略提供依据。

通过不同车型的交通量分析,可以了解通行于高速公路的主要车型和主要顾客群体,针对性地制定引车上路措施,增加运营车流量。

(二)通行费数据的采集与分析

通行费收入是高速公路运营企业收入的主要来源,开展通行费数据采集和分析对企业经营管理十分重要。

1.通行费数据的采集

高速公路运营中,通行费数据的来源有收费站、ETC 门架和省结算中心,收费站、ETC 门架产生拆分前数据,省结算中心生成拆分后数据。可通过路段综合收费管理平台、路段数据库或省中心收费运营管理系统进行有关数据查询。目前,可以按照工班日或自然日进行通行费查询,并可按照客货车型或支付方式进行分类统计。

2.通行费数据的分析

通行费数据分析主要有不同车型通行费占比,相等时间长度内不同车型及通行费总额增减率,月度、季度、年度不同车型的通行费总额同比与环比增减率等。

此外,为了了解运营效果和客户消费情况,还可以计算不同车型单位时间每公里的通行费收入和单位时间的平均通行费收入。单位时间内不同客货车车型的平均通行费收入数据可以转化为不同车型的平均行驶路段里程。

为了实现准确分析,还可以通过统计 ETC 门架交易流水中计费里程数,从而实现每辆车在高速公路上行驶的总里程,筛选出各车型的通行费消费和达到某一数值以上的车辆数,分析各车型占总车流量的比例,并根据流水记录大数据计算出行驶量。

3.通行费数据分析结果的应用

(1)高速公路运营管理者掌握当前运营状态。

(2)通过不同时期通行费总收入增长率和不同车型通行费收入增长率研判高速公路运营状态变化趋势,并制定目标计划。

(3)通过不同车型通行费收入分布情况确定主要顾客群。

(4)通过单车次平均通行费消费额指导路段内衍生业务开展。

(5)为收费稽查业务提供依据。

无论车流量还是通行费收入数据,除上述分析外还应在高速公路辐射区域内重大相关活动前后、路段内外重大事件发生前后做对比分析。例如相邻路段维修改造、新路段开通、交通管制、路网结构变化、服务区开通等,此外,还应考虑区域经济发展趋势,汽车保有量增长,收费政策影响等。

(三)操作差错数据的采集与分析

收费操作差错主要包括车牌输入、车型与轴型的判断、改轴操作、长短款、特情车辆核验等直接发生于收费人员对车辆通行费收取过程中的操作。

1.操作差错数据的采集

操作差错数据的采集主要通过收费站和收费管理部内部审核,结合顾客投诉进行采集,方式主要有数据审核、图片审核与现场审核等。

2.操作差错数据的分析

按照操作差错类型进行分类统计,计算出单位时间内的差错总次数,结合同时间长度内的车流量(收发卡数量)或通行费总收入计算差错率,通常以千分比或万分比来表述。还可以通过数据统计分析每一位收费员的差错率。通过分析操作差错形成的原因找到收费系统存在的问题,以便系统开发商进行优化完善。

3. 操作差错数据分析结果的应用

(1)作为衡量单位时间内收费员操作工作质量高低的依据。

(2)判断收费工作中需要加强的业务操作内容,为收费人员岗前培训课件的编制提供依据,也可以为日常业务培训指明方向。

(3)帮助收费员寻找收费工作中的薄弱操作,有针对性地开展精准培训和帮扶,提高收费业务能力和水平。

(4)为设备的升级改造提供依据。

(四)收费人员配置基础数据的采集与分析

收费站的收费人员配置基础数量不仅与收费站出入口车流量有关,还与收费员团队的整体出勤率、离职率有关。

1. 收费人员配置基础数据的采集

(1)各收费站的出入口车流量。
(2)各收费站收费人员的请假记录。
(3)各收费站收费人员的离职人数。

2. 收费人员配置基础数据的分析

(1)根据各收费站每日、每月的出入口车流量,常开车道数。

根据行业主管部门的要求,有时需要长期开设专用车道。例如:入口治超设施建设时因客观环境因素导致将计重设备安装在入口广场车道,需要专设货车通道,此种情况下很可能需要增开车道以确保客车车辆的通行效率。

(2)根据各收费站收费人员的请假记录分析其年度总体出勤率 K_0。总体出勤率 $K_0 = [1 - $ 年度总体请假缺班数量 $\div($ 人员数量 $\times$ 单人年度排班数量 $)] \times 100\%$

(3)根据各收费站收费人员的离职人数计算年度离职率 K_1。年度离职率 $K_1 = $ 年度离职总人数 $\div($ 初始日期员工总数量 $+$ 本年度招募员工总人数 $) \times 100\%$。

3. 收费人员配置基础数据分析的结果应用

收费人员配置基础数据分析的结果应用主要是为制订年度收费员招聘计划提供依据。

为降低因收费人员出勤率和离职率带来的人工成本,如年度总体出勤率偏低、年度离职率偏高时,可以视实际情况组织实施收费人员招聘工作,但组织招聘的具体时间计划应考虑离职率与缺勤率峰值出现的时间。

(五)收费人员人力资源利用率数据的采集与分析

收费人员人力资源利用率数据主要通过采集在某段时间内各收费站出入口车流量及各收费站配置的收费员人数。

1. 收费人员人力资源利用率数据的采集与分析

通过对各收费站出入车流量数据的分析,找出入口发卡和出口人工收费操作车流数量,可以计算出每小时、每分钟人均发卡与收费操作车流数量。

2. 收费人员人力资源利用率数据分析结果的运用

(1)直观反映各站收费人员的工作强度,为收费人员数量配置提供科学依据。
(2)为高速公路经营管理者对收费人员的站际调动提供依据。
(3)为收费站入口实施自助发卡、出口实施自助缴费无人化终端提供依据。
(4)为制定绩效考核管理办法、激励措施提供基础数据。

(六)运营安全生产数据的采集与分析

运营安全生产数据主要采集入口治超劝返、交通事故、行人和机动车上高速公路等数据,一般按照月度、季度、年度作为时间长度进行统计与分析。

入口治超劝返率:主要是指单位时间内收费站入口成功劝返超限货车车流量占货车超限总车流量的比例。

交通事故数量:主要通过主线事件检测系统、交警上报、监控中心巡查发现等,统计每月、季度、每年数量并进行同比。

行人和机动车上高速公路数量:主要通过入口事件检测、收费站巡查发现等,统计每月、季度、每年数量并进行同比。

运营安全生产数据的分析结果不仅能让高速公路经营管理者掌握安全生产现状,还能够根据相关数据进行针对性整改,排除安全隐患,降低安全事故的发生。

数据赋能在高速公路运营管理中的应用目前还在探索利用阶段,数字化管理与信息化应用相结合是实现"智慧高速"的主要手段,是促进高速公路行业生态向前发展的必然趋势。

(七)稽核数据分析

高速公路稽核数据分析是指对高速公路通行费收缴过程中出现的异常情况进行调查、统计、分析和处理,以发现和防范偷逃通行费等违法行为,保障高速公路通行费的正常征收。

具体分析过程包括以下几个方面:

(1)数据挖掘。对高速公路通行数据进行分析和挖掘,发现异常交易数据和其他潜在的异常情况。

(2)统计分析。对异常交易数据进行统计分析,识别出其中的规律和特点,判断是否存在偷逃通行费等违法行为。

(3)图像识别。利用图像识别技术,对收费车道或 ETC 门架抓拍的车辆图像进行分析,提取车辆信息,如车牌号、车型、颜色等,以及车辆的行驶轨迹和速度等,辅助判断是否存在违法行驶行为。

(4)可视化分析。将数据分析结果以图表、报表等形式进行展示,便于管理人员进行查看、比较和分析。

(5)模型构建。根据数据分析结果,构建稽核模型,对高速公路通行数据进行自动化的监测和分析,提高稽核效率和准确性。

(6)结果处理。对分析结果进行整理、归纳和总结,提出相应的处理意见和建议,为管理部门提供决策支持。

通过高速公路稽核数据分析,可以有效地发现和防范偷逃通行费等违法行为,保障高速公路通行费的正常征收,提高管理水平和效率。同时,稽核数据分析还可以净化收费环境,提高收费效率和用户体验。

三、基于数理统计的数据分析方法

1. 方差分析

方差分析(Analysis of Variance, ANOVA)又称"变异数分析""F检验"。用于两个及两个以上样本均数差别的显著性检验。

2. 回归分析

回归分析(Regression)是确定两个或两个以上变量之间相互依赖的定量关系的一种统计分析方法,它主要研究一个随机变量 Y 对另一个变量(X)或组($X_1, X_2, \cdots\cdots, X_k$)变量的相依关系。

3. 因子分析

因子分析(FactorAnalysis)是指研究从变量群中提取共性因子的统计技术。因子分析就是从大量的数据中寻找内在的联系,减轻决策困难的分析方法。在社会经济统计研究中,因子分析常以主成分分析为基础。

4. 假设检验

假设检验(Hypothesis Testing)是用来判断样本与总体之间是否存在显著差异的方法。它通过先提出一个假设,然后利用样本数据来检验这个假设是否成立,从而得出结论。假设检验包括参数检验和非参数检验两种类型,其中参数检验涉及总体参数的假设和检验,而非参数检验则不需要对总体分布进行假设,只需根据样本数据进行分析。

5. 统计推断

统计推断(Statistical Inference)是通过样本数据来推断总体特征的方法。它主要包括参数估计和假设检验两个方面。参数估计是通过样本数据来估计总体的参数值,包括点估计和区间估计两种方法;假设检验则是通过样本数据来判断总体参数是否具有某种显著特征,如均值、方差等。

6. 时间序列分析

时间序列分析(Time Series Analysis)是用来分析时间序列数据的动态特征和变化趋势的方法。它通过将时间序列数据进行分解,得到周期成分、趋势成分和随机成分,然后对每种成分进行分析和建模,从而预测未来的发展趋势。

第九节 收费政策知识

为了更好地规范公路收费业务,国家有关部门分别出台了一些技术规范及政策性文件,本节列举了截至 2023 年底,现行有效并常用的高速公路收费政策文件,但收费政策不限于以下内容。公路收费相关技术规范及政策性文件列表见表 3-11。

公路收费相关技术规范及政策性文件列表 表 3-11

序号	分类	文件名称	颁布文号	发出部门
1	标准指南	公路收费及监控员国家职业技能标准（2022 年）	GZB 4-02-02-06	人力资源和社会保障部 交通运输部
2		道路交通标志和标线 第 2 部分:道路交通标志	GB 5768.2—2022	国家市场监督管理总局 国家标准化管理委员会
3		收费公路联网收费技术标准	JTG 6310—2022	交通运输部
4		收费公路车辆通行费车型分类	JT/T 489—2019	交通运输部
5		汽车、挂车及汽车列车外廓尺寸、轴荷及质量限值	GB 1589—2016	国家质量监督检验检疫总局 国家标准化管理委员会
6		道路交通管理 机动车类型	GA 802—2019	中华人民共和国公安部
1	政策性文件	关于印发《收费公路联网收费运营和服务规程（2020）》的通知	交路网函〔2020〕222 号	交通运输部路网监测与应急处置中心
2		关于印发《收费公路联网收费运营和服务规则（2020）》的通知	交办公路函〔2020〕466 号	交通运输部办公厅
3		关于印发《收费公路联网收费运营和服务规则（2020）补充规定》的通知	交办公路函〔2020〕646 号	交通运输部办公厅
4		关于加强现金通行介质管理工作的函	交路网函〔2020〕12 号	交通运输部路网监测与应急处置中心
5		关于发布《电子收费单片式车载单元（OBU）技术要求》的公告	第 35 号令	交通运输部
6		关于印发《高速公路跨区作业联合收割机（插秧机）运输车辆预约通行业务规程（试行）》的通知	交办公路函〔2019〕1905 号	交通运输部办公厅 农业农村部办公厅
7		关于进一步提升鲜活农产品运输"绿色通道"政策服务水平的通知	交办公路〔2022〕78 号	交通运输部办公厅 国家发展改革委办公厅 财政部办公厅 农业农村部办公厅
8		关于进一步做好鲜活农产品集装箱运输车辆公路通行服务保障有关工作的通知	交公路明电〔2023〕76 号	交通运输部办公厅
9		关于印发《ETC 费现和清分结算系统优化工程实施方案（第四部分）预约通行服务平台优化方案（试行）》的函	交路网函〔2020〕129 号	交通运输部路网监测与应急处置中心

续上表

序号	分类	文件名称	颁布文号	发出部门
10	政策性文件	关于印发《ETC 费现和清分结算系统优化工程实施方案(第五部分)(试行)》的函	交路网函〔2020〕131 号	交通运输部路网监测与应急处置中心
11		关于切实做好货车通行费计费方式调整有关工作的通知	交公路发〔2019〕93 号	交通运输部 国家发展改革委 财政部
12		关于进一步优化完善货车计费方式调整有关工作的通知	交公路明电〔2020〕53 号	交通运输部办公厅 国家发展改革委办公厅 财政部办公厅
13		关于做好国家综合性消防救援车辆免收车辆通行费有关工作的通知	交办公路〔2019〕5 号	交通运输部办公厅 应急管理部办公厅
14		关于印发《计费模块路径拟金及流程设计指南》的函	交路网函〔2020〕142 号	交通运输部路网监测与应急处置中心
15		关于印发《高速公路联网收费在线计费服务实施指南》的函	交路网函〔2020〕164 号	交通运输部路网监测与应急处置中心
16		关于进一步加强通行费稽核业务规范性的函	交路网函〔2023〕61 号	交通运输部路网监测与应急处置中心
17		关于规范多轴多轮液压平板车车轴数判定工作的函	交路网函〔2021〕362 号	交通运输部路网监测与应急处置中心

第四章

计算机知识

本章主要介绍计算机基本知识、计算机系统知识、操作系统知识和新一代信息技术等。

第一节　计算机基本知识

计算机是一种具有计算功能、记忆功能和逻辑判断功能的机器设备,它是 20 世纪人类最重大的科学技术发明之一。随着计算机硬件系统和软件系统的不断升级换代,特别是 20 世纪后期,计算机技术和通信技术相结合而产生的计算机网络,使得以计算机技术为基础的高新技术迅猛发展,应用领域也日益广泛,极大地促进了生产力和信息化社会的发展,对人类社会的生产方式、生活方式和学习方式都产生了极其深远的影响。

一、计算机发展概述

按计算机所采用的电子器件来划分,计算机的发展共经历了以下几个时代:

1. 第一代——电子管计算机

从 1946 年到 1956 年,是电子管计算机时代。其主要逻辑元器件是电子管,运算速度仅为每秒几千次至几万次,程序设计语言采用机器语言和汇编语言,主要用于科学研究和工程计算。

2. 第二代——晶体管计算机

从 1956 年到 1964 年,是晶体管计算机时代。其主要元器件是晶体管,晶体管比电子管小得多,消耗能量较少,处理更迅速、更可靠。运算速度为每秒几十万次,出现了 ALGOL、FORTRAN 和 COBOL 等高级程序设计语言,主要用于数据处理。

3. 第三代——中小规模集成电路计算机

从 1964 年到 1971 年,是中小规模集成电路计算机时代。其主要元器件是中小规模集成电路,集成电路是做在晶片上的一个完整的电子电路,包含了几千个晶体管元件,它的特点是体积更小、价格更低、可靠性更高、计算速度达每秒几十万次到几百万次。高级程序设计语言在这一时期得到了发展,出现了操作系统和会话式语言,逐渐开始应用到各个领域。

4. 第四代——大规模集成电路计算机

从 1971 年到现在,是大规模集成电路计算机时代。其主要元器件是大规模、超大规模集成电路。1975 年,美国 IBM 公司推出了个人计算机(Personal Computer,PC),运算速度达到了每秒上亿次,甚至上千万亿次的数量级,操作系统不断完善,计算机开始深入人类生活的各个方面。

5. 新一代计算机

现在的半导体芯片发展即将达到理论上的极限,为此,世界各国的研究人员正在加紧开发以量子计算机、分子计算机、生物计算机、超导计算机和光计算机等为代表的未来计算机。但是,目前尚没有真正意义上的新一代计算机问世。

关于中国计算机的发展,起始于 1956 年,《1956~1967 年科学技术发展远景规划》把计算机列为发展科学技术的重点之一,并在 1957 年筹建中国第一个计算技术研究所。2002 年 8月 10 日,我国成功制造出首枚高性能通用中央处理器(CPU)——龙芯一号。龙芯一号的诞生,打破了国外的长期技术垄断,结束了中国近二十年无"芯"的历史。

二、计算机的分类

计算机的分类方法较多,根据处理的对象、用途和规模不同可有不同的分类方法,下面介绍常用的几种分类方法:

1. 根据处理的对象划分

计算机根据处理对象划分,可分为模拟计算机、数字计算机和混合计算机。

2. 根据计算机的用途划分

根据计算机的用途可以分为专用计算机和通用计算机两种。

3. 根据计算机的规模划分

计算机的规模用计算机的一些主要技术指标来衡量,如字长、运算速度、存储容量、输入和输出能力、价格高低等。目前,一般把计算机分为巨型机、大型机、小型机、微型机和工作站等。

三、计算机的应用

计算机的应用可概括为以下几个方面:

1. 科学计算(或称为数值计算)

早期的计算机主要用于科学计算。目前,科学计算仍然是计算机应用的一个重要领域。如高能物理、工程设计、地震预测、气象预报、航天技术等。由于计算机具有高运算速度和精度以及逻辑判断能力,因此出现了计算力学、计算物理、计算化学、生物控制论等新的学科。

2. 过程检测与控制

利用计算机对工业生产过程中的某些信号自动进行检测,并把检测到的数据存入计算机,再根据需要对这些数据进行处理,这样的系统称为计算机检测系统。特别是仪器仪表引进计算机技术后所构成的智能化仪器仪表,将工业自动化推向了一个更高的水平。

3.信息管理(数据处理)

信息管理是目前计算机应用最广泛的一个领域。利用计算机来加工、管理与操作任何形式的数据资料,如企业管理、物资管理、报表统计、账目计算、信息情报检索等。近年来,国内许多机构纷纷建设自己的管理信息系统(MIS),生产企业也开始采用制造资源规划软件(MRP),商业流通领域则逐步使用电子信息交换系统(EDI),即所谓无纸贸易。

四、计算机辅助系统

1.计算机辅助设计(CAD)

计算机辅助设计是指利用计算机来帮助设计人员进行工程设计,以提高设计工作的自动化程度,节省人力和物力。目前,此技术已经在电路、机械、土木建筑、服装等设计中得到了广泛的应用。

2.计算机辅助制造(CAM)

计算机辅助制造是指利用计算机进行生产设备的管理、控制与操作,从而提高产品质量,降低生产成本,缩短生产周期,并且还大大改善了制造人员的工作条件。

3.计算机辅助测试(CAT)

计算机辅助测试是指利用计算机进行复杂而大量的测试工作。

4.计算机辅助教学(CAI)

计算机辅助教学是指利用计算机帮助教师讲授和帮助学生学习的自动化系统,使学生能够轻松自如地从中学到所需要的知识。

五、计算机的特点

计算机本身具有很多特点,具体体现在以下几个方面:

1.运算速度快

计算机的运算部件采用的是电子器件,其运算速度远非其他计算工具所能比拟,而且运算速度还以每隔几个月提高一个数量级的速度在快速发展。

2.计算精度高

计算机的计算精度取决于计算机的字长,而非取决于它所用的电子器件的精确程度。计算机的计算精度在理论上不受限制,一般的计算机均能达到15位有效数字,经过技术处理可以满足任何精度要求。

3.存储容量大

计算机的存储性是计算机区别于其他计算工具的重要特征。计算机的存储器可以把原始数据、中间结果、运算指令等存储起来,以备随时调用。存储器不但能够存储大量的信息,而且能够快速准确地存入或取出这些信息。

4.具有逻辑判断能力

思维能力本质上是一种逻辑判断能力,也可以说是因果关系分析能力。借助于逻辑运算,可以让计算机做出逻辑判断,分析命题是否成立,并可根据命题成立与否采取相应的对策。

5.工作自动化

计算机内部的操作运算是根据人们预先编制的程序自动控制执行。只要把包含一连串指令的处理程序输入计算机,计算机便会依次取出指令,逐条执行,完成各种规定的操作,直到得出结果为止。

6.通用性强

通用性是计算机能够应用于各种领域的基础。任何复杂的任务都可以分解为大量的基本的算术运算的逻辑操作,计算机程序员可以把这些基本的运算和操作按照一定规则写成一系列操作指令,加上运算数据,形成程序就可以完成任务。

第二节　计算机系统知识

一个完整的计算机系统由硬件系统和软件系统两大部分组成,并按照"存储程序"的方式工作。硬件系统是指由各种处理器件组成的计算机实体,是计算机工作的物质基础;软件系统是指管理和控制计算机运行的各种程序和数据的总称,是计算机的灵魂。两者协作运行才能充分发挥计算机的功能。计算机系统组成如图4-1所示。

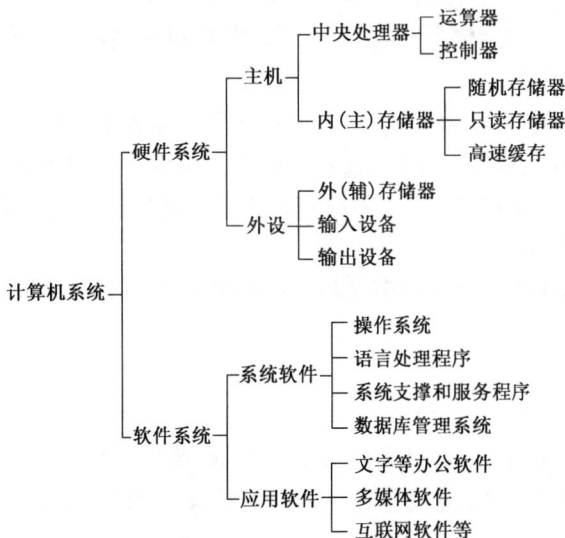

图 4-1　计算机系统组成

一、计算机硬件系统

计算机硬件是指计算机系统中由电子、机械和光电元件等组成的各种计算机和计算机设备。这些部件和设备依据计算机系统结构的要求构成一个有机整体，称为计算机硬件系统。未配置任何软件的计算机叫"裸机"，它是计算机完成工作的物质基础。

冯·诺依曼提出的"存储程序"工作原理决定了计算机硬件系统由五个基本组成部分组成，即运算器、控制器、存储器、输入设备和输出设备。

（一）运算器

运算器由算术逻辑运算单元和寄存器等组成。算术逻辑运算部件完成加、减、乘、除等四则运算以及与、或、非和移位操作；寄存器用来提供参与运算的操作数，并存放运算的结果。

（二）控制器

控制器是整个计算机系统的控制中心，向其他部件发出控制信号，指挥所有部件协调工作。如今的大规模集成电路技术已将控制器和运算器集成在一块芯片中，这块芯片成为中央处理器（Central Processing Unit，CPU）。

（三）存储器

存储器是计算机中用于存放程序和数据的部件，并能在计算机运行过程中高速、自动地完成程序或数据的存放。存储器分为内存和外存，内存又称为主存储器，外存又称为辅助存储器。

1. 内存

内存是 CPU 可直接访问的存储器，是计算机中的工作存储器，当前正在运行的程序与数据都必须存放在内存中。内存储器分为只读存储器、随机存储器和高速缓冲存储器。

（1）只读存储器（ROM）。

ROM 中的数据或程序一般是在将 ROM 装入计算机前事先写好的。一般计算机工作过程中只能从 ROM 中读出事先存储的数据，而不能改写。ROM 常用于存放固定的程序和数据，并且断电后仍然长期保存。ROM 的容量较小，一般存放系统的基本输入输出系统（BIOS）等。

（2）随机存储器（RAM）。

RAM 的容量与 ROM 相比要大得多，CPU 从 RAM 中既可读出信息也可写入信息，但断电后所存的信息就会丢失。

（3）高速缓冲存储器（Cache）。

随着 CPU 主频的不断提高，CPU 对 RAM 的存储速度加快了，而 RAM 的响应速度相对较慢，造成了 CPU 等待，降低了处理速度，浪费了 CPU 的能力。为协调二者之间的速度差，在内存和 CPU 之间设置一个与 CPU 速度接近，高速的、容量相对较小的存储器，把正在执行的指令地址附近的一部分指令或数据从内存调入这个存储器，供 CPU 在一段时间内使用，这对提高程序的运行速度有很大的作用。这个介于内存和 CPU 之间的高速小容量存储器称作高速缓冲存储器,一般简称为缓存。

2. 外存

外存是主机的组成部分,存储速度较内存慢得多,用来存储大量的暂时不参加运算或处理的数据和程序,一旦需要,可成批地与内存交换信息。外存是内存的补充,但是 CPU 不可以直接访问外存数据。外存的特点是存储容量大、可靠性高、价格低,断电后可以永久地保存信息。常用的外部存储器有硬盘、闪存、光盘。

(四)输入设备

输入设备的主要功能,是把原始数据和处理这些数据的程序转换为计算机能够识别的二进制代码,通过输入接口输入到计算机的存储器中,供 CPU 调用和处理。常用的输入设备有鼠标、键盘、扫描仪、数字化仪、数码摄像机、条形码阅读器、数码相机和数/模转换器等。

(五)输出设备

输出设备是指从计算机中输出信息的设备。它的功能是将计算机处理的数据、计算结果等内部信息转换成人们习惯接受的信息形式(如字符、图形、声音等),然后将其输出。常用的输出设备有显示器、打印机、音响、绘图仪、视频投影仪及各种数/模转换器等。

二、计算机软件系统

计算机软件是指计算机系统中的程序及其文档(对程序进行描述的文本文件)。计算机是按照一定的指令工作的,通常一条指令对应一种基本操作,计算机所能实现的全部指令的集合称为该计算机的指令系统。程序是按事先设计的功能和性能要求执行的指令序列。文档则是与程序的开发、维护和使用相关的各种图文资料,如各种需求规格说明书、设计说明书和用户手册等。计算机软件通常分为系统软件和应用软件两大类。

(一)系统软件

系统软件是管理、监控和维护计算机资源、开发应用软件的软件。系统软件居于计算机系统中最靠近硬件的一层,主要包括操作系统、语言处理程序、数据库管理系统和支撑服务软件等。

1. 操作系统(Operating System,OS)

操作系统是计算机系统的指挥调度中心,它可以为各种程序提供运行环境。常见的操作系统有 Windows、Linux 和华为鸿蒙系统等。

2. 语言处理程序

程序设计语言经历了机器语言、汇编语言和高级语言三个阶段,计算机只能识别和执行机器语言,用其他各种程序设计语言编写的源程序,计算机是不能直接执行的,必须通过"翻译程序"计算机才能识别和执行,这些"翻译程序"就是语言处理程序,它们的基本功能是把面向用户的高级语言或汇编语言编写的源程序"翻译"成计算机可执行的二进制语言程序。

3.系统支撑服务程序

系统支撑服务程序又称为工具软件,如系统诊断程序、调试程序、排错程序、杀毒程序等,都是为维护计算机系统的正常运行或支持系统开发所配置的软件系统。如 Windows 操作系统中自带的磁盘整理程序等。

4.数据库管理系统

数据库管理系统(Database Management System,DBMS)是一种操作和管理数据库的大型软件,它位于用户和操作系统之间,主要是用来建立存储各种数据资料的数据库,并进行操作和维护。常用的数据库管理系统有小型数据库管理系统 FoxPro、Access 等和大型数据库管理系统 Oracle、DB2、MySQL 等。

(二)应用软件

为解决计算机各类应用问题而编写的软件称为应用软件。应用软件包括各种程序设计语言,以及用各种程序设计语言编制的应用程序。常见的应用软件种类有办公、图形处理与设计、图文浏览、翻译与学习、多媒体播放和处理、网站开发、程序设计、磁盘分区、数据备份与恢复和网络通信等。应用软件具有很强的实用性。

第三节　操作系统知识

操作系统(OS)是指管理和控制计算机硬件与软件资源,控制程序运行,为应用程序提供运行环境和改善人机界面的系统软件,能够直接运行在"裸机"上,是计算机系统软件的核心,任何其他的系统软件和应用软件都必须在操作系统的支持下才能运行。

一、操作系统的功能

从资源管理的角度来说,操作系统的主要任务是对系统中硬件、软件实施有效的管理,以提高系统资源的利用率,并为用户提供一个良好的工作环境和友好的接口。计算机硬件资源主要是处理器、主存储器和外部设备,软件资源主要是指信息(文件形式存储在外存储器上)和各类程序。因此,从资源管理和用户接口的观点来说,操作系统具有处理机管理、存储管理、设备管理、文件管理和提供用户接口的功能。

1.处理机管理

计算机系统中处理机是最宝贵的系统资源,处理机管理的目的是要合理地按照时间,以保证多个作业能顺利完成并且尽量提高 CPU 的效率,使用户等待的时间最少。操作系统对处理机管理策略不同,提供作业处理方式也就不同。

2.存储管理

存储器用来存放用户的程序和数据,存储管理主要是针对内存储器的管理,主要任务包括:分配内存空间,保证各作业占用的存储空间不发生矛盾,并使各作业在自己所属存储区中不互相干扰。

3. 设备管理

当用户程序要使用外部设备时,设备管理控制(或调用)驱动程序使外部设备工作,并随时对该设备进行监控,处理外部设备的中断请求等。

4. 文件管理

文件管理则是对软件资源的管理。为了管理庞大的系统软件资源及用户提供的程序和数据,操作系统将它们组织成文件的形式,操作系统对软件的管理实际上是对文件系统的管理。

5. 用户接口

计算机用户与计算机的交流是通过操作系统的用户接口(或称用户界面)完成的。操作系统为用户提供的接口有两种:一是操作界面;二是操作系统的功能服务界面。

二、操作系统的分类

计算机的操作系统可以从以下三个角度分类:

从用户的角度分类,操作系统可以分为 3 种:单用户、单任务操作系统(如 DOS);单用户、多任务操作系统(如 WindowsXP);多用户、多任务操作系统(如 Windows7/10、UNIX、Linux、麒麟、鸿蒙等)。

从硬件规模的角度分类,操作系统可分为 4 种:微型机操作系统、小型机操作系统、中型机操作系统和大型机操作系统。

从系统操作方式的角度分类,操作系统可分为 6 种:批处理操作系统、分时操作系统、实时操作系统、PC 操作系统、网络操作系统和分布式操作系统。

三、操作系统的管理

(一) 文件管理

文件管理是操作系统中基本的操作,主要是文件和文件夹的基本操作,包括选定、新建、重命名、属性、移动与复制、删除与还原、隐藏与查找、共享、压缩等。文件管理操作过程中可以使用快捷键,在 Windows 操作系统中常用到的快捷键见表4-1。

Windows 操作系统文件管理常用快捷键　　表 4-1

快捷键	作用	快捷键	作用
Ctrl + C	复制	PrintScreen	截屏
Ctrl + X	剪切	Ctrl + Shift	切换输入法
Ctrl + V	粘贴	Ctrl + Alt + Del	启动任务管理器
Ctrl + F	查找	Alt + Tab	在打开的项目之间切换
Ctrl + Z	撤销	Shift + Del	永久删除
Ctrl + S	保存	Shift + 空格	半/全角切换

(二)系统管理

1.设置系统日期和时间

用户可以自定义系统日期和时间,也可以设置与系统所在区域互联网同步的时间,具体操作步骤如下:

(1)在"设置"中单击"时间和语言"超链接。

(2)点击"日期和时间"(图4-2),点击"手动设置日期和时间"下方"更改"按钮,可手动设置系统日期和时间。

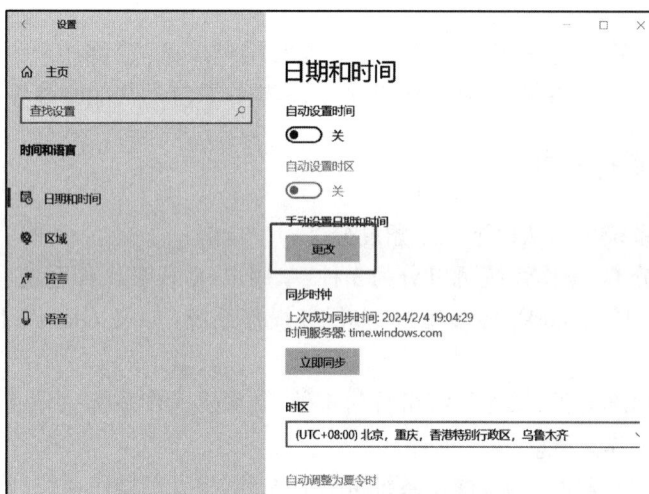

图4-2 "日期和时间"对话框

(3)在"时间和日期"对话框中,点击"同步时间"下方的"立即同步"按钮(图4-3),即可设置与系统所在区域互联网同步的时间。

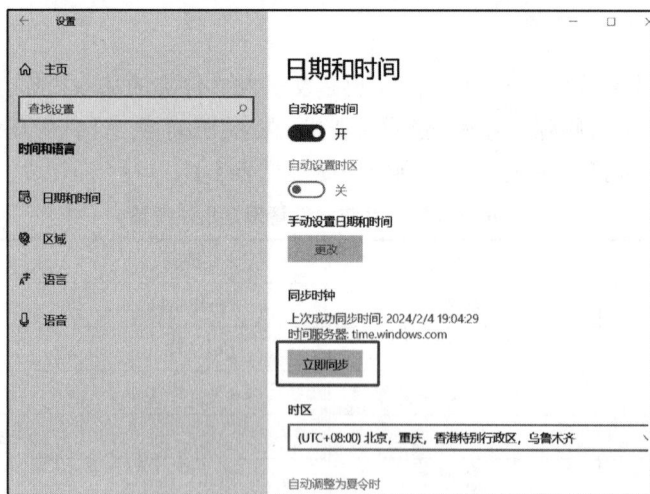

图4-3 "Internet时间设置"对话框

（4）单击"立即更新"按钮,然后单击"确定"按钮即可。

2. 安装与管理打印机

打印机是用户经常使用的设备之一,现在打印机与计算机之间的连接大都采用 USB（通用串行总线）接口,因此,打印机与计算机的连接十分方便。使用打印机前,首先要在计算机中安装打印机的驱动程序,其安装方法与一般的应用程序相同,然后再连接打印机。

成功连接打印机后,在控制面板中单击"设备和打印机"超链接,打开"设备和打印机"窗口（图4-4）,在打印机选项上单击鼠标右键,在弹出的快捷菜单中选择相应命令可对打印机进行管理。

图4-4　"设备和打印机"窗口

3. 清理磁盘

用户在使用计算机的过程中会产生一些垃圾文件和临时文件,这些文件会占用磁盘空间,让系统的运行速度变慢,因此需要定期清理磁盘。下面对 C 盘中已下载的程序文件和 Internet 临时文件进行清理,其具体操作步骤如下:

（1）在控制面板中单击"管理工具"超链接。在打开的"管理工具"窗口中,双击"磁盘清理"选项,或者在"开始"菜单中选择"Windows 管理工具"→"磁盘清理"命令,打开"磁盘清理:驱动器选择"对话框。

（2）在对话框中选择需要进行清理的 C 盘（图4-5）,然后单击"确定"按钮。

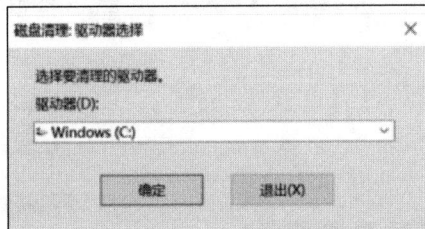

图4-5　"磁盘清理:驱动器选择"对话框

（3）在打开的"Windows（C：）的磁盘清理"对话框中，选中"要删除的文件"列表框中的"已下载的程序文件"和"Internet 临时文件"复选框，然后单击"确定"按钮（图4-6）。

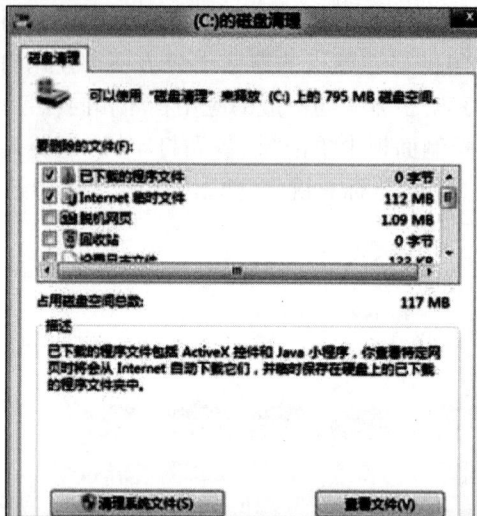

图4-6　清理磁盘

（4）在打开的对话框中单击"删除文件"按钮，系统将执行磁盘清理操作。

4.整理磁盘碎片

若计算机使用太久，系统运行速度会变慢，其中有一部分原因是系统磁盘碎片太多，对磁盘碎片进行整理可以让系统运行更顺畅。整理磁盘碎片是指系统将碎片文件与文件夹的不同部分移动到卷上的相邻位置，使其在一个独立的连续空间中。整理 C 盘中的碎片具体操作步骤如下：

（1）在控制面板中单击"管理工具"超链接。在打开的"管理工具"窗口中，双击"碎片整理和优化驱动器"选项，或者在"开始"菜单中选择"Windows 管理工具"→"碎片整理和优化驱动器"命令，打开"优化驱动器"对话框。

（2）选择要整理的 C 盘，单击"优化"按钮，开始对所选的磁盘进行碎片整理（图4-7）。此外，按住"Ctrl"键可以同时选择多个磁盘进行优化。

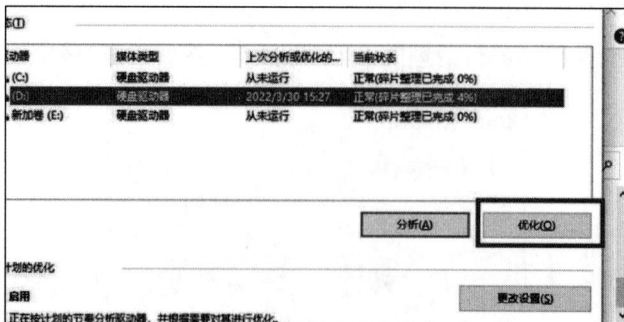

图4-7　对 C 盘进行碎片整理

第四节 新一代信息技术

新一代信息技术,不仅是指信息领域的一些分支技术的纵向升级,更主要的是指信息技术的整体平台和产业的代际变迁。《国务院关于加快培育和发展战略性新兴产业的决定》中列出了国家战略性新兴产业体系,其中就包括新一代信息技术产业。

近年来,以物联网、云计算、大数据、人工智能、区块链为代表的新一代信息技术产业正在酝酿着一轮新的信息技术革命。新一代信息技术产业不仅重视信息技术本身和商业模式的创新,而且强调信息技术渗透、融合到社会和经济发展的各个行业,推动其他行业的技术进步和产业发展。新一代信息技术产业发展的过程,实际上也是信息技术融入社会经济发展各个领域,创造新价值的过程。

一、物联网

1. 基本概念

物联网(The Internet of Things,简称 IoT),即"物物相连的互联网"。物联网的核心和基础仍然是互联网,它是在互联网基础上的延伸和扩展。

从网络结构上看,物联网就是通过互联网将众多信息传感设备与应用系统连接起来并在广域网范围内对物品身份进行识别的分布式系统。

2. 特征

(1)全面感知。利用 RFID、传感器、二维码等随时随地获取物体的信息。

(2)可靠传递。通过无线网络与互联网的融合,将物体的信息实时准确地传递给用户。

(3)智能处理。利用云计算、数据挖掘以及模糊识别等人工智能技术,对海量的数据和信息进行分析和处理,对物体实施智能化的控制。

3. 层次结构

物联网由感知层、网络层、应用层构成。物联网的层次结构如图 4-8 所示。

感知层主要实现对物理世界的智能感知识别、信息采集处理和自动控制,并通过通信模块将物理实体连接到网络层和应用层。

网络层主要实现信息的传递、路由和控制,包括延伸网、接入网和核心网,网络层可依托公众电信网和互联网,也可以依托行业专用通信网络。

应用层包括应用基础设施/中间件和各种物联网应用,应用基础设施/中间件为物联网应用提供信息处理、计算等通用基础服务设施、能力及资源调用接口,以此为基础实现物联网在众多领域的应用。

4. 关键技术

感知层的关键技术包括 RFID 技术、条形码、传感器技术、无线传感器网络技术、产品电子码 EPC。网络层的关键技术包括 ZigBee 技术、Wi-Fi 无线网络、蓝牙技术、GPS(全球定位系统)技术。应用层关键技术包括云计算技术、软件和算法、信息和隐私安全技术、标识和解析技术。

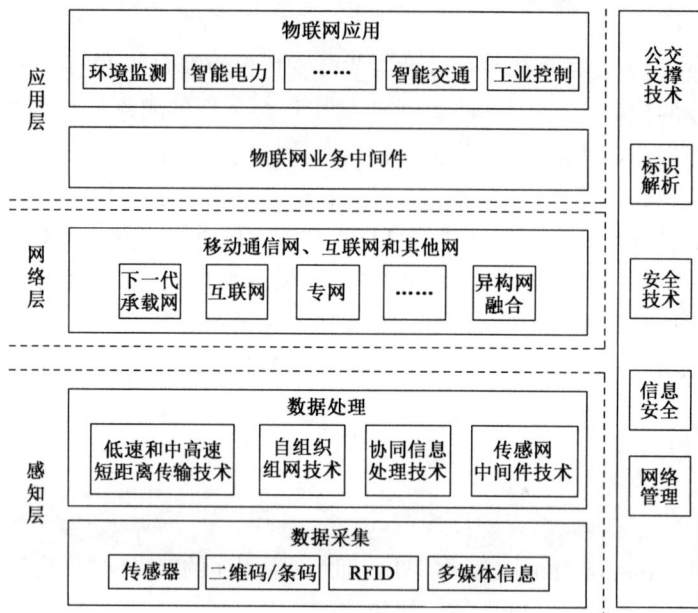

图 4-8　物联网的层次结构

二、云计算

1. 基本概念

云计算是一种通过互联网以服务的方式提供动态可伸缩的虚拟化资源的计算模式,使人们像用电一样享用信息的应用和服务。

2. 特征

云计算是分布式计算、并行计算、效用计算、网络存储、虚拟化、负载均衡等传统计算机和网络技术发展融合的产物。

云计算具有超大规模、高可扩展性、高可靠性、资源抽象、虚拟化、按需服务、极其廉价、通用性强的特点。

3. 服务模式

云计算服务模式包括基础设施即服务(Infrastructure as a Service,IaaS)、平台即服务(Platform as a Service,PaaS)、软件即服务(Software as a Service,SaaS)。

IaaS 是把数据中心、基础设施等硬件资源通过 Web 分配给用户的商业模式;PaaS 针对应用开发者提供软件开发与运行环境服务;SaaS 是一种通过互联网提供软件的模式,用户无须购买软件,而是向提供商租用基于全球广域网的软件,来管理企业经营活动。

4. 核心技术

IaaS 的核心技术包括虚拟化技术、分布式存储技术、高速网络技术、超大规模资源管理技术、云服务计费技术。PaaS 的核心技术包括 REST 技术、多租户技术、并行计算技术、应用服务器技术、分布式缓存技术。SaaS 的核心技术包括大规模多租户支持、认证和安全、定价和计费、服务整合、开发和定制。

三、大数据

1. 基本概念

大数据(Big Data)是指无法在一定时间范围内用常规工具进行捕捉、管理和处理的数据集合,是需要新处理模式才能具有更强的决策力、洞察发现力和流程优化能力的海量、高增长率和多样化的信息资产。

2. 特征

大数据具有 5V 特点,即大量(Volume)、高速(Velocity)、多样(Variety)、低价值密度(Value)和真实性(Veracity)。

3. 关键技术

从数据分析全流程的角度,大数据技术主要包括数据采集与预处理、数据存储和管理、数据处理与分析、数据安全和隐私保护等几个层面的内容。

大数据技术是许多技术的集合,主要包括关系数据库、数据仓库、数据采集、ETL(Extract-Transform-Load)、OLAP(On-Line Analysis Processing)、数据挖掘、数据隐私和安全、数据可视化等技术。

四、人工智能

(一)概念

人工智能(Artificial Intelligence,简称 AI)是研究、开发用于模拟、延伸和扩展人的智能的理论、方法、技术及应用系统的一门新的技术科学。

人工智能是研究怎样让计算机做一些通常认为需要智能才能做的事情,又称机器智能,主要研究智能机器所执行的通常与人类智能有关的智能,如判断、推理、证明、识别、感知、理解、设计、思考、规划、学习和问题求解等活动。

(二)关键技术

人工智能技术所取得的成就在很大程度上得益于目前机器学习理论和技术的进步。

1. 机器学习

机器学习是让机器能像人一样具有学习能力。机器学习是计算机科学和统计学的交叉,也是人工智能和数据科学的核心。让机器做一些大规模的数据识别、分拣、规律总结等人类做起来比较花时间的事情,是机器学习的本质目的。

2.深度学习

深度学习是机器学习中一种基于对数据进行表征学习的方法,是一种能够模拟出人脑的神经结构的机器学习方法。深度学习能让计算机具有人一样的智慧,其发展前景必定是无限的。

深度学习(Deep Learning)中的重要分支——神经网络,或称人工神经网络(Artificial Neural Network,ANN),是一种模拟人脑的神经网络,以期能够实现类人工智能的机器学习技术。

卷积神经网络(Convolutional Neural Networks,CNN)是一类包含卷积计算且具有深度结构的前馈神经网络,是深度学习的代表算法之一。卷积神经网络普遍用在图像特征提取上,一些图像分类、目标检测、文字识别几乎都使用到卷积神经网络作为图像的特征提取方式。

3.计算机视觉

计算机视觉是使用计算机及相关设备对生物视觉的一种模拟。它的主要任务是通过对采集的图片或视频进行处理以获得相应场景的三维信息,用计算机实现人的视觉功能——对客观世界的三维场景的感知、识别和理解。计算机视觉技术的研究目标是使计算机具有通过二维图像认知三维环境信息的能力。

五、区块链

(一)概念

区块链技术起源于比特币,其本质是创建一个去中心化的货币系统。区块链是一个分布式账本,一种通过去中心化、去信任的方式集体维护一个可靠数据库的技术方案。

从数据的角度来看,区块链是一种几乎不可能被更改的分布式数据库。这里的“分布式”不仅体现为数据的分布式存储,也体现为数据的分布式记录(即由系统参与者共同维护)。

从技术的角度来看,区块链并不是一种单一的技术,而是多种技术整合的结果。这些技术以新的结构组合在一起,形成了一种新的数据记录、存储和表达的方式。

(二)特征

1.开放,共识

任何人都可以参与到区块链网络,每一台设备都能作为一个节点,每个节点都允许获得一份完整的数据库拷贝。节点间基于一套共识机制,通过竞争计算共同维护整个区块链。

2.去中心,去信任

区块链由众多节点共同组成一个端到端的网络,不存在中心化的设备和管理机构。节点之间数据交换通过数字签名技术进行验证,无须互相信任,只要按照系统既定的规则进行,节点之间不能也无法欺骗其他节点。

3.交易透明,双方匿名

区块链的运行规则是公开透明的,所有的数据信息也是公开的,因此每一笔交易都对所有节点可见。由于节点与节点之间是去信任的,因此节点之间无须公开身份,每个参与的节点都是匿名的。

4. 不可篡改,可追溯

单个甚至多个节点对数据库的修改无法影响其他节点的数据库,除非能控制整个网络中超过51%的节点同时修改,这几乎不可能发生。区块链中的每一笔交易都通过密码学方法与相邻两个区块串联,因此可以追溯到任何一笔交易的前世今生。

(三)分类

1. 公有链

公有链无官方组织及管理机构,无中心服务器,参与的节点按照系统规则自由接入网络、不受控制,节点间基于共识机制开展工作。

2. 私有链

私有链建立在某个企业内部,系统的运作规则根据企业要求进行设定,修改甚至是读取权限仅限于少数节点,同时仍保留着区块链的真实性和部分去中心化的特性。

3. 联盟链

联盟链由若干机构联合发起,介于公有链和私有链之间,兼具部分去中心化的特性。

第五章

交通工程知识

本章主要介绍交通管理与控制和智能交通技术基本知识。交通管理与控制包括：交通管理法规、交通行政管理、交通秩序管理、交通运行管理、交通系统管理、交通控制方式等方面知识；智能交通技术包括：智能交通信息采集技术、智能交通通信技术、交通态势分析技术、智能交通信息服务技术、车辆智能驾驶技术等内容。

第一节　交通管理与控制知识

一、交通管理

(一)交通管理的定义

交通管理是指按照交通法规的要求、规定和道路交通的实际状况,运用技术、安全教育等手段合理地限制和科学地组织指挥交通,正确处理道路交通中人、车、路之间的关系,使交通尽可能安全通畅、节能环保,主要包括道路建设、养护与管理、公共交通运输管理、道路交通秩序管理、车辆与驾驶人管理等。

1. 交通管理的目的

交通管理的目的在于满足交通的基本要求,保障交通安全和交通畅通,主要体现在:
(1)减少交通事故,保障交通安全。
(2)缓解交通拥挤、堵塞,提高交通系统运行效率。
(3)减少能源消耗,降低车辆对环境的污染。

2. 交通管理的主要内容

(1)道路交通基础设施建设。
通过新增或改建交通基础设施以提升交通供给容量,达到降低交通负荷的目的。
(2)交通管理与控制。
结合交通需求的变化规律,在最小化改变既有交通基础设施的条件下,通过交通法规或行政管理、工程技术管理、交通信号控制技术等方面的综合技术应用,实现交通系统的安全、有序、通畅和可持续发展等目标。

（3）交通设计。

以交通安全、通畅、效率、便利及其与环境的协调为目的,优化现有和未来交通系统及其设施的建设。

（二）交通管理法规

交通管理法规是道路交通使用者在通行中所必须遵守的法律、法令、规则和条例的统称,它是维持交通秩序,保障交通畅通、交通安全和进行交通管理的依据和法律基础,也是开展交通宣传、安全教育的一个有力武器。交通管理法规主要如下。

1. 全国性法规

全国性法规应具有全局性意义,是一种必须在全国统一执行的规定,也是制定地方性法规的依据。如《中华人民共和国道路交通安全法》《中华人民共和国道路交通安全法实施条例》《中华人民共和国机动车登记办法》等。

2. 地方性法规

地方性法规是根据当地自然环境、城市建设及交通特点,在以全国性法规为依据的前提下,制定当地必须统一执行的一些补充规定。如《某省关于加强收费公路养护管理监督检查办法》等相关政策文件。

3. 局部性管理措施

局部性管理措施是对上述相关交通法规的补充或外延。

（三）交通行政管理

交通行政管理是最高层次的交通管理,它的内容涉及交通管理的职能、体制、手段等多个方面,其本质特征是具有强制性。其主要是以保障全社会的整体协调发展以及满足社会全体成员的需要为目的来进行管理,主要内容如下。

1. 车辆驾驶人管理

车辆驾驶人管理主要包括驾驶证管理、驾驶人教育管理、驾驶人驾车管理等。车辆驾驶人管理最重要的环节是对驾驶人驾驶条件和技能的考核与认可,任何人要取得驾驶证,都要经过严格的审查与考试,审查、考试合格后,由主管部门统一批准,颁发驾驶证。

2. 车辆管理

车辆管理的基本目的是使车辆保持良好的行驶性能,保障交通安全。车辆管理主要包括车辆牌证管理、车辆报废管理和车辆检验。

车辆牌证管理是全世界都采用的车辆管理的基本方法。我国对机动车实行登记制度,只有经过公安交通管理部门登记过的机动车,方可在道路上行驶,登记过的机动车可以获得车辆牌证。

我国专门制定了《机动车强制报废标准规定》,各地车辆管理部门,在对车辆进行更换牌证和年度检验时,对符合报废标准的老旧汽车,吊销牌证,强制淘汰。

对登记后上道路行驶的机动车定期进行安全技术检验,以保证行车安全和交通安全。国家标准《机动车运行安全技术条件》(GB 7258—2017)中具体规定了机动车辆(含列车)的整车及其车身、发动机、转向系、制动系、传动系、行驶系、安全防护装置、排气污染物排放、噪声等级、照明、信号装置以及其他电气设备和特种车辆的附加要求等有关车辆运行安全的技术条件。

3.交通业务管理

在交通行政管理中,交通管理部门的业务管理是非常重要的组成部分,其主要包括:道路交通路政管理、道路交通事故管理和道路交通指挥管理等。

(四)交通秩序管理

交通秩序管理是指公安机关交通管理部门根据交通法律法规,采取宣传教育、行政处罚和工程设施的方法,对交通中的人、车、路、环境等进行监督管理,以取得最佳的交通效能的一项行政管理活动,对确保交通安全、通畅、有序,维护广大交通参与者的合法权益,保障社会治安稳定都具有重要作用。主要内容包括:①道路使用管理;②通行秩序管理;③交通违法行为管理;④高速公路通行秩序管理;⑤交通秩序管理设施。

(五)交通运行管理

交通运行管理分别以交叉口、路段、区域为管理对象,采取一系列管理措施以改善交通运行相关条件,优化利用时空资源,提高交叉口通行能力和路段、区域运行效率。交通运行管理模式包括机动车行车管理、步行管理、停车管理、无信号控制平面交叉口管理、快速道路交通管理和交通组织优化等。

1.机动车行车管理

机动车行车管理主要包括车速管理、车道管理和禁行管理。其中,车速管理主要以《中华人民共和国道路安全法实施条例》为依据进行限速和处罚;车道管理根据行车方向的不同又分为对单向交通、双向交通、变向交通和专用车道的管理;禁行管理分为时段禁行、错日禁行、车种禁行、转弯禁行和载质量禁行五类。

2.步行管理

步行管理的基本观念是"以人为本",基本目标应该是交通保障行人的安全。专供行人通行的通道为人行道,建造时可采用不同高度将其与机动车道和非机动车道隔开;为了防止行人乱穿道路而在车行道上施划标线指定行人过街的地方成为人行横道;一些交叉口在人行横道处设置了人行信号灯,人行信号灯一般为红绿两色。

3.停车管理

停车又称静态交通,包括到达目的地后的停车、临时停车和不遵守交通管理人员指挥的停车。其中,到达目的地后的停车又分为路边停存和路外停车。

4.无信号控制平面交叉口管理

无信号控制平面交叉口按交通管制方式的不同分为全无管制交叉口、主路优先管制交叉口和环形交叉口等。其中,主路优先管制又分为停车让行标志管制和减速让行标志管制。

5.快速道路交通管理

快速道路是专供汽车高速行驶的道路,分为城市快速道路和城际快速道路。快速道路通常具有高标准线形、设有中央分隔带、全封闭、实行最低和最高车速限速、相交道路为立交、单向两车道或两车道以上、配备较多的管理与服务设施等特征。

6.交通组织优化

交通组织优化是在有限的道路空间,综合运用交通工程规划、交通限制和管理等措施科学合理地分时、分路、分车种、分流向使用道路,使道路交通始终处于安全、有序、高效的运行状态。

(六)交通系统管理

交通系统管理即将汽车、公共交通、出租汽车、行人和自行车等视为一个整体城市交通运输系统的各个组成部分,从城市交通的整体出发,运用系统科学和计算机技术合理地开发、运用和管理交通资源,使其获得最大整体交通效益的管理。交通系统管理的目标是通过运营、管理和服务政策来协调不同的交通系统组成部分,使系统在整体上取得最大交通效益。

1.交通系统管理的特点

交通系统管理有以下两个显著的特点:一是着眼于整体交通运输系统,探求能使现有系统发挥最优效益的综合方案,既可避免各个局部措施把交通问题转移地点的弊端,又可得到系统效益最优的方案。二是着眼于长远目标,致力于解决城市长期交通发展问题。

2.交通系统管理的方法

交通系统管理从交通供求两方面着手,一方面采取提高现有设施通车效益的措施,另一方面采取降低交通需求的办法来减少交通量,同时疏导与节流并举,使现有道路交通设施较长时期处于最佳的使用状态。交通系统管理的基本措施主要有:

(1)公共交通辅助系统,公共交通运行管理,存车管理,行人自行车管理。
(2)优先通行管理。
(3)交通工程技术措施(改善交叉口、单向交通、可变方向车道、交通监控等)。
(4)交通限制措施。
(5)货运交通管理。
(6)收费管理。

(七)交通事件管理

道路上发生的交通事故、车辆故障抛锚、恶劣气候、道路养护作业以及需要临时占用部分道路资源的运动项目等,导致道路通行能力暂时性下降或交通流非周期性异常的事件,都属于交通事件。

1. 交通事件的特点

交通事件往往由某种特殊需求或特殊环境所引发，具体表现为以下几点特性。

（1）非常发性。

对于突发性交通事件，事件发生的时间、地点以及频率往往是不确定的，而计划性交通事件的发生虽然事前是知道的，但由于其会引发超常的交通需求而常常需要进行大量的准备性工作，所以要限制这类事件发生的频率。

（2）需求超常性。

交通事件往往通过影响道路的通行能力，从而产生超常的交通需求。

（3）波及广泛性。

交通事件往往涉及对象众多，影响范围很广。例如，一项养护维修工程，往往涉及施工单位、交通管理部门、道路使用者等多个对象，若引发了交通事故，还会涉及医疗、急救等，一般还会影响到相关的平行道路和相交道路。

2. 交通事件的分类及管理方法

根据交通事件的特性，可以分为突发性交通事件和计划性交通事件。

（1）突发性交通事件。

突发性交通事件指由于自然或人为的诱因，使得道路原有的正常运行功能减弱甚至丧失，从而对人们生命财产和社会生活造成较大影响及难以预料的事件，包括交通事故、自然灾害（如地震、灾害天气）、生产事件（如有害气体泄漏、火灾、爆炸等）、恐怖袭击事件等。

气候影响和短期临时的养护施工突发事件会直接影响到交通流的车速和道路通行能力，间接诱发交通拥挤和交通事故。对于此类突发事件，交通管理的重点在于要求有关部门通过各种手段向道路使用者提供良好的事件信息，以便于道路使用者特别是机动车驾驶人作出正确的判断和选择，避免交通拥挤和交通事故的发生，而在交通拥挤和交通事故发生后，要求有关部门及时有效地处理事故现场，尽快疏导交通。

交通事故和自然灾害等这类突发事件的后果都具有灾难性与综合性，涉及城市的医疗、急救、消防、环卫等多个部门。对于此类突发事件，交通管理的重点在于事件发生后的救援管理，即要求相关部门在事件发生后能采取及时有效的措施，尽快地处理事件。

（2）计划性交通事件。

计划性交通事件指人们事先具体规划的但对道路交通产生重大影响的事件，如大型集会和会展、体育竞赛、大型文娱活动、大型道路养护维修作业等。

计划性交通事件应提前做好交通可行性分析，包括交通出行预测、影响区域分析、停车需求预测、道路容量分析，制定合理的交通控制和管理计划，一般包括人流组织、车流组织、场所进出和停车组织、交通控制和管理措施、信息发布计划、交通监控措施、紧急事件管理计划等。如果条件允许，可以根据计划进行预演以完善计划，同时做好相关工作人员的培训和任务分配工作；事件进行时，完成交通控制管理计划的实施与修正，其重点在于对交叉口、路段的交通管理组织以及相关数据资料的采集。事件发生后，评估交道控制和管理计划，对有关的数据资料进行整理以为以后提供参考。

(八) 优先通行管理

优先通行管理是指依据交通法规或采用交通工程技术措施,对道路上的车辆与行人进行执法管理或交通管理,使其享有优先路权。某种交通方式优先通行则是指在同一时空环境中,按照交通法规或信号控制使该种交通方式优先享用道路通行权。

1. 优先通行管理的目的

优先通行管理是交通运行管理的重要内容,其目的在于保障交通安全、提高城市交通运行效率和可靠性,体现以人为本的理念,保障城市交通的可持续发展。

2. 优先通行管理的内容及管理方法

按照管理对象的不同,优先通行管理主要包括以下内容。

(1) 公共交通车辆优先通行管理:如公交专用道、公交专用信号等,特殊情况下出租车也可与公交共用专用道,优先享用道路通行权,如图5-1所示。

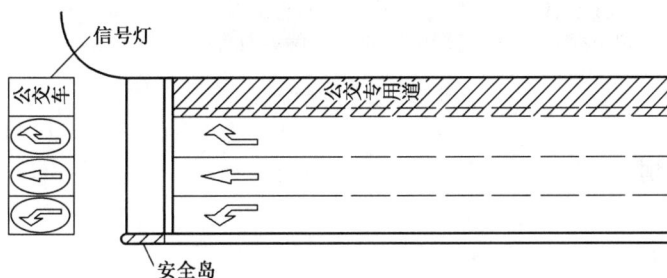

图5-1　设置在路侧的公交专用车道

(2) 自行车优先通行管理:如自行车专用信号、专用车道、自行车横道等。如图5-2所示为利用现有路面开辟专门用于右转的自行车车道。

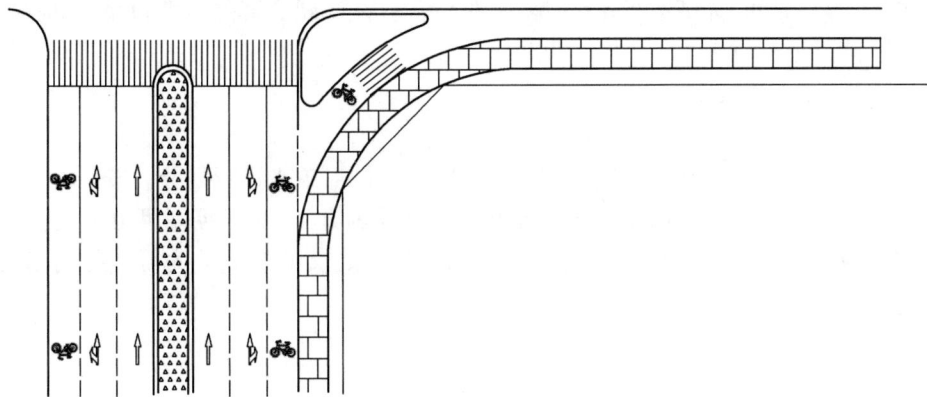

图5-2　自行车右转专用道示意图

(3) 特种车辆优先通行管理:如警车、消防车、救护车、工程救险车执行紧急任务,在确保安全的前提下,不受行驶路线、行驶方向、行驶速度和信号灯的限制,其他车辆和行人应当让行,如图5-3所示。

（4）其他车辆优先通行管理：如干道与支路相交的无灯控交叉口，干道车行优先，交叉口设置左转弯待转区使左转车辆优先通行，合乘车（HOV）专用道或 HOV 与公交共用专用道以及高考期间接送考生车辆优先通行等。

（5）行人优先通行管理：如行人专用信号、无灯控交叉口人行横道线上行人优先、绿灯条件下右转车避让行人等。

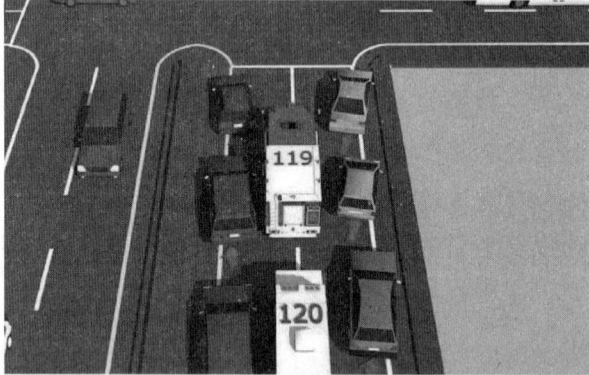

图 5-3　特种车辆优先行驶

二、交通控制

（一）交通控制的定义

交通控制是利用交通信号对道路交通流进行科学控制，使其有序、高效运行的一种交通指挥措施。交通信号包括交通信号灯、交通标志、交通标线和交通警察指挥四种类型。交通控制的目标是使交通系统更加安全、高效、方便、环保、和谐。其中，安全是第一位的，同时要保证通行效率和减少等待时间，提高通行速度，减小对环境的影响，减少道路污染和噪声，提高公交系统运行效率，降低通行成本。

（二）交通控制的方式

交通控制方式可按照控制范围、控制方法和特定控制对象来进行划分。按照控制范围，交通控制可分为单点控制、干线控制与区域控制。按照控制方法，交通控制可分为定时控制、感应控制、自适应控制和人工干预控制。按照特定控制对象，交通控制分为可变导向车道控制、公交通行优先控制、潮汐车道通行控制等。

1. 单交叉口交通信号控制

交叉路口是城市道路网络交通中各向交通流汇聚交错的地点，对它的交通信号控制是城市交通控制系统的核心，对单个平面交叉口进行交通控制即单点控制，是最经典的一种交通信号控制方式，同时也是实现干道控制和区域控制的基础。

根据有无信号灯，单交叉口控制分为无信号灯交通控制和有信号灯交通控制。其中，无信号灯交通控制主要采用交通标志、标线或对通行权的规定，组织冲突交通流安全有序运行；有信号灯交通控制通过合理控制信号灯的灯色变化,配合道路交通渠化设计,从时间上分离或减少交通冲突,以达到减少交通拥挤与堵塞、保证道路通畅、避免交通事故发生等目的。根据控制原理的不同,单点控制又可分为单点定时控制、单点感应控制与单点自适应控制。

信号控制的核心是相位方案,是指交叉口在一个信号周期内,安排了若干种控制状态,并合理地安排了这些控制状态的显示次序,轮流对各向车辆和行人给予通行权。在信号控制交叉口,其每一种控制状态(一种通行权),即对各进口道不同方向所显示的不同灯色的组合,称为一个信号相位。所有相位及其顺序统称为相位(相位方案),一般有两相位和多相位(三相位以上)。相位方案常用相位图来表示,通常一个十字交叉口采用2~4个信号相位。图5-4、图5-5所示分别为两相位和四相位信号的相位图。

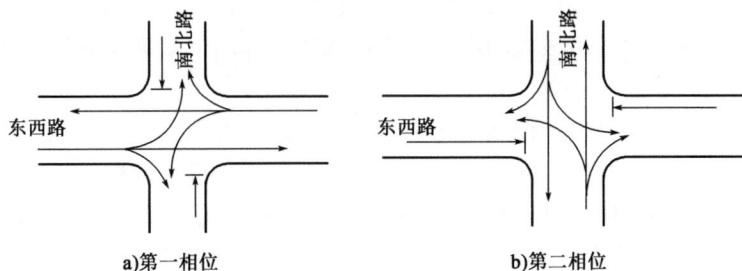

图 5-4　两相位信号的相位图

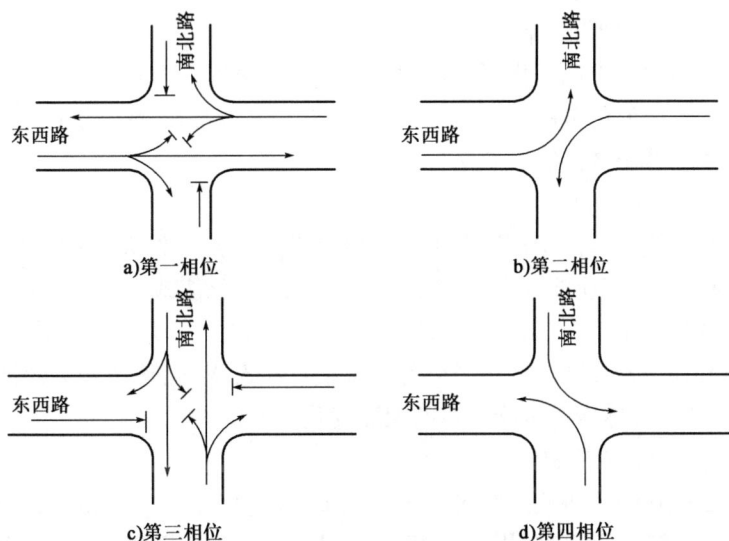

图 5-5　四相位信号的相位图

信号配时方案一般用信号配时图表达,图5-6所示为两相位信号配时图。

2. 干线交通信号控制

把一条干道上的一批相邻交叉口连接起来加以协调控制,使得在干道上按照规定速度行驶的车辆能够有机会一路绿灯通过干道交叉口,简称干线控制或线控,又被形象地称为"绿波控制"。

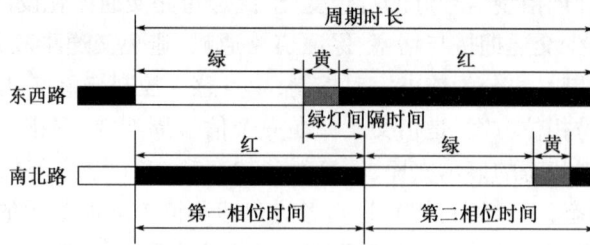

图 5-6　两相位信号配时图

干线信号控制主要通过以下几个参数来实现联动控制:

周期时长——为使各交叉口的交通信号取得协调,干道各交叉口的周期时长必须相等,一般在各交叉口周期时长中选出最大的周期作为该线控系统的公共周期时长,同时,该交叉口称为干道上的关键交叉口。

绿信比——在干道信号协调控制系统中,各个交叉口的绿信比根据各交叉口各方向的交通流量比来确定,为了增加绿波带的宽度,往往需要对绿信比进行调整。

相位差——相位差又称为时差或绿时差,通常用 0 来表示,有绝对相位差和相对相位差之分。

干线控制根据控制方式的不同,可以分为定实式干线信号协调控制、感应式信号协调控制和计算机式感应信号协调控制。

(1)定实式干线信号协调控制。

定时式干道信号协调控制是指所用控制配时方案是根据一天时间内的交通流的变化规律预先确定好的。根据协调的范围不同,定时式干道信号协调控制又分为单向干道信号协调控制方式和双向干道信号协调控制方式两种。

(2)感应式信号协调控制。

为避免定实式干线信号协调控制在干线交通流小的时候延误大这一问题,在线控系统中使用感应式信号控制机,相应配以车辆检测器,从而构成了感应式干道信号协调控制系统。感应式干道信号协调控制系统中,当检测器测得交通量增加时,开动主控制机,执行线控系统的控制;当交通量降低时,各交叉口的信号机各自按独立状态操作,使线控系统既能得到良好的连续通车效果,又能保持适应各个交叉口的交通变化

(3)计算机式信号协调控制。

传统的线控系统在制定协调方案时多采用人工方法,该方法十分繁杂,工作效率低,难免发生人为错误,因此将计算机全面用于线控系统,可解决人工难以实现的许多控制方案。

3. 区域交通信号控制

区域交通信号控制 (又称为区域信号协调控制或面控)是将关联性较强的若干个交叉口统一起来,进行相互协调的一种信号控制方式。按控制策略的不同,区域交通信号控制系统可分为定时式脱机控制系统和自适应式联机控制系统。定时式脱机控制系统利用交通流历史及现状统计数据,得出多时段的最优信号配时方案,存入控制器或控制计算机内,对整个区域交通实施多时段的定时控制。自适应式联机控制系统则通过在控制区域交通网中设置检测器,

实时采集交通数据,再利用配时优化算法,实现区域整体的实时最优控制。

按控制方式的不同,区域交通信号控制系统可分为方案选择式控制系统和方案生成式控制系统。方案选择式控制系统通常需要根据几种典型的交通流运行状况事先求解相应的最佳配时方案,并将其存储在计算机内,待系统实际运行时根据实时采集到的交通数据,选取最适用的控制参数。方案生成式控制系统则根据实时采集到的交通流数据,利用交通仿真模型与优化算法,实时计算出最佳信号控制参数,形成配时控制方案,实施交通控制。

按控制结构的不同,区域交通信号控制系统可分为集中式控制系统和分层式控制系统。集中式控制系统是利用一台中小型计算机或多台微型计算机连接区域内所有交叉口的路口信号控制机,在一个控制中心直接对区域内所有交叉口进行集中信号控制。分层式控制系统通常将整个控制系统分成上层控制与下层控制,上层控制主要执行全系统协调优化的战略控制任务,下层控制则主要执行个别交叉口合理配时的战术控制任务。

第二节　智能交通技术知识

智能交通系统(intelligent transportation system,ITS)是指将先进的信息技术、数据通信技术、计算机处理技术和电子自动控制技术进行有效集成,通过先进的交通信息采集与融合技术、交通对象交互以及智能化交通控制与管理等专有技术,加强载运工具、载体和用户之间的联系,提高交通系统的运行效率,减少交通事故,降低环境污染,从而建立一个高效、便捷、安全、环保、舒适的综合交通运输体系。智能交通技术主要包括以下几方面。

一、交通信息采集技术

交通信息采集方法主要有试验车移动调查法、摄影法、车辆检测器测定法、全球定位系统(GPS)浮动车法、手机定位法、遥感图像处理等。交通信息采集技术可以归纳为自动采集技术和非自动采集技术两类。

1.自动采集技术

根据交通采集信息方式的不同,交通信息自动采集技术分为路基型交通信息采集技术、车基型交通信息采集技术和空基型交通信息采集技术。

(1)路基型交通信息采集技术。

目前实用的路基型交通信息采集技术有感应线圈检测器、超声波检测器、磁力检测器、红外线检测器、微波雷达检测器、视频检测器、道路管检测器、声学检测器等检测器法以及车辆牌照自动匹配法、车辆自动识别法等。

(2)车基型交通信息采集技术。

车基型交通信息采集技术包括基于GPS浮动车的交通信息采集技术和基于手机定位的交通信息采集技术。

(3)空基型交通信息采集技术。

空基型交通信息采集技术的研究主要集中于遥感技术,通过高空摄影技术,捕捉地面发来的各种波段的光子形成不同种类的图像。

2.非自动采集技术

非自动采集技术采集过程依赖人工操作,一般适用于做短期交通调查,不适用于实时交通信息采集。

二、智能交通通信技术

智能交通系统包括许多子系统,通信方式包括有线广域通信、无线广域通信、专用短程通信和车与车之间的通信。

1.广域网通信

目前,因为商用数据网已经相当成熟,ITS的有线和无线广域网(WAN)能够利用商用数据网。通信网应采用开放的通信接口,且与其他开放通信网互联,即通信网的信息可以发送到另一个通信网。

(1)有线WAN通信。

有线WAN通信系统将中心子系统与道路、远程访问及其子系统连接起来。通过与无线WAN互联工作,可以将中心与车辆、中心与个人移动计算机连接起来。

(2)无线WAN通信。

无线WAN通信系统可以是单向系统(广播),如FM副载波或寻呼系统,或双向专用系统,如专用无线移动台(SMR),或双向公用系统,如存储SMR登记许可的商用运行网(称为E-SMR技术),它由传统的蜂窝电话供应商提供包括蜂窝数字分组数据业务(PCS)等。在无线WAN中,单向或双向形式都被支持,以适应不同的应用。

2.DSRC专用短程通信

专用短程通信是在车辆与路边设备之间进行的无线通信。专用短程通信的服务包括:
(1)停车系统。
(2)车辆的收费系统。
(3)商业车辆的路边服务。
(4)固定路线的公交系统。
(5)交通检测(使用收费设备)。
(6)交叉路口防撞车系统(包括高速公路、铁路的交叉口)。
(7)车载显示与驾驶人咨询。

路边专用短程通信设备为车载显示器和驾驶人提供信息,包括低成本的固定信息,从交通管理子系统收到的动态信息,或由DSRC收集过往车辆的数据并经动态处理得到的信息等。

三、交通流态势分析技术

交通流态势是指交通流运行过程中产生的一种动态或网络模式。交通流态势分析一般分为微观、中观和宏观三个层次。

1. 微观交通流态势分析

由于交通流是由众多独立的交通运输工具在径路上运行形成的,交通流的微观分析就是通过对个体的交通工具在特定环境下的运行行为进行分析来准确把握交通流的基本性质,从而对交通状态实现组织管理。

2. 中观交通流态势分析

中观交通流态势分析是采用交通事件自动判别算法等技术,如模糊数学、集成地理信息系统(GIS)和GPS浮动车技术、模式识别等方法,对交通流量、占有率、行程速度、行程时间和延误等交通流状态主要衡量指标构建模型,评判交通流状态。

3. 宏观交通流态势分析

宏观交通流态势分析主要是评价交通网络的整体运行状态。采用路口可达性矩阵及路段连通性分析,结合适当的交通参数进行合理的路网交通状态建模,实现交通状态的估计。

四、智能交通信息服务技术

智能交通信息服务系统是ITS的重要组成部分,其综合运用多种高新技术,通过有线、无线通信手段以及文字、语音、图形、视频等多媒体形式,实时动态地提供与出行者相关的各类交通信息,使出行者在出发前、出行过程中直至到达目的地的整个过程中随时能够获得道路交通状态、所需时间、最佳换乘方式、所需费用以及目的地等各种相关信息,从而指导出行者选择合适的交通方式(私家车、火车、公交车等)、出行路线和出行时间,以最高的效率和最佳的方式完成出行过程。智能交通信息服务技术可分为交通信息采集、交通信息传输、交通信息处理和交通信息发布四部分。

1. 交通信息采集

通过各类交通检测器采集动态道路交通流信息,主要有移动型交通信息采集法(基于GPS的浮动车信息采集、基于电子标签的交通信息采集、基于汽车牌照识别的信息采集等)和固定型交通检测器采集法(红外线检测器、线圈检测器、微波检测器、视频检测器等)。另一方面,与出行相关的其他信息(如道路信息系统、客运信息系统、公共交通信息系统、停车场信息系统等)也可以通过网络连接方式获取。

2. 交通信息传输

交通信息传输系统包括各种信息传输介质,连接着其他三个系统,贯穿于信息流动的全过程。信息传输包括电缆、光纤、微波、无线电波等信息传输方式。从信息的流向来看,它一般包括单向传输和交互传输两种方式。

3. 交通信息处理

对从信息采集系统获取的交通信息进行加工处理,使其成为对公众出行切实有用的信息。交通信息处理包括静态交通信息处理和动态交通信息处理。静态交通信息处理主要是对获取的静态信息进行分类、统计处理,对其不同格式的数据进行规范化处理等。动态交通信息处理主要由于直接采集的动态交通信息具有多变性和片面性,需进行一定处理,从中找出规律,有效指导公众出行,其处理过程有行程时间估计、交通状态判别、动态路径诱导、动态交通数据统计分析等。

4. 交通信息发布

交通信息经处理后到达信息发布系统,由此将交通状况相关信息发布给出行者。采用的信息发布方式有公众出行服务网站、呼叫中心系统、短信服务系统、交通广播、可变信息板、触摸屏、车载终端系统等。

五、车辆智能驾驶技术

车辆智能驾驶技术利用多种车载传感器(如雷达、超声波传感器、GPS、磁罗盘等)感知车辆周围环境,控制车辆的转向和速度,根据实时路况进行动态路径规划,实现车辆自动、安全、可靠的行驶。车辆智能驾驶技术主要包括三大系统:定位导航系统(车辆定位技术)、环境感知系统(视觉/非视觉识别技术)和规划控制系统(路径规划,速度、方向与辅助控制技术)。

(一)定位与导航技术

定位与导航技术,是实现自动驾驶路径规划与控制的基础,主要包括以下5种技术。

1. 卫星定位技术

目前较为成熟的卫星定位导航系统为美国全球定位系统(GPS)、中国北斗卫星导航系统(BDS)、欧洲伽利略卫星导航系统(CSNS)和俄罗斯格洛纳斯系统(GNSS)。以北斗系统为例,中国坚持"自主、开放、兼容、渐进"的原则建设和发展北斗系统,2023年5月17日10时49分,中国在西昌卫星发射中心用长征三号乙运载火箭,成功发射第56颗北斗导航卫星。北斗系统由空间段、地面段和用户段三部分组成,可实现全球范围内全天候、全天时为各类用户提供高精度、高可靠的定位、导航、授时服务,并且具备短报文通信能力,定位导航授时、星基增强、地基增强、精密单点定位、短报文通信和国际搜救等多种服务能力。

2. 惯性导航技术

该技术不依赖于外界信息,靠自身的惯性敏感元件测量导航参数,它不受天然或人为的干扰,具有较好的隐蔽性,是一种完全自主式的导航系统。但在长时间工作以后其会产生一定程度的误差。

3. 航位推算技术

航位推算技术通常包括罗盘、速率仪、里程仪以及转速计等观测设备。该技术利用这些传感器设备测量正在行驶的车辆的行驶距离、速度和方位。短期内传感器的测量精度较高,对于长时间的定位需要采取措施以避免累积误差。

4. 地图匹配技术

该技术是一项确定车辆在带有街道名称和地址的数字地图上的精确位置的技术。车辆轨迹与图形特征有关,具有辅助性特征的坐标常用来在交叉口表示车辆的位置,但地图匹配需要初始定位数据,所以该技术只能起到辅助定位的作用。

5.地面无线电传呼技术

使用地面无线电传呼技术的系统从分布在系统运行区域内的一定数量的信号标杆接收无线电信号,来自多处信号标杆的信号能够确定车辆的具体位置,然后将这一信息提供给驾驶人或控制中心。

(二)环境感知技术

通过视觉或非视觉的方法感知行车环境是自动驾驶环境感知的主要手段,包括获取行驶路径、驾驶状态和驾驶环境。主要有视觉传感、激光传感、微波传感、通信传感和融合传感等感知技术。

在众多感知技术中,目前流行的有效感知技术是计算机视觉,就是利用计算机模拟双眼观察事物获得物体形状、大小、远近等信息的过程,采集关于外界的信息。计算机视觉的基础问题是目标检测和对目标信息的还原。当前采用的目标检测技术多是单一图像传感器采集,这种方法每帧只采集一张图片输入到系统中处理,其优点是信息量小,处理速度快。但由于传感器在采集信息过程中是将三维信息转换为二维信息,此时会丢失事物原有的深度信息,计算系统难以还原。双目视觉技术解决了这一问题,其模仿人类双眼观察事物的过程采用两个图像传感器,还原物体本身的深度信息。

六、智能车联网技术

智能车联网是将无线通信技术应用于车辆间通信的自组织网络,以车辆作为网络节点,通过综合使用多种无线通信技术接入互联网进而与各种车联网服务连接,在行驶的车辆之间以及在车辆和路边基础设施之间建立无线通信。此技术对于提升车辆的信息化、自动化程度,减少交通事故,保障行车安全和提高交通效率具有十分重要的意义。

1.智能车载技术

智能车载技术主要包括车辆精准定位与高可靠通信技术、车辆行驶安全状态及环境感知技术和车载一体化系统集成技术等。

2.智能路侧技术

智能路侧技术是指利用道路设置的各种监测系统,向驾驶人提供道路状况、路面状况、交通堵塞、通行时间等信息,主要包括多通道交通信息采集技术、多通道路面状态信息采集技术、路侧设备一体化集成技术等。

3.车-车/车-路通信技术

车-车/车-路通信技术主要包括车辆动态分簇融合技术、路侧通信设备位置优化技术、兼容各种无线网络协议的多模式连接技术、高速车辆环境下稳定高效的切换及路由技术、密集车辆场景下公平高效的多信道接入控制技术、稀疏车辆场景下可信可靠的信息融合技术等。

4.车-车/车-路控制技术

车-车/车-路控制技术主要分为两个方面。一方面针对效率,主要包括基于车路协同信息的交叉口智能控制技术、基于车路协同信息的集群诱导技术、交通控制与交通诱导协同优化技术、动态协同专用车道技术和精确停车控制技术等。另一方面面向安全，主要包括智能车速预警与控制、弯道侧滑/侧翻事故预警、无分隔带弯道安全会车、车间距离预警与控制、临时性障碍预警等。

第六章

电工、电子、通信、机械等知识

本章主要介绍电工电子、网络通信、机械、数据库技术等方面的基本知识,包括常见电工电子仪器及工具的使用、电气设备使用及简单维护、电子元器件分类及使用、线缆应用及敷设、组网技术及配置、数据库及信息处理、机械识图及简单加工和网络安全管理等内容。

第一节 线缆、光缆应用知识

一、线缆

(一)线缆的结构特性

线缆是电缆和电线的合称,一般由金属或玻璃缠绕在一起,用以传输电(磁)能、实现电磁能转换的线材产品。主要包括裸电线、绕组线、电力电缆、通信电缆与光缆。一般将芯数少、产品直径小、结构简单的产品称为电线,没有绝缘的称为裸电线,其他的称为电缆。电缆主要由线芯(导体)、绝缘层和护层(套)三部分组成,不同部分材质不同,发挥着不同的作用。电线电缆的基本结构如图6-1 所示。

1. 导体线芯

主要是用来传导电流或信号,有实芯和绞合之分。电缆线芯材料有铜、铝、银、铜包钢、铝包钢等,主要以铜与铝材料为主。铜的导电性能比铝要好得多,具有较高的导电性能和较小的线路损耗。

2. 内半导电屏蔽

在导体表面加一层半导电材料的屏蔽层,它与被屏蔽的导体等电位,并与绝缘层良好接触,从而避免导体与绝缘层之间发生局部放电。这一屏蔽层,又称为内屏蔽层。

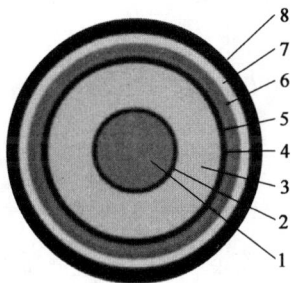

图6-1 电线电缆(单芯电缆)的基本结构图
1-导体线芯;2-内半导电屏蔽;3-绝缘层;4-外半导电屏蔽;5-金属屏蔽;6 内护层;7-钢丝铠装;8-外护层

3.绝缘层

包覆在导体外,作用是隔绝导体,保证电能的输送。绝缘材料多种多样,如聚氯乙烯(PVC)、聚乙烯(PE)、交联聚乙烯(XLPE)、橡皮、氟塑料、尼龙、绝缘纸等。

4.外半导电屏蔽

它位于在绝缘表面和护套接触处,具有限制电场和电磁干扰的作用。在绝缘层表面加一层半导电材料的屏蔽层,它与被屏蔽的绝缘层有良好接触,与金属护套等电位,从而避免绝缘层与护套之间发生局部放电。对于不同类型的电缆,屏蔽材料也不一样,主要有铜丝编织、铝丝(铝镁合金丝)编织、钢丝、铜带、钢带等。

5.金属屏蔽

电缆正常通电时金属屏蔽层通过电容电流,将电缆通电时引起的电磁场屏蔽在绝缘线芯内,以减少对外界产生的电磁干扰,同时金属屏蔽层也起到限制外界电磁场对电缆内部产生影响的作用;此外,如果电缆芯线内发生破损,泄露出来的电流可以通过金属屏蔽层流入接地网,起到一定的安全保护作用。

6.内护层

内护层的作用是保护绝缘线芯不被铠装层或屏蔽层损伤。内护层有挤包、绕包和纵包等几种形式。

7.铠装层

铠装层的作用是保护电缆不被外力损伤。最常见的是钢带铠装、钢丝铠装、铝带铠装及不锈钢带铠装等。其中钢带铠装的主要作用是抗压力,而钢丝铠装的主要作用是抗拉伸。

8.外护层

外护层又称为护套,在电缆最外层起保护作用的部件。可用于保护电缆线芯和绝缘层,使线芯、绝缘层免受外界损伤、受潮、渗透、腐蚀等作用。主要有塑料类、橡皮类及金属类三种类别。

(二)线缆的种类及用途

线缆的种类有很多,常见的四大类线缆及其用途如下:

1.裸电线及裸导体

该类产品的主要特征是:纯的导体金属,无绝缘及护套层。这类电线可作为导电线使用,也可作为电器等装备的构件使用,其导电性、机械性能优越,但因其没有绝缘层,容易受到腐蚀。如图 6-2 所示。

2.电力电缆

该类产品的主要特征是在导体外挤(绕)包绝缘层或护套层,其主要用来传输和分配电能,具有不占地面空间、传输性能稳定、分布电容大等优点。如按绝缘材料划分,其可分为油浸纸、塑料、橡皮绝缘电力电缆;按电压划分,其可分为低压、中压、高压、超高压电力电缆。超高压电力电缆主要用在发、配、输、变、供电线路中的强电电能传输,具有通过电流大(几十安至几千安)、电压高(220V 至 500KV 及以上)的特点。如图 6-3 所示。

图6-2　裸电线产品

图6-3　电力电缆成品

3.电气装备用电线电缆

该类产品的主要特征是品种规格繁多,应用范围广泛,使用电压在 1kV 及以下。针对特殊场合要求其还会不断出现新的产品,有耐火线缆、阻燃线缆、低烟无卤/低烟低卤线缆,防蚁、防鼠线缆,耐油、耐寒、耐温、耐磨线缆等。如图 6-4 所示。

4.通信电缆

通信电缆主要用于电话、电视设备的等电信号传输,通常由多根线芯构成缆芯,外层有保护套,包括同轴缆、光缆、数据电缆等。该类产品的结构尺寸通常较小而均匀,制造精度要求高。以常见不同尺寸的室内通信电缆为例,如图 6-5 所示。

图6-4　电气装备用电线电缆

图6-5　常见不同尺寸的室内通信电缆

具体用途如下:

(1)市内通信电缆:用于市内、近郊和局部地区的电话线路。

(2)远程通信电缆:用于载波多路通信线路;远程高频载波通信和低频通信;远程通信干线线路。

(3)电信设备用通信电缆:用于电话电报设备,数据处理设备的相互衔接;一级配线、二级配线并与分线设备相衔接;程控交流局内总配线架与交流局用户电路板之间的音频衔接。

二、光缆

(一)光缆的结构特性

光缆依靠其中的光纤提供信道来传递信息。光缆的基本结构一般是由缆芯、加强构件、填充物和护层等几部分组成,另外根据需要还有防水层、缓冲层、绝缘金属导线等构件。以单芯圆形室内光缆基本结构为例,如图6-6所示。

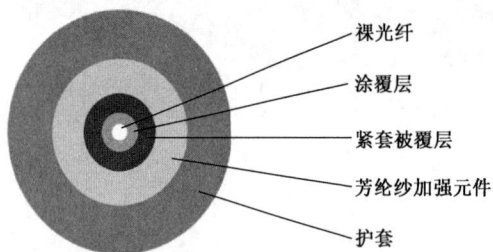

图6-6 单芯圆形室内光缆

1.缆芯

缆芯是光缆的主体结构,由多根光纤组成,它可分为单芯型和多芯型两种。单芯型缆芯是由单根经二次涂覆处理后的光纤组成;多芯型缆芯是由多根经二次涂覆处理后的光纤组成,它又可分为带状结构和单位式结构。其中,二次涂覆主要采用下列两种保护结构:

(1)紧套结构。

在光纤与套管之间有一个缓冲层,其目的是减小外力对光纤的作用。缓冲层一般采用硅树脂,二次涂覆用尼龙。这种光纤的优点是:结构简单,使用方便。

(2)松套结构。

将一次涂覆后的光纤放在一根管子中,管中填充油膏,形成松套结构。这种光纤的优点是机械性能好,防水性能好,便于成缆。

2.加强构件

由于光纤材料比较脆,容易断裂,为了使光缆便于承受敷设安装时所加的外力等,在光缆中要加一根或多根加强构件在中心或分散在四周。加强构件的作用是用来增强光缆的抗拉强度,用来提高光缆的机械性能;加强构件的材料可用钢丝或非金属的纤维、增强塑料(FRP)、芳纶纱等。

3.护套

光缆的护套包裹在缆芯和加强构件外面,主要是对已经成缆的光纤起保护和密封的作用,避免由于外部机械力和环境影响造成对光纤的损坏。因此要求护层具有耐压力、防潮、湿度特性好、重量轻、耐化学侵蚀、阻燃等特点。

(二)光缆的种类及用途

光缆的种类主要根据光纤的类型、传输模式、材质和结构等因素进行区分。以下是一些常见的光缆类型及使用环境。

1.单模光缆

单模光缆只有一个非常小的光纤芯,只允许一种模式(即一条路径)的光进行传输。这种光缆能够在长距离上保持高质量的信号。

2.多模光缆

多模光缆有一个相对较大的光纤芯,允许多种模式(即多条路径)的光进行传输。这种光缆适用于短距离通信。

第二节　常用电子元器件

一、电阻器

电阻器是电子设备中应用最广泛的元件,在电路中起降压、阻流等作用。其文字符号表示为"R",分为固定电阻器、可变电阻器等。

(一)固定电阻器

固定电阻器是一种最基本的电子元件,外形及电路符号如图6-7所示。根据材料和结构的不同,固定电阻器可分为碳膜电阻(RT 型)、金属膜电阻(RJ 型)、有机实心电阻(RS 型)、线绕电阻(RX 型)等,其中碳膜电阻和金属膜电阻应用最为广泛。

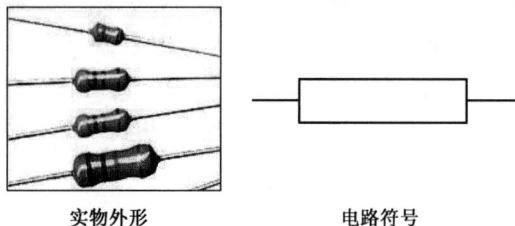

实物外形　　　　　　　　电路符号

图6-7　固定电阻器的外形及电路符号

其主要参数包括:

1.标称阻值

简称阻值,基本单位是欧姆(Ω),常用的单位还有千欧($k\Omega$)和兆欧($M\Omega$)。标称阻值的标识方法包括直标法、色标法、数字和字母法、数字法。

2.额定功率

额定功率是指在特定环境温度范围内电阻器所允许承受的最大功率。在该功率限度以内,电阻器可以正常工作而不会改变其性能,也不会损坏。

3.电阻温度系数

电阻温度系数用来表征电阻器工作温度每变化1℃时其阻值的相对变化量。电阻温度系数根据制造电阻的材料的不同,有正系数和负系数两种。前者表示随温度升高阻值增大,后者表示随温度升高阻值下降。热敏电阻器就是利用其阻值随温度变化而变化这一性能制成的一种电阻器。

(二)可变电阻器

可变电阻器包括微调电阻器和电位器,它是一种阻值可连续变化的电阻器,在电路中可方便地调整阻值,以获得最佳的电路特性。可变电阻器的结构与电路符号如图6-8所示。

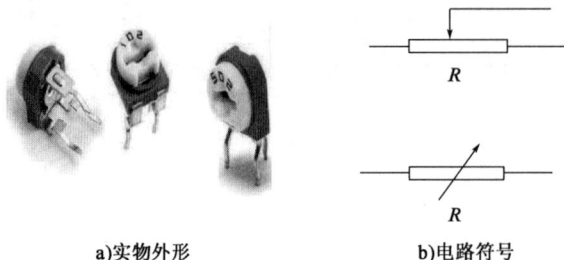

a)实物外形　　　　　　b)电路符号

图6-8　常用可变电阻器的结构及电路符号

可变电阻器按制作材料可分为膜式可变电阻器和线绕式可变电阻器。

膜式可变电阻器通常由电阻体(合成碳膜)、活动触片(活动金属簧片或碳质触点)、调节部件和三个引脚(或焊片)等组成。其中两个固定引脚接电阻体两端,另一个引脚(中心抽头)接活动触片。用小一字型螺钉旋具旋动调整部件、改变活动触点与电阻体的接触位置,即可改变中心抽头与两个固定引脚之间的电阻值。其一般用在小信号电路中。

线绕式可变电阻器属于功率型电阻器,具有噪声小、耐高温、承载电流大等优点,主要用于各种低频电路的电压或电流调整。大功率线绕式可变电阻器也称滑线式变阻器,它分为轴向瓷管式线绕可变电阻器和瓷盘式线绕可变电阻器,采用非密封装结构;小功率线绕式可变电阻器有圆形立式线绕可变电阻器、圆形卧式线绕可变电阻器和方形线绕可变电阻器等几种,均为全密封式封装结构。

二、电容器

电容器是储存电荷的容器,具有隔断直流通交流的特性,用在电路中可起到耦合、滤波、谐振等作用,分为固定电容器和可变电容器等。

(一)固定电容器

1.固定电容器符号及外形

固定电容器通用文字符号用 C 来表示,电路符号及外形如图6-9所示,由金属电极、介质层和电极引线组成,在两块金属电极之间夹有一层绝缘的介质层。直流电的极性和电压大小是一定的,所以不能通过固定电容器,而交流电的极性和电压的大小是不断变化的,能使固定电容器不断地进行充放电,形成充放电电流。

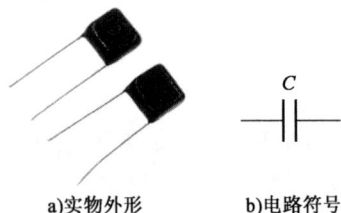

a)实物外形　　　b)电路符号

图6-9　固定电容器电路符号及外形

2.固定电容器主要性能参数

电容量:通常把外加电容器外加1V直流电压时所储存的

电荷量称为该电容器的容量,基本单位为法拉(F),常用微法(μF)、纳法(nF)、皮法(pF)等。它们的关系是:1 法拉(F) = 106 微法(μF)、1 微法(μF) = 103 纳法(nF) = 106 皮法(pF)。

耐压:耐压是指电容器在电路中长期有效地工作而不被击穿所能承受的最大直流电压。对于结构、介质、容量相同的器件,耐压越高,体积越大。在交流电路中,电容器的耐压值应大于电路电压的峰值,否则可能被击穿。耐压的大小与介质材料有关,当电容器的两端的电压超过了它的额定电压。电容器就会被击穿、损坏。

(二)可变电容器

可变电容器种类很多,常见的有单联可变电容器、双联可变电容器和微调电容器。

1.单联可变电容器

单联可变电容器由一组动片和一组定片以及转轴等组成,改变动片与定片的相对位置,可调整电容器电容量的大小,将动片组全部旋出,电容量最小,将动片组全部旋入,电容量最大。如图6-10所示。

2.双联可变电容器

双联可变电容器由两组动片和两组定片以及转轴组成,四联可变电容器由四组动静片组成。由于双联可变电容器的动片安装在同一根转轴上,所以当旋转转轴时,两联动片组同步转动(转动的角度相同),两组的电容量可同时进行调整。如图6-11所示。

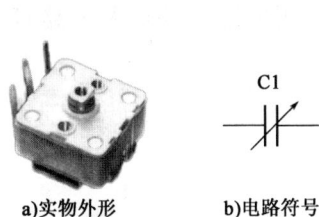

| a)实物外形 | b)电路符号 | a)实物外形 | b)电路符号 |

图6-10　单联可变电容器　　　　　图6-11　双联可变电容器

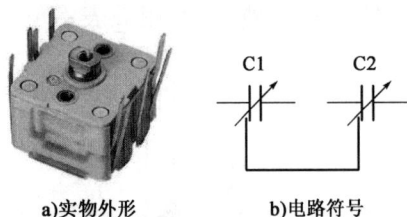

3.微调电容器

此外还有四联可调电容等。

(三)电容器的作用

不管是固定电容还是可变电容器都广泛应用在耦合、隔离、旁路、滤波、调谐、能量转换和自动控制等电路中。

1.滤波电容器

接在直流电源的正、负极之间,以滤除直流电源中不需要的交流成分,使电变平滑。一般采用大容量的电解电容器或钽电容器,也可以在电路中同时并接其他类型的小量电容器以滤除高频交流电。

2.去耦电容器

并接在放大电路的电源正、负极之间,防止由于电源内阻形成的反馈而引起的寄生振荡。

3.耦合电容器

接在交流信号处理电路中,用于连接信号源和信号处理电路或者作两放大器的级间连接,用以隔断直流,让交流信号或脉冲信号通过,使前后级放大电路的直流工作点互不影响。

4.旁路电容器

接在交、直流信号的电路中,将电容器并接在电阻两端或由电路的某点跨接到公共电位上,为交流信号或脉冲信号设置一条通路,避免交流成分因通过电阻产生压降衰减。

5.调谐电容器

连接在谐振电路的振荡线圈两端,起到选择振荡频率的作用。

三、电感器

当交变电流通过线圈时,就会在线圈周围产生交变磁场,使线圈自身产生感应电动势。电感器具有通低频阻高频、通直流阻交流的特点。用它与电容器配合可以组成调谐器、滤波器,起到选频、分频的作用。

(一)电感器的外形及符号

电感线圈有固定、可变和微调电感器及变压器之分;按组成结构又可分为空心、带铁芯和带磁芯的电感线圈三种,一般用 L 表示电感器。常用电感器外形及电路符号如图6-12所示。

a)实物外形   b)电路符号

图6-12 常用电感器外形及电路符号

(二)电感器的主要参数

1.电感量

电感量是电感器的一个重要参数,其单位是亨利(H),简称亨。常用的单位还有毫亨(mH)和微亨(μH),它们之间的关系为:$1H = 10^3 mH = 10^6 \mu H$。电感量的大小与电感线圈的匝数(圈数)、线圈的横截面积(圈的大小)、线圈内有无铁芯或磁芯有关。

2.额定电流

额定电流是指电感器正常工作时允许通过的最大工作电流。若工作电流大于额定电流时电感器会因发热而改变参数,严重时将被烧毁。

3. 分布电容

线圈的分布电容是线圈的匝与匝之间、线圈与地之间、线圈与屏蔽罩之间等处的电容,这些电容虽小,但当线圈工作在高频段时,分布电容的影响便不可忽视,它们将影响线圈的稳定性和质量系数。所以,线圈的分布电容越小越好。

4. 感抗

感抗是指电感线圈对交流电的特殊阻碍能力,用 XL 表示。$XL = 2\pi fL$。式中,XL 为感抗,Ω;f 为频率,Hz;L 为电感量,H。由上式可知,L 越大,f 越高,则 XL 越大。

(三) 电感器的应用

电感器主要应用于振荡电路、滤波电路和耦合作用。

四、晶体二极管

晶体二极管是具有一个 PN 结的半导体器件,P 区和 N 区之间形成一个结,称为 PN 结。将 P 区、N 区引出线就是两个电极,晶体二极管两引脚有正、负极之分。二极管的外形及符号如图 6-13 所示。

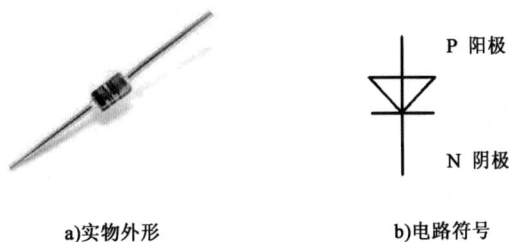

a)实物外形　　　　b)电路符号

图 6-13　普通二极管的结构符号

二极管常见的类型及应用如下:

1. 整流二极管

这是最常见的二极管类型,主要用于将交流电(AC)转换为直流电(DC)。整流二极管在电源适配器、电源供应器和电池充电器中广泛使用。

2. 稳压二极管

这种二极管在其反向击穿电压(Zener 电压)以上运行,主要用于电压稳定。它可以应用在电源电路、电压参考源和电压保护电路中。

3. 发光二极管(LED)

发光二极管是一种在正向偏置时发光的二极管。LED 在显示器、指示灯、交通信号灯、电视和各种照明设备中广泛使用。

此外还有光电二极管(光敏二极管)、变容二极管(Varactor 或 Varicap)等。

五、晶体三极管

三极管是一种常见的半导体设备,它有三个端子:发射极(Emitter)、基极(Base)和集电极(Collector),其外形和电路符号如图6-14所示。

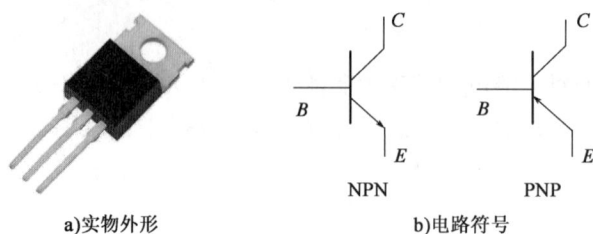

a)实物外形　　　　　　　　　b)电路符号

图6-14　三极管外形及符号

三极管广泛应用在电子设备中,主要用于放大和开关电路。

第三节　图样绘制、简单机械加工知识

一、图样绘制

(一)图纸幅面及格式(GB/T 14689--2008)

1. 图纸幅面

绘制机械图样时应优先采用国家标准所规定的基本幅面。必要时,允许加长幅面,但加长量必须符合 GB/T 14689—2008 中的规定。机械图样中的尺寸一般以 mm(毫米)为单位。

2. 图框格式

在图纸上必须用粗实线画出图框,其格式分为不留装订边和留装订边两种,但同一种产品的图样只能采用一种格式。优先采用不留装订边的格式。

3. 标题栏及方位

在机械图样上必须画出标题栏,标题栏的位置应位于图纸的右下角,标题栏中文字的方向为看图的方向。标题栏的内容、尺寸和格式,应严格执行国家标准 GB/T 10609.1—2008 中的规定。

(二)比例(GB/T 14690—1993)

图中图形与其实物相应要素线性尺寸之比,称为图形的比例。为了从图样上直接反映出实物的大小,绘图时应尽量采用原值比例,即 1:1 的比例。因各种实物的大小与结构千差万别,绘图时,应根据实际需要选取放大比例或缩小的比例。需要按比例绘制图样时,应从《技术制图比例》(GB/T 14690—1993)规定的系列中选取适当的比例,尽可能在"优先选择系列"中选择;必要可选用"允许选择系列",比例一般应在标题栏中的"比例"一栏内填写。国家标准规定的比例系列如表 6-1 所示。

比例系列　　　　　　　　　　　　　　　　　　　　　　　　　　　　　表 6-1

种类	定义	优先选择系列	允许选择系列
原值比例	比值为 1 的比例	1:1	—
放大比例	比值大于 1 的比例	5:1　　2:1 $5 \times 10^n:1$　$2 \times 10^n:1$　$1 \times 10^n:1$	4:1　　2.5:1 $4 \times 10^n:1$　$2.5 \times 10^n:1$
缩小比例	比值小于的比例	1:2　　1:5　　1:10 $1:1.2 \times 10^n$　$1:5 \times 10^n$　$1:1 \times 10^n$	1:1.5　　1:2.5　　1:3　　1:4　　1:6 $1:1.5 \times 10^n$　$1:2.5 \times 10^n$　$1:3 \times 10^n$　$1:4 \times 10^n$　$1:6 \times 10^n$

(三)字体(GB/T 14691—1993)

在图样上除了要用图形来表达零件的结构形状外,还必须用数字及文字说明它的大小和技术要求等其他内容。基本规定如下:

(1)在图样和技术文件中书写的汉字、数字、字母都必须做到:字体端正、笔画清楚、排列整齐、间隔均匀。

(2)字体的高度 h 的公称尺寸系列为:1.8mm、2.5mm、3.5mm、5mm、7mm、10mm、14mm、20mm。需要采用书写更大的字,其字体高度应按 $\sqrt{2}$ 的比率递增。字体高度代表字体的号数。

(3)汉字应写成长仿宋体字,并应采用国家正式公布的简化字。汉字的高度 h 应不小于3.5mm,其宽度一般为 $h/\sqrt{2}$。

(4)字母和数字可写成斜体和正体。斜体字字头向右倾斜,与水平基准线成 75°,如表 6-2所示。

字体示例　　　　　　　　　　　　　　　　　　　　　　　　　　　　　表 6-2

汉字示例	字体工整　笔画清楚　间隔均匀 横平竖直　注意起落　结构均匀　填满方格 机械制图与计算机绘图是工程技术人员必备的绘图技能
字母示例	大写斜体:*ABCDEFGHIJKLMNOPQRSTUVWXYZ* 小写斜体:*abcdefghijklmnopqrstuvwxyz* 大写直体:ABCDEFGHIJKLMNOPQRSTUVWXYZ 小写直体:abcdefghijklmnopqrstuvwxyz
数字示例	斜体:*0123456789* 直体:0123456789

(四)图线 (GB/T 17450—1998、GB/T 4457.4—2002)

图线由点、短间隔、画、长画、间隔等线素构成。

国标规定了 15 种基本线型和 9 种图线宽度(用 d 表示),所有线型的宽度均应按图样的类型和尺寸在下列系数中选择：0.13mm，0.18mm，0.25mm，0.35mm，0.5mm，0.7mm，1mm，1.4mm，2mm。考虑到机械设计制图的需要，GB/T 4457.4—2002 中规定了 9 种线型，各种图线的名称、型式、宽度及其在图上的一般应用如表6-3 所示。在机械图样上，采用粗、细两种图线宽度，一般选 0.5mm、0.7mm 为宜。

图线 表6-3

图线名称	图线型式	图线宽度	一般应用
细实线	——————————	$d/2$	①尺寸线及尺寸界线； ②剖面线； ③重合断面的轮廓线； ④指引线和基准线
波浪线	～～～～～	$d/2$	①断裂处边界线； ②视图与剖视图的分界线
双折线	～∿∿～	$d/2$	
粗实线	——————————	d	可见轮廓线
细虚线	- - - - - - - -	$d/2$	不可见轮廓线
粗虚线	▬ ▬ ▬ ▬ ▬ ▬	d	允许表面处理的表示线
细点画线	— · — · — · —	$d/2$	①轴线； ②对称中心线； ③剖切线
粗点画线	▬ · ▬ · ▬	d	限定范围表示线
细双点画线	— · · — · · —	$d/2$	①相邻辅助零件的轮廓线； ②可动零件的极限位置的轮廓线； ③轨迹线； ④中断线

（五）尺寸注法（GB/T 4458.4—2003）

标注尺寸基本要素包括尺寸界线、尺寸线、尺寸线终端及尺寸数字四部分。具体示意如图 6-15 所示。

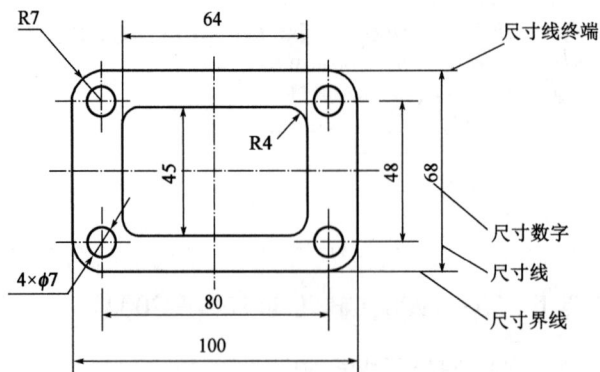

图6-15 尺寸标注四要素（尺寸单位：mm）

标注尺寸应遵循几个基本规则：

(1)当图样中的尺寸以 mm 为单位时,不需要注明。若采用其他单位,则必须标注相应计量单位代号或名称。

(2)图样所注尺寸数值是零件的真实大小,与图形大小及绘图的准确度无关。

(3)图样中标注的尺寸应该是该零件最后完工时的尺寸,否则应另加说明。

(六)图形的简单绘制方法

图样绘制基本包括准备工作和绘制图纸。准备工作的流程包括分析平面图形的尺寸及线段、拟定作图步骤、确定比例、选择图幅、固定图纸、画出图框和标题栏;

绘制图纸流程包括合理匀称地布图、画出基准线、画已知线段、画中间线段、画连接线段、画尺寸界线与尺寸线。绘制底稿时,图线要清淡,准确、并保持图面整洁。

二、简单机械加工

机械加工是一种通过切削、磨削或者其他形式的物质去除,将原材料转化为所需形状和尺寸的制造过程。机械加工通常可以按照加工方式分为以下几类:

(1)车削:车削是一种切削过程,其中旋转的工件被固定在车床上,而切削工具沿着两个轴线移动,以产生精确的直径和深度。

(2)铣削:铣削是一种切削过程,其中旋转的铣刀切削静止的工件,以产生复杂的平面或三维形状。

(3)钻削:钻削是一种切削过程,其中旋转的钻头被推进工件,以产生圆形的孔。

(4)磨削:磨削是一种使用磨砂轮的切削过程,通常用于工件的完成加工过程,以使其达到高精度和高光洁度。

(5)电火花加工(EDM):电火花加工是一种通过电火花去除材料的过程,可以处理硬质材料,并能加工复杂形状和小孔。

(6)数控加工(CNC):数控加工是一种使用计算机控制机床的过程,可以进行高精度、复杂的切削操作。

第四节 电气设备使用和维修知识

电气设备是指使用电能进行工作的设备,这些设备包括变压器发电机、电机、开关设备、电线和电缆、插座、灯具等。以下是一些常见的电气设备使用和维修知识。

一、变压器

(一)变压器的分类及使用

变压器是电力系统中非常重要的设备,它的主要功能是改变电压。

1. 变压器的分类

变压器的种类有很多,可按电压升降、相数、冷却方式及冷却介质、绕组形式、用途方式等进行分类。

(1)按电压升降分类:有升压变压器和降压变压器。

(2)按相数分类:有单相变压器、三相变压器及多相变压器。

(3)按冷却方式及冷却介质分类:有干式变压器、油浸式变压器和水冷式变压器。

(4)按绕组形式分类:双绕组变压器、三绕组变压器和自耦变压器。

(5)按用途分类:电力变压器、仪用变压器、特种变压器和小型专用变压器。

2. 变压器的使用

在使用变压器时,你需要考虑以下几个因素:

(1)选择合适的变压器类型。

根据你的需求,选择正确的变压器类型是很重要的。有降压变压器,升压变压器,隔离变压器等。例如,如果你需要将电压从220V降低到110V,你需要一个降压变压器。

(2)连接电源。

将变压器的输入端(一般是标记为"原边"的端口)连接到电源。这里需要注意,电源的电压和频率应与变压器原边的规格相匹配。

(3)连接负载。

将你的设备(如电动机、电灯等)连接到变压器的输出端(一般是标记为"次边"的端口)。这里需要注意,变压器次边的电压应与你的设备的电压规格相匹配。

(4)启动电源。

打开电源,变压器就会开始工作,将原边的电压转换为次边的电压。

(5)维护变压器。

变压器也需要定期的维护,包括清理灰尘,检查电线和连接,以及测试变压器的性能。

(二)变压器的简单维修

对运行中的配电变压器进行维护和定期检查,可及时发现事故苗头,防止发生严重事故。

(1)进行分合闸操作的变压器在每次分合闸前,均应进行外部检查。

(2)变压器正常运行时的声音为均匀而轻微的"嗡嗡"声,若变压器内有各种缺陷或故障,会发出异常声响,声音增大并有明显杂音,甚至出现爆裂声。

(3)油质检查可通过观察油的颜色进行,新油为浅黄色,运行一段时间后油变为浅红色,老化及氧化较严重的油为暗红色,经短路、绝缘击穿和电弧高温作用的油含有碳质,油色发黑。

二、电动机

电机是指依据电磁感应定律实现电能的转换或传递的一种电磁装置。其主要包括电动机和发电机,电动机的主要作用是产生驱动转矩,作为用电器或各种机械的动力源,发电机将机械能转换为电能。

(一) 电动机的分类及使用

1.电动机的分类

根据其工作原理和设计,常用的电动机有以下四种类型:

(1)直流电动机。

这种电动机使用直流电源,如电池或电源适配器。它们的工作原理基于电磁感应,即当电流通过一个导线时,会在导线周围产生磁场。直流电动机中的转子(动部)和定子(静部)会产生相互作用的磁场,从而使转子旋转。

(2)交流电动机。

交流电动机使用交流电源,如家庭和工业电网。交流电动机可以进一步分为两种主要类型:同步电动机和异步电动机(也称为感应电动机)。同步电动机的转子速度与电网频率同步。而在异步电动机中,转子的速度略低于电网频率。

(3)步进电动机。

步进电动机可以精确地控制其转动的角度,这使得它们在需要精确位置控制的应用中非常有用,如在打印机、CNC 机床和硬盘驱动器中。

(4)伺服电动机。

伺服电动机是一种高精度的电动机,它可以精确地控制速度、位置和加速度。伺服电动机常用于机器人、CNC 机床和其他需要精确运动控制的应用。

2.电动机的使用

以下是使用电动机的基本步骤:

(1)选择合适的电动机。

电动机有许多种类,需要根据应用需求和性能要求来选择合适的电动机。例如,直流电动机适合于需要变速的应用,交流电动机适合于需要连续运行的应用。

(2)连接电源。

电动机需要连接适当的电源才能运行。直流电动机需要连接直流电源;交流电动机需要连接交流电源。需要注意电源的电压、电流和频率是否与电动机的规格相匹配。

(3)控制电动机。

电动机的启动、停止、方向和速度通常需要通过控制器来控制。可以使用物理开关、继电器、变频器、微控制器等设备来控制电动机。也可以使用编程语言来编写控制程序。

(二) 电动机的简单维修

电动机的简单故障检查和维修步骤如下:

1.断电

在开始任何维修工作之前,务必确保电动机已经断电,以防止电击。

2.视觉检查

查看电动机外部是否有明显的损坏,如烧焦、裂纹或其他物理损伤。检查电缆是否完好,连接是否牢固。

3.清理

如果电动机内部积满了灰尘或其他污物,可以使用压缩空气或软布进行清理。注意不要使用水或其他液体清洁电动机。

4.检查电刷

在直流电动机中,电刷是常见的故障点。检查电刷是否磨损严重,如果需要,可以更换新的电刷。

5.测量电阻

使用万用表测量电动机的绕组电阻,检查是否存在断路或短路情况。

6.轴承润滑

如果电动机运行时发出噪音,可能是轴承需要润滑。使用适当的润滑剂对轴承进行润滑。

7.更换破损部件

如果发现任何破损的部件,如转子或定子,应将其更换。

三、变频器

变频器,又称频率转换器,是一种能将固定频率的电源转换为可变频率的设备。它广泛应用于电机驱动系统中,可以精确地控制电机的速度和转矩。

(一)变频器的分类及使用

1.变频器的种类

以下是几种常见的变频器类型:

(1)脉冲宽度调制(PWM)变频器。

这是最常见的变频器类型,它通过改变电压脉冲的宽度来改变输出电压的有效值。PWM变频器能提供高效、高性能的电机控制,是许多电动汽车和可再生能源系统的首选。

(2)电压源变频器(VSI)。

这种类型的变频器将直流电源转换为交流电源。它通过改变电压的频率和幅度来控制电机的速度和转矩。典型变频器西门子 G120 变频器就属于此类变频器,其采用模块化设计,适用于对水泵、通风、压缩及移动等过程的控制,在机械制造、汽车、纺织以及包装等行业得到广泛应用。

(3)电流源变频器(CSI)。

这种类型的变频器使用一个恒定电流源来驱动电机。CSI 变频器在某些高功率应用中比 VSI 变频器更常见,但是它们通常需要更复杂的控制策略。

（4）直接转矩控制（DTC）变频器。

这种类型的变频器可以直接控制电机的转矩和磁通，而不需要通过电压或电流。DTC变频器提供了优秀的动态响应，但是它们的控制策略比其他类型的变频器更复杂。

（5）矩阵变频器。

这种变频器使用多个开关元件直接使交流电源产生可变频率的交流输出，而无须转换为直流电的阶段。矩阵变频器能提供优秀的电机控制和能效。

2. 变频器的使用

变频器的使用步骤主要包括：

（1）选择合适的变频器。

根据你的电动机和应用需求选择合适的变频器。需要确保变频器的输入和输出电压、电流和频率与你的电动机和电源相匹配。

（2）安装变频器。

将变频器安装在适当的位置。变频器应安装在通风良好、干燥、无尘、无腐蚀性气体和无强电磁干扰的环境中。

（3）连接电源和电动机。

将变频器的输入端连接到电源，将变频器的输出端连接到电动机。需要确保所有的电线连接都是牢固和安全的。

（4）设置参数。

根据应用需求设置变频器的参数，如启动方式、停止方式、运行频率、加速时间、减速时间等。这些参数通常可以通过变频器的控制面板或编程接口来设置。

（二）变频器的维修

变频器的常见的维修步骤如下：

1. 故障诊断

需要确定变频器的问题所在。查看变频器的错误代码、检查电源和输出以及测试电动机和负载。许多现代变频器都有内置的故障诊断功能，可以提供有关故障的详细信息。

2. 部件检查

检查变频器内部的各个部件，包括电源模块、控制模块、电容器、电阻器、电感器和散热器。查找是否有损坏、烧焦、腐蚀或其他明显的问题。

3. 清洁和维护

定期清洁和维护变频器可以帮助预防许多问题。包括清除灰尘和污垢、检查和紧固连接以及检查和更换散热器。

4. 部件更换

如果发现有损坏的部件，可能需要更换。可能包括电源模块、控制模块、电容器、电阻器、电感器等。更换部件时，应确保新部件与原部件的规格和性能相匹配。

第五节 常用电子仪器、电工测量仪器使用知识

一、常用电子仪器使用

常用电子仪器主要有直流稳压电源、信号发生器、示波器等。

(一)直流稳压电源的使用

直流稳压电源是能为负载提供稳定直流电源的电子装置。

1.直流稳压电源的分类

直流稳压电源是为负载提供稳定直流电源的电子装置,其使用步骤如下:

(1)电源连接。将直流稳压电源连接上市电。

(2)开启电源。在不接负载的情况下,按下电源总开关,然后开启电源直流输出开关,使电源正常输出工作。此时,电源数字指示表头上即显示出当前工作电压和输出电流。

(3)设置输出电压。通过调节电压设定旋钮,使数字电压表显示目标电压,完成电压设定。对于有可调限流功能的电源,有两套调节系统分别调节电压和电流,调节时要分清楚,一般调节电压的电位器有"VOLTAGE"字样,调节电流的电位器有"CURRENT"字样。遇到双调节旋钮,可以先将细调旋钮旋到中间位置,然后通过粗调旋钮设定大致电压,再用细调旋钮修正。

(4)设置电流。按下电源面板上"Limit"键不放,此时电流表会显示电流数值,调节电流旋钮,使电流数值达到预定水平。一般限流可设定为常用额定高电流的120%。有的电源没有限流专用调节键,用户需要按照说明书要求短路输出端,然后根据短路电流配合限流旋钮设定限流水平。简易型的可调稳压电源没有电流设定功能,也没有对应的旋钮。

(5)设定过电压保护(OVP)。过电压设定是指在电源自身可调电压范围内进一步限定一个上限电压,以免误操作时电源输出过高电压。一般,过电压可以设置为平时较高工作电压的120%。过电压设定需要用到一字螺丝刀,调节面板内凹的电位器,这也是一种防止误动的设计。设定OVP电压时,先将电源工作电压调节到目标过压点上,然后慢慢调节OVP电位器,使电源保护恰好动作,此时OVP即告设定完成。然后,关闭电源,调低工作电压,OVP就能正常工作了。不同的电源,OVP设置方式略有不同。

(二)信号发生器

信号发生器是一种用于产生各种类型的电子信号(电压或电流),如正弦波、方波、三角波等的仪器,其使用基本步骤如下:

(1)连接设备:将信号发生器的输出端通过合适的电缆连接到需要测试的设备或系统的输入端。

(2)设定参数:根据测试需求,设定信号发生器的各项参数。这可能包括频率、幅度、波形类型、调制方式等。一些高级的信号发生器可能还允许设定更复杂的参数,如相位噪声、频率偏移等。

(3)启动信号发生器:按下信号发生器的启动按钮,开始产生并输出信号。

观察和记录结果：使用示波器、频谱分析器或其他适当的测试设备，观察和记录测试设备或系统的响应。

(4)调整参数：根据观察到的结果，可能需要调整信号发生器的参数，以便更准确地测试设备或系统的性能。

(5)关闭设备：测试完成后，关闭信号发生器和其他测试设备。

(三)示波器

示波器是一种用于观察各种电信号的仪器。示波器的基本操作步骤如下：

(1)连接设备：使用示波器的探头，将示波器连接到被测量的电路或设备上。通常，探头的一端连接到示波器的输入端，另一端连接到电路的测试点。

(2)设置垂直和水平刻度：垂直刻度用来表示电压，水平刻度用来表示时间。可以调整这些刻度，以便在示波器的屏幕上清楚地看到信号波形。

(3)设置触发级别：触发是示波器用来确定何时开始绘制波形的机制。通过设置触发级别，可以让示波器在信号达到某个特定电压时开始绘制波形。

(4)观察波形：在示波器的屏幕上，可以看到电信号随时间变化的波形。这可以帮助了解电路或设备的工作情况，并找出可能存在的问题。

(5)使用内置的测量工具：许多示波器都有内置的测量工具，可以用来测量信号的峰值电压、频率、周期等参数。这些工具可以使人更准确地理解和分析信号。

二、常用电工仪器使用

常用电工仪器主要有万用表、钳形电流表等。

(一)万用表

万用表是一种可以测量电压、电流、电阻等多种电气参数的仪器，常用的数字万用表如图6-16所示，其使用步骤如下：

1.测量注意事项

在使用万用表之前，应先进行"调零"，即在没有被测电量时，使万用表指针指在零电压或零电流的位置上。在测量某一电量时，不能在测量的同时换挡，尤其是在测量高电压或大电流时，更应注意。否则，会使万用表毁坏。如需换挡，应先断开表笔，换挡后再去测量，万用表在使用时，必须水平放置，以免造成误差。万用表使用完毕，应将转换开关置于交流电压的最大挡。如果长期不使用，还应将万用表内部的电池取出来，以免电池腐蚀表内其他器件。

图6-16　数字式万用表

2.测量电阻

红表棒(＋)接在 V/Ω 端口，黑表棒(－)接在 COM 端口，红、黑表笔跨接在被测电阻两端，此时电阻值显示在屏幕上，电阻值的单位是所选量程的单位。

3.测量电流

测直流电流：红表棒(＋)接在 mA/20A 端，黑表棒(－)接在 COM 端口，测试表笔串接在

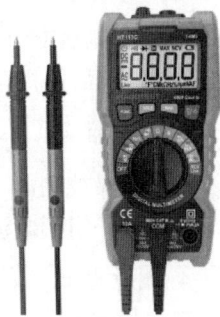

被测电路。如果被测电流较小,选用 mA 端口,选择相应量程,单位为 mA,如果被测电流较大,选用 20A 端口单位为 A。

测交流电流:红表棒(+)接在 20A 端口,黑表棒(–)接在 COM 端口,测试笔串接在被测电路中。

4. 测量电压

测直流电压:红表棒(+)接在 V/Ω 端口,黑表棒(–)接在 COM 端口,将量程开关转至 200mV ~ 1000V 之间相应的 V 量程挡上测试表笔跨接在被测电路上。红表笔所接之点的电压与极性显示在屏幕上。

测交流电压:红表棒(+)接在 V/Ω 端口,黑表棒(–)接在 COM 端口,将量程开关转至 2 ~ 750V 之间相应的 V 量程测试表笔并联在被测电路上。表笔所接之点的电压显示在屏幕上,被测电压切勿超过 750V。

(二) 钳形电流表

钳形电流表是一种用于测量电流的工具,如图 6-17 所示,特别适合用于测量交流电流。

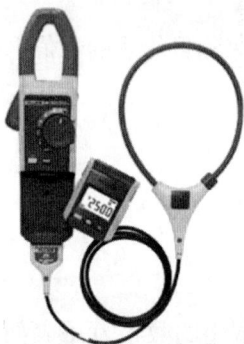

它的主要优势在于无须切断电路或剥离电线即可进行测量,测量电流更加安全、快捷。

钳形电流表的使用方法如下:

1. 安全检查

在使用钳形电流表之前,应该检查仪器是否完好无损,特别是绝缘部分是否完整。确保仪器处于良好状态,以避免可能的电击或错误测量。

2. 设置钳形电流表

图 6-17 钳形电流表

确认钳形电流表的电流范围和测量类型(AC 或 DC,大多数钳形电流表是用来测量交流电流的,但有些型号也可以测量直流电流)。根据测量需要,将表头旋转到正确的位置,选择合适的功能和范围。

3. 测量准备

(1)确保被测电路处于工作状态。

(2)打开钳形电流表的钳口。

4. 测量电流

(1)将钳形电流表的钳口完全包围住一个单独的导线。注意,不要同时包围多根导线,这样会导致测量结果不准确,因为多根导线中的电流可能会相互抵消。

(2)关闭钳口,确保钳口与导线紧密接触。

(3)在钳形电流表的显示屏上读取电流值。

5. 完成测量

测量完成后,打开钳口,小心从导线上移除钳形电流表。

第六节　监控、检测仪器设备构造识图

一、监控设备构造识图

(一)摄像机

摄像机是拾取图像信号的设备,被监视场所的画面由摄像机将光信号(画面)变为电信号(图像信号)。公路监控常用的摄像机包括枪式摄像机、半球摄像机、球型摄像机,外观如图6-18a)、b)、c)所示。

a)枪式摄像机　　　　b)半球摄像机　　　　c)球形摄像机

图6-18　摄像机外观图

1.枪式摄像机

枪式摄像机主要由镜头、安装支架、遮阳板、后盖等组成,构造如图6-19所示。

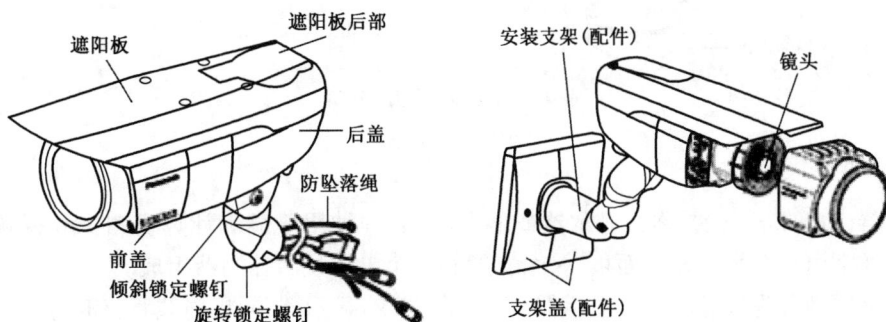

图6-19　枪式摄像机构造图

2.半球摄像机

半球摄像机主要由镜头、半球罩、底座、摄像机板固定架(调节倾斜度)、视频接口、电源接口(DC12V)、机壳安装孔等组成,构造如图6-20所示。

3.球形摄像机

球形摄像机主要由镜头、云台、灯罩、球型外壳等组成,构造如图6-21所示。

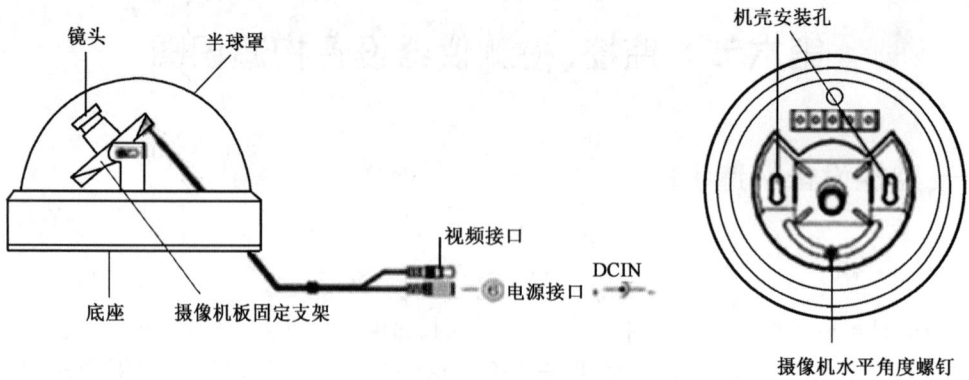

图 6-20　半球摄像机结构图

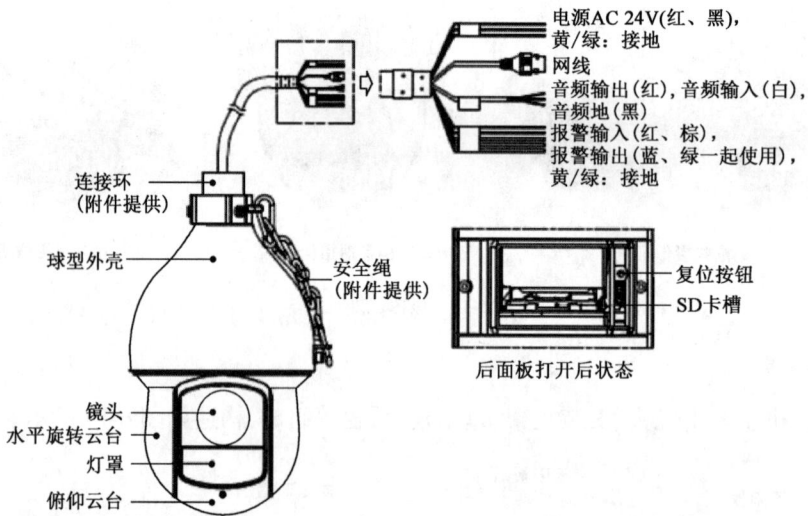

图 6-21　球形摄像机结构图

(二) 监视器

监视器(Monitor),也被称为显示器或显示屏,是一种用于显示计算机图像和视频的输出设备。它通常由一个平板显示面板、一个支架和一个电子显示控制器组成。

按显示原理分为液晶(LCD)显示器、等离子(PDP)显示器、阴极射线管(CRT)显示器。液晶显示器外观如图 6-22 所示,构造如图 6-23 所示。

(三) 网络硬盘录像机

网络硬盘录像机(Network Video Recorder,简称 NVR)是一种专用设备,用于接收、记录和存储通过网络传输的视频流。它是视频监控系统中的一个关键组成部分,使得用户可以远程监控和管理视频录像。与传统的基于模拟信号的录像机(如家用录像系统或硬盘录像机)不同,NVR 依赖于数字信号,提供了更高的视频质量、更强的信号传输能力以及更加灵活的安装和维护选项。

图 6-22　液晶显示器外观图　　　　图 6-23　液晶显示器构造图

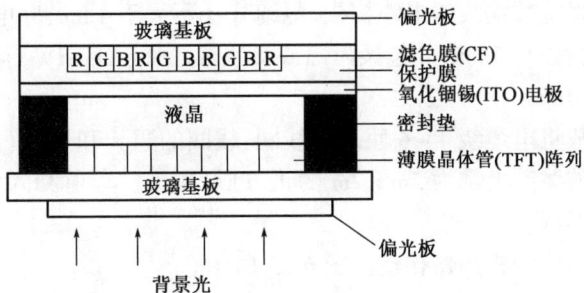

图中标注：玻璃基板、RGBRGBRGBR、液晶、玻璃基板、偏光板、滤色膜(CF)、保护膜、氧化铟锡(ITO)电极、密封垫、薄膜晶体管(TFT)阵列、偏光板、背景光

　　NVR 的工作原理是通过网络接收来自网络摄像头的数字视频流,然后将这些视频数据编码、处理并存储到内置硬盘或外部存储设备中。用户可以通过局域网(LAN)或广域网(WAN),使用电脑、智能手机或平板电脑等设备远程访问 NVR,查看实时视频或回放录像。如图 6-24 所示。

图 6-24　网络硬盘录像机

　　NVR 系统的几个关键特点包括:

　　(1)兼容性和灵活性:NVR 可以与多种品牌和型号的 IP 摄像头兼容,使得用户可以根据需要自由选择摄像头。此外,NVR 系统易于扩展,可以根据监控需求的增加而添加更多的摄像头。

　　(2)高清视频支持:NVR 处理的是数字视频流,能够支持高清视频录制,如 1080p、4K 等,提供更清晰的图像质量。

　　(3)远程访问和管理:NVR 支持通过互联网远程访问,用户可以在任何地点查看实时视频或回放录像,进行视频管理和配置。

　　(4)智能功能:许多现代 NVR 设备支持视频分析和智能检测功能,如运动检测、人脸识别、侵入检测等,可以提高监控效率和安全性。

　　(5)数据安全:NVR 系统通常具备数据加密和用户权限管理功能,保护视频数据不被未授权访问。

　　在选择 NVR 时,应考虑的因素包括存储容量、视频分辨率支持、摄像头兼容性、网络接口类型、智能功能支持等。正确配置和维护 NVR 系统,可以确保有效、稳定地进行视频监控,满足安全和监控需求。

二、检测仪器设备构造识图

(一) 事件检测设备

1. 环行线圈检测器

又称感应线圈检测器,目前,检测高速公路交通流状态用得最多的传感器是环形线圈,由多芯低阻抗软铜线的电缆构成,电缆外径不大于4mm,介电常数不超过2.3。构成电缆的单芯铜线直径约0.5mm,外包聚丙烯或交联聚乙烯(XH-HW)作为绝缘层,绝缘层的平均厚度约为0.8~1.0mm。

一般将电缆绕4~6匝成为线圈,线圈的边长和形状(正方、长方或其他)根据需要而定,主车道的线圈大都为2m×2m的正方形;在收费车道和入口匝道,线圈采用菱形、长方形和其他特种形状。

环形线圈检测器构造如图6-25所示。

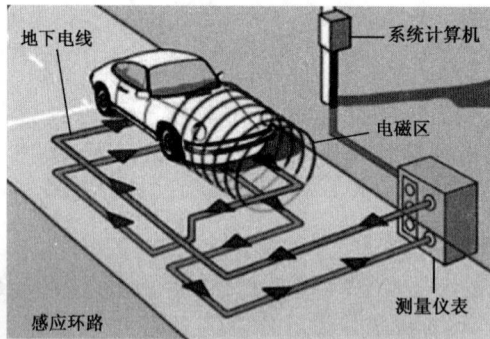

图6-25　环形线圈检测器构造图

2.超声检测器

超声检测器由超声探头(超声波发生器和接收器)和时控电路组成,超声检测器构造如图6-26所示。

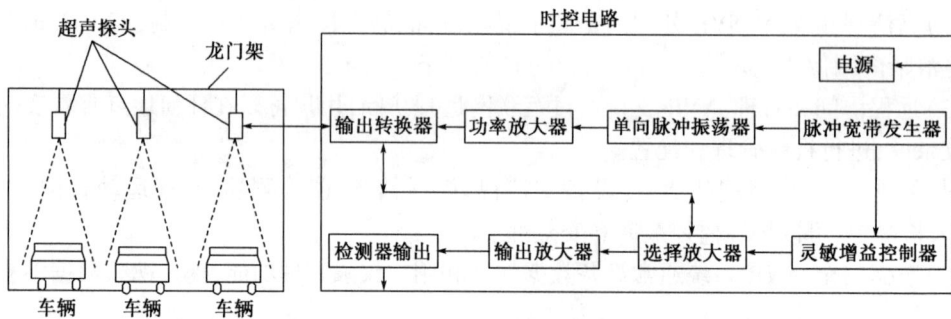

图6-26　超声检测器构造图

3.红外检测器

红外检测器是一种利用红外辐射原理工作的设备,广泛应用于多个领域,包括安全监控、夜视设备、温度测量、气体检测、火灾报警等。这些设备能够检测目标物体发出的红外辐射能量,进而获得物体的信息。

(二)气象检测设备

1.温度检测器

温度检测器是利用物质在温度变化时,其电阻值也随着发生变化的现象来测量温度的。

当电阻值变化时,工作仪表便显示出电阻值所对应的温度值。

温度检测器按照传感器材料及电子元件特性可分为热电偶温度检测器和热电阻温度检测器两类。

(1)热电偶温度检测器。

热电偶温度检测器是温度测量中最常用的温度检测器,通常由热电极、绝缘管、保护套管和接线盒等主要部分组成,通常和显示仪表、记录仪表及电子调节器配套使用。热电偶温度检测器构造如图 6-27 所示。

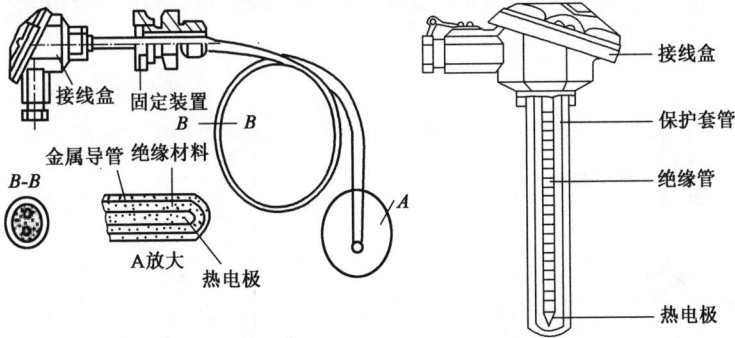

图 6-27　热电偶温度检测器构造图

(2)热电阻温度检测器。

热电阻温度检测器是利用导体或半导体的电阻值随温度变化而变化的现象进行测温的一种温度检测器。热电阻传感器由热电阻、连接导线及显示仪表组成,热电阻温度检测器实物如图 6-28 所示。

2. 湿度检测器

湿度检测器是由两块下电极、湿敏材料和上电极组成两个电容的串联电路,置于玻璃底衬上。湿度检测器构造如图 6-29 所示。

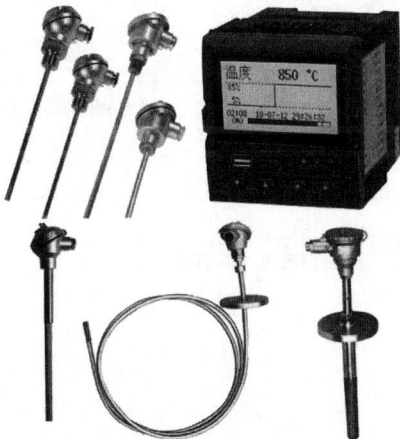

图 6-28　热电阻温度检测器实物图

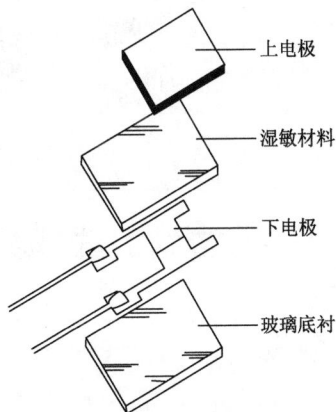

图 6-29　湿度检测器构造图

3. 风速、风向检测器

风速检测器的传感元件为安装在轴承上的三个风杯。风杯由碳纤维增强塑料制成,质量轻、强度高,具有优良的动态和抗腐蚀性能。风向感应元件是风标,其尾板由轻巧、坚韧的碳纤维增强塑料板制成,其有良好的动态性能。风速、风向检测器构造如图6-30所示。

4. 雨量检测器

常采用双翻斗式雨量传感器,每次降水量达到0.1mm,计数翻斗翻转一次;翻斗上固定有一块永久磁铁,磁铁翻转使磁铁附近的干簧继电器闭合,闭合次数由计数电路测量并转换成降水量信号输出。雨量检测器构造如图6-31所示。

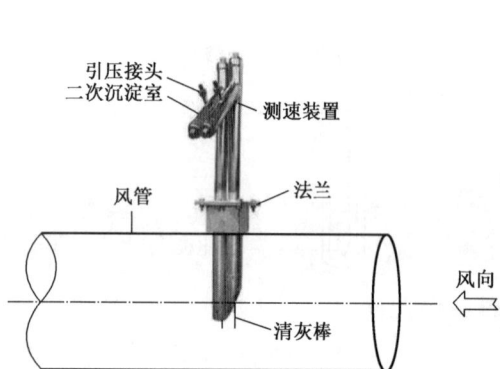

图6-30 风速、风向检测器构造图

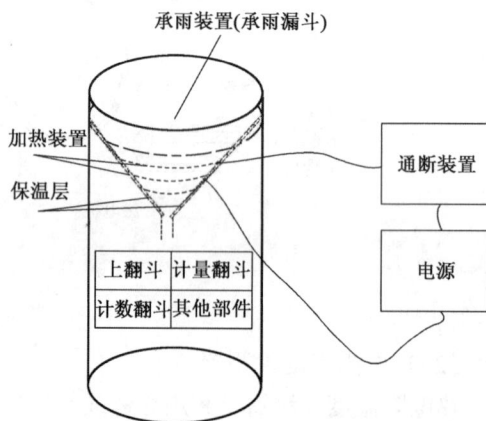

图6-31 雨量检测器构造图

5. 能见度检测器

能见度传感器顾名思义就是测量能见度的仪器。能见度传感器由光发射器、光接收器及微处理控制器等主要部件组成。能见度检测器构造图6-32所示。

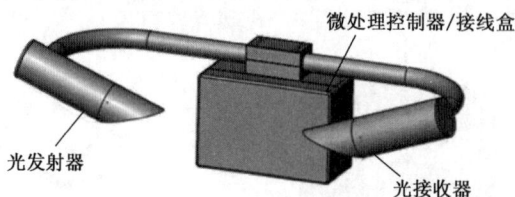

图6-32 能见度检测器构造图

第七节 线缆敷设和检测基本知识

一、线缆敷设

(一)线缆敷设基本概念

线缆敷设是指沿经勘查的路由布放、安装电缆以形成电缆线路的过程。根据使用场合,可分为架空、地下(管道和直埋)、水底、墙壁和隧道等几种敷设方式。

（二）线缆敷设一般要求

1. 敷设前的检查

(1)线缆型号、规格符合要求,绝缘良好。

(2)直埋和水底敷设的电缆要先进行直流耐压试验;对油纸电缆密封应进行必要的潮湿判断。

(3)路径、排列、交叉均能满足设计和运行要求。

2. 电缆使用条件

三相四线制系统必须使用四芯电缆或五芯电缆,禁止使用一根三芯电缆加一根单芯电缆或电缆金属护套做中性线的方式,这样可以防止三相不平衡导致单芯电缆运行状态引起工频干扰,同时防止金属护套和金属铠装加速腐蚀并发热。

3. 减少运行损耗

三相系统采用三根单芯电缆时,应把三根电缆紧贴成正三角形,并每隔 1m 进行绑扎;并联运行的电缆,规格和长度必须相等。除交流单芯外的电力电缆,相间应有 3mm 的空隙。

4. 敷设半径

线缆应防止扭伤和过分弯曲,线缆的最小允许弯曲半径:单芯油浸纸绝缘电缆、单芯交联聚乙烯电缆、自容式铅包充油电缆和铅包钢带铠装橡皮电缆应不小于 $20d$;多芯铠装沿包油浸纸绝缘电缆、多芯交联聚乙烯电缆和裸铅护套橡皮绝缘电缆应不小于 $15d$;其余不小于 $10d$(其中 d 为电缆外径)。

5. 备用长度

线缆保留一定备用长度可补偿温度引起的变形和供检修时用。如电缆从垂直面引向水平面、保护管入口、引入建筑物处、电缆终端头及中间接头等处均应留有备用长度。通常 6kV 及以上电缆预留 3～5m;3kV 及以下电缆预留 1.5～2m。

6. 通过铁路地区应采用防护措施

线缆通过铁路地区时应采取防护措施防止地中杂散电流对线缆铅包的影响。禁止选用选铝包电缆或将铅包线缆装在陶瓷或浸过沥青的石棉管中,以增强铅包对地绝缘。同时应满足线缆与钢轨间最小净距的规范要求。

7. 敷设温度

线缆存放地点在敷设前 24h 内的平均温度不应低于下列数值:

(1)塑料绝缘线缆 0℃;

(2)橡皮绝缘线缆或聚氯乙烯护套 -15℃,铅护套钢带铠装 -7℃;

(3)控制线缆耐寒护套 -20℃,橡皮绝缘聚氯乙烯护套 -15℃,聚氯乙烯绝缘聚氯乙烯护

套 – 10℃。

8. 线缆断头处

(1)油浸纸绝缘线缆被切断后,应将其端头立即铅封;

(2)橡皮和塑料绝缘线缆被切断后应用绝缘带严密包扎好;

(3)并列敷设的线缆,接头盒的位置宜相互错开;

(4)明敷线缆接头盒须用托板托置,并用耐弧隔板与其他电缆隔开,托板和隔板伸出接头两端的长度不小于0.6m;

(5)直埋线缆接头盒外应有防止机械损伤的保护盒;

(6)位于冻土层内的保护盒内应浇注沥青。

9. 敷设操作

线缆应从盘架上端引出,线缆上不应有未消除的机械损伤,如铠装压扁、绞拧、保护层断裂等。使用机械敷设电缆时,牵引强度不应超过有关规定。线缆敷设时不宜交叉,应排列整齐并加以固定。及时装设标志牌,其上注明线路编号、线缆型号、规格、起止地点。

10. 出入口封闭

进出线缆沟、隧道、竖井、建筑物、盘柜及穿入管子处时,出入口应封闭,管口应密封,这对防火、防水及防止小动物进入电气间隔引发短路事故极为重要,并可防止水和垃圾进入管内腐蚀线缆及堵塞管子。

(三)线缆敷设的一般流程

1. 放样画线

线缆沟尽量保持直线;转弯处弯曲半径一般不小于电缆盘的半径,最小不能小于所敷设电缆的最小弯曲半径。

2. 敷设过路导管

应事先将过路导管全部敷设完毕,施工中尽量采用液压动力顶管机将钢管顶向另一侧,不得已时开挖路面。

3. 挖沟

线缆沟上应设置临时跳板,并挂警告标志和红色警示灯。线缆沟的开挖深度应不小于0.85m,埋设电缆深度一般为0.7m。

4. 敷设

线缆沟挖好后,在沟底铺上100mm厚的软土或砂层;检查线缆沟的宽度、深度、转弯半径和保护管口的喇叭口;敷设时应有专人指挥、专人领线、专人看盘,转弯、穿越及障碍地点,要派有经验的电缆工看守;线缆盘架要有合适的工具制动,线缆从盘上端引出,转弯处人员应站外侧;先将所需全部线缆放在沟沿,然后听命令依次放入沟内。

5. 覆土盖沟

线缆置于沟底后,上面覆以100mm厚的软土或砂层,然后盖上混凝土保护盖板或机制砖。混凝土保护盖板厚为30mm,宽度大于150mm,长为300~400mm,板与板之间连接应紧靠。撬盖板时要用竹签等不太硬的工具;用砖做盖板时,砖中应不含有石灰石或碳酸盐等成分,以免遇水后分解出碳酸钙,侵蚀电缆铅皮。

6. 埋设线缆标示桩,并绘竣工图

在空旷地带,沿线缆路径的直线间隔约为100m,转弯或接头处应竖立明显的标示桩。线缆标示桩埋设于线缆沟中心送电方向右侧,埋深均为450mm。

(四)线缆敷设的常见方式

线缆敷设是指将线缆安装在地下、架空或安装在建筑物内部的过程。线缆敷设是电力工程中非常重要的环节,它涉及电力传输和供应的可靠性、安全性和高效性。下面将介绍线缆敷设的几种常见方式。

1. 地下敷设

地下敷设是最常见的一种方式。这种方式适用于电缆需穿越道路、广场、公园等场所的情况。地下敷设可以保护线缆免受恶劣天气、意外破坏和人为破坏的影响。在进行地下敷设时,需要首先进行土壤勘察,确定地下管道和障碍物的位置。然后,使用挖掘机或钻杆进行开挖,将线缆埋入地下,并进行专业的绝缘和保护层处理,最后覆盖回填土重新恢复地表。

(1)直埋敷设:如果不会受到大的冲击,直接敷设是可以的;如果可能受到一些比较大的冲击,但强度可以控制在一定范围,可以考虑铠装直埋;如果可能受到过大的冲击,就需要采用保护套管,保护套管可在局部(比如通过公路的地方)设置。电缆直埋敷设的优点:敷设方便,节省材料和人工。缺点:维护不便,如果要维护,就需要把覆土挖开,仅建议用在不考虑维护,或能接受挖开覆土维护方式的地方。

(2)穿管敷设:穿管敷设时,在线路转弯角度较大或者直线段距离较长的时候都需要考虑设置电缆井;在线缆数量较少,线径较小的情况下,可以采用线缆手井;在线缆较多,线径较大的情况下,需要考虑设置线缆人井;穿管的管材一般有铸铁管、钢管、聚乙烯管、尼龙管、碳素管等,可以根据需要选用。单芯电缆穿金属管时要注意涡流的影响。穿管敷设相比于直埋来说,更便于后期维护和增加线路。穿管敷设的电缆,可以考虑设置一些备用管,为日后线路维护和增容等做准备。

(3)排管敷设:线缆敷设在预先埋设于地下管子中的一种线缆敷设方式,主要用于地下线缆与公路、铁路交叉,地下电缆通过房屋、广场等区段,陆地面积狭小的城市,交通繁忙和道路挖掘困难的通道,线缆条数较多的情况与道路少弯曲的地方。排管敷设的优点:外力破坏很少,寻找故障点方便,增设、拆除更换方便,线缆之间无相互影响。不足之处是管道建设费用大,管道弯曲半径大,线缆受热伸缩容易引起金属护套疲劳,管道有斜坡时,要采取措施防止管道滑落。如图6-33所示。

图6-33　排管敷设示意图

2.架空敷设

架空敷设是将线缆悬挂在电力线杆或线缆架上的一种方式。这种方式适用于在城市或乡村地区进行电力供应的情况。架空敷设可以节省土地资源,减少敷设成本。在进行架空敷设时,需要选择合适的线缆架和支架,并确保线缆安全可靠地固定在架子上。此外,还需要注意避免树木、建筑物等其他物体的影响。架空敷设的线缆需要经过绝缘和保护层处理,以保证电缆的使用寿命和安全性。

3.电缆沟敷设

一般采用混凝土和砖砌结构,其顶部可用盖板覆盖,且与地坪相齐,或稍有上下。电缆沟敷设用于变电站出线及重要街道,线缆的条数多或多种电压等级线路平行的地段,穿越公路铁路等地段。其优点是造价低,占用地方小。检修更换电缆较方便,走线容易且灵活方便,适用于不能直埋地下且无机动车负载的通道,如人行道、变电站内,工厂厂区内等场所。缺点是施工检查及更换线缆时,须搬动大量笨重的盖板,施工时外物不慎落入沟中,容易将线缆碰伤。

4.室内敷设

这种方式适用于大型建筑物,如工厂、商场、住宅楼等。在建筑物内部敷设线缆时,需要考虑到线缆的路径规划、安装和隐藏。一般情况下,线缆会通过墙体或地板进行隐藏,以保持建筑物的整洁和美观。在进行室内敷设时,需要遵循电气安全规范,确保线缆的绝缘和连接的质量。

二、线缆检测

必须在使用之前对电线电缆质量进行全面的检测,确保电力项目建设使用的电线电缆质量符合要求。下面是线缆几种常见检测和故障检测仪。

(一)电线电缆的外观尺寸检验

1.外观检测

通过观察电线电缆的外观,便可初步判断电线电缆的品质优劣。第一步观察电线电缆表面是否光滑平整,以及有无裂痕、毛刺、污斑等缺陷。第二步需要检测电线电缆表面的腐蚀程度以及氧化程度。

2. 尺寸检测

主要包括截面、密度、扇形高度、厚度等检测内容,另外需对绝缘层厚度进行抽样检测。绝缘厚度是除绝缘层上所有保护层外的厚度,可以用投影仪以及读数显微镜进行检测,最终所得数据的平均值与规定的标准数据相比较即可,绝缘层厚度需严格符合国家标准。

3. 结构检测

电线电缆的结构检测有护层检测、断面检测、绝缘线芯检测和揽芯结构检测几种检测内容。结构检测是结合外观尺寸检测的最终检测。

4. 标志检测

国家标准中,要求电线电缆的标志需要具备耐擦和连续的特性,且必须保持较高的清晰度。耐擦的检测方法是用蘸取酒精的脱脂棉球在电线电缆的标志处来回反复擦拭数次,擦拭后仍然清晰即代表标志合格。连续性是指一个标志的末尾处和下一个标志的起始处的距离不过大,护套≤550mm,绝缘≤275mm,相邻两组数字标志之间的距离应≤50mm。

(二) 电线电缆的电性能检验

在国家规定的标准中,电线电缆的电性能是重点检测项目。以下是对直流电阻检测、电压试验检测、工频耐压检测以及机械性检测4种电线电缆电性能的检测方法的介绍。

1. 直流电阻检测

使用直流电阻测试电线电缆的导电性能。电线电缆采用的线芯材料、线径粗细可通过直流电阻反映出来,故利用直流电阻检测法,便可检测出电线电缆的质量。

直流电阻测试法遵循的原理是电阻定律:$R = pL/S$,p 代表电阻率,L 和 S 分别代表电线电缆的长度和截面积。国家标准规定在20℃下导体的电阻值达到最大,所以电线电缆的直流电阻数据需先换算为20℃下每千米的直流电阻数据,然后将数值与国家规定标准数值相比较,若小于标准数值,则为合格。

2. 电压试验检测

电压试验检测即绝缘电阻检测。电线电缆承受了一定的电磁场作用,才能保障电力系统正常运作。为了避免电线电缆的绝缘材料及结构在强烈的电磁场下被破坏,故对电线电缆实施电压试验检测。电压试验检测是指把所测电线电缆的取样放置于特定环境中,在样本电线电缆的两端施加电压,并持续一段时间。观察样本电线电缆是否在施加电压结束后发生热击穿或是电击穿。若没有发生,则表明所测电线电缆的绝缘强度符合标准。

除此之外,在电压试验检测中需要注意的是,在试验区设置内部金属接地装置的过程中一定要连接地极,并确保做好紧急防护措施。

3. 工频耐压检测

工频耐压通常采用交流电压检测,电线电缆的工频耐压试验重点在于观察电线电缆的工作电压,一般工频电压是工作电压的 3 至 5 倍。电线电缆产品的出厂检验标准较高,现场工程验收标准则较低。

在进行电线电缆的工频耐压检测时,一定要输入直流电压(10m 的电缆输入交流电压时,泄漏电流会超过 5A)。在电线电缆的各相间加入直流额定电压,如果无击穿及闪络现象发生,且泄漏电流低于额定的泄漏电流,则表明被测电线电缆符合要求标准。

4.机械性检测

电线电缆的机械性检测有多种分类,按生产过程的顺序划分:进货检验、中间检验、最终检验、工序检验等。按产品标准验收的要求划分:例行试验、抽样试验、型式试验等。现以电线电缆老化后的抗拉力程度检测为例进行说明:进行机械性能检测所用到的工具是电子拉力测量仪器,所需测量的数据是电线电缆中间部分的宽度和厚度数据。将电线电缆的样本进行人工老化,再用仪器测量其拉伸至断裂时的距离及抗拉力数值,最后对所得数据进行计算,与产品标准对比即可。

(三)电线电缆的弯曲性能检验

电线电缆的使用寿命及绝缘性能都受到弯曲性能的影响。对电线电缆的卷绕性能和扭曲性能进行检测,是保障电线电缆正常、安全使用的必要步骤。

1.卷绕性能

用于制造电线电缆的金属材料必须具备良好的柔韧度,才能确保电线电缆在使用过程中可以随意卷绕,不会发生断裂。检测方法是将所测电线电缆按照规定标准圈数缠绕在试棒上,观察电线电缆是否会损坏。

2.扭曲性能

电线电缆中的金属线材若存在缺陷或是不均匀,均会导致电线电缆在扭曲作用下发生变形。检测方法是观察所测电线电缆所能承受的最大扭曲次数是否符合产品标准。

(四)线缆故障检测仪的检测方法

1.电桥法

该方法是一种传统的电缆故障诊断方法,检测效果较为理想。这种检测方法简便且检测精度很高。但它也有一些缺陷,因为电桥存在电压差和检流计不够灵敏等因素的影响,所以它只适合检测低阻抗电缆的故障。对于高阻抗设备和电缆的故障,电桥法很难检测出来。

2.高压电桥法

高压电桥法是一种常用的线缆故障检测手段。它的原理是,对于高压电桥中恒流电源击穿引起的电缆故障,在一定程度上相对保证桥电流,在整体两侧形成一定的电位差。桥线根据平衡坐标计算故障区的间隙。高压恒流电源的应用可以有效地扩展电桥的高阻检测范围。

3.冲击高压电脉络方法

冲击高压电脉络方法的原理是,故障电缆的始端施加冲击高压,在故障电缆的始端产生冲击电流,如图6-34所示,从而快速击穿故障位置,记录故障位置电压突变的数据。测试人员在认真研究电缆故障定位和电缆数据信息的基础上,测试时间距离,获得故障定位和处理对策。

4.低压脉冲反射法

低压脉冲反射法是一种非破坏性测试技术,广泛应用于电缆和导线的故障诊断和定位。原理是利用脉冲信号在传输线上的反射特性进行故障诊断和定位。在测试过程中,通过在传输线上注

图6-34　冲击高压电脉络检测

入低幅值、宽脉宽的短时脉冲信号,并利用脉冲信号在传输线上的传播速度和反射特性来检测线路上的故障。当脉冲信号注入传输线时,如果传输线上存在着故障点,如开路、短路或电缆断裂等,脉冲信号将会发生反射。通过测量反射脉冲的到达时间和振幅变化,可以确定故障点的位置和故障类型。这种方法适用于不同类型的传输线路,可以实现对故障点的精确定位,提高了排除故障的效率,且不需要切断电力供应,无需对被测设备进行停电,避免了生产中断和产生额外的维护成本。

第八节　有线和无线通信传输基本知识

一、有线和无线通信的概念

通信传输根据传输介质不同分为有线通信以及无线通信两类,有线和无线通信传输在实际应用中具有各自的特点和优势,针对不同的需求和场景选择合适的通信方式可以实现更好的传输效果。

(一)基本原理

1.有线通信

有线通信主要通过物理线缆、光纤或导线等介质进行信息传输。其原理是利用电流或光信号等载体在导线或光纤中进行传输,以达到数据传输的目的。其基本工作过程包括以下三个步骤:

(1)信号编码:在有线电信号传输中,发送端将要传输的数据转换为电信号,并对其进行编码(信息被编码为数字信号或模拟信号),以确保数据的传输和存储的准确性。

(2)信号传输:编码后的信号通过物理线缆、光纤或导线进行传输。不同的传输介质会采用不同的传输方式,如电流、电压、光信号等(在光纤通信中,信息被编码为光脉冲信号,通过光纤传输。光脉冲信号由光源产生,并通过光纤中的全反射进行传输。传输时,光脉冲信号在光纤中通过内部的光缆层反射,从而实现信号的传输)。

(3)信号重构:接收端接收到传输的信号后,对信号进行解码和恢复,将其转换为可读取

或可使用的形式，以便接收端处理和解析。

2.无线通信

无线通信通过无线电波或其他无线载体进行信息传输。其基本原理是改变无线电波或载体的特征来传递信息，如图 6-35 所示，通过无线电波在空气中传播到接收端来实现数据传输。基本工作过程包括以下四个步骤：

（1）调制：发送端将要传输的数据转换为特定频率范围的电磁波，这称为调制。常见的调制方式包括振幅调制（AM）、频率调制（FM）和相位调制（PM）等。

（2）信号传输：调制后的电磁波通过天线或发射装置进行无线传输，以便大范围传播。

（3）接收与解调：接收端的天线接收到传输的电磁波信号后，对其进行接收和解调，将其转换为原始的数据信号。

（4）信号处理：接收端进一步对解调后的信号进行处理，如解码、差错检测和纠正等，最终得到原始的数据。

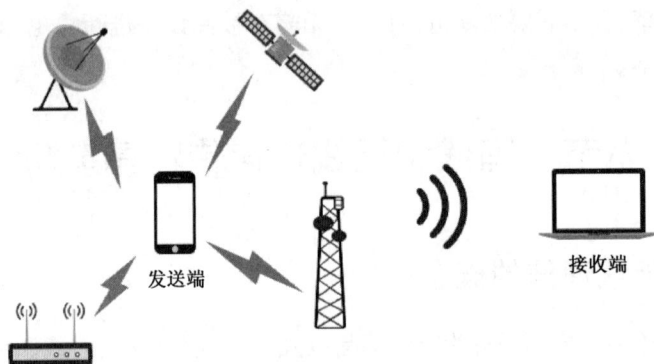

图 6-35　无线通信传输图

（二）传输介质

1.有线通信传输介质

有线通信传输介质主要有双绞线、同轴电缆和光纤三类。

（1）双绞线。

双绞线是最常用的有线通信介质之一，主要用于数据网络、电话系统和音视频传输等领域，如图 6-36 所示。双绞线通信中，信号通过四对绕在一起的绝缘铜线传输，具有较好的抗电磁干扰能力和传输速度。

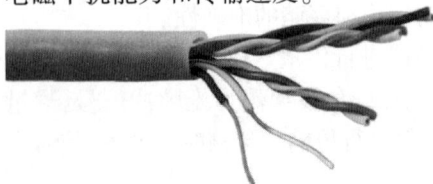

图 6-36　双绞线

（2）同轴电缆。

同轴电缆通常用于有线电视、计算机网络等方面，其内部结构从内到外分别是导体、绝缘层、屏蔽层、绝缘塑料，如图 6-37 所示，具备较高的传输距离和传输速度，且受干扰程度相对较小。

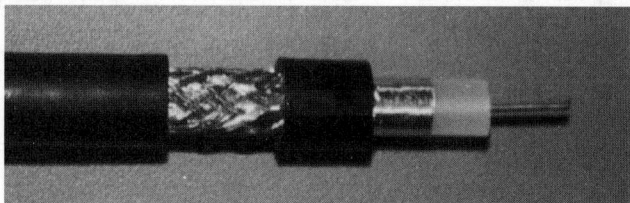

图 6-37　同轴电缆实物图

（3）光缆。

光缆是由一组光导纤维组成的用于传播光束的、细小而柔韧的传输介质，利用光的传输介质，具有传输速度快、传输距离远、抗干扰能力强等优点，广泛用于长距离通信、计算机网络等领域。

2. 无线通信传输介质

无线通信传输介质主要有无线电波、微波等。

（1）无线电波。

无线电波是指在自由空间（包括空气和真空）传播的射频频段的电磁波。导体中电流强弱的改变会产生无线电波，利用这一现象，通过调制可将信息加载于无线电波之上。当电波通过空间传播到达收信端，电波引起的电磁场变化又会在导体中产生电流。通过解调将信息从电流变化中提取出来，就达到了信息传递的目的。

（2）微波。

微波是指频率为 300MHz ~ 300GHz 的电磁波，是无线电波中一个有限频带的简称，即波长在 1m（不含 1m）到 1mm 之间的电磁波，是分米波、厘米波、毫米波的统称。微波频率比一般的无线电波频率高，通常也称为"超高频电磁波"。

（三）传输模式

数据的传输模式分为三种，分别是：单工模式、半双工模式、全双工模式。传输模式的选择取决于通信系统的需求和特定应用的要求。

1. 单工传输

单工传输是指数据只能在一个方向上进行传输，如图 6-38 所示，发送端向接收端发送数据，接收端不能向发送端发送数据。这种传输模式类似于单向的广播，其中一方充当发送者，另一方充当接收者。

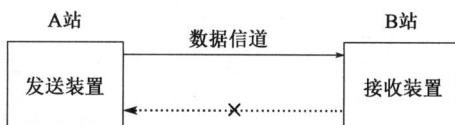

图 6-38　单工传输模式

2. 半双工传输

半双工传输是指数据在两个方向上进行传输，但不能同时进行，如图 6-39 所示。发送端和接收端交替地发送和接收数据,只有一个方向上的传输是活动的。这种传输模式类似于对讲机,每个参与者交替发言和倾听。

3. 全双工传输

全双工传输是指数据可以同时在两个方向上进行传输,如图 6-40 所示。发送端和接收端可以同时发送和接收数据,互不干扰。这种传输模式类似于电话通话,双方可以同时说话和听对方说话。

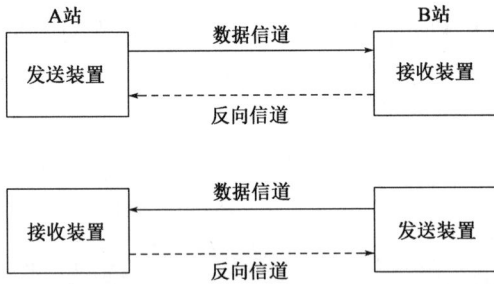

图 6-39　半双工传输模式

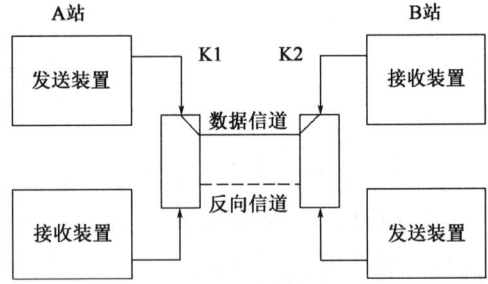

图 6-40　全双工传输模式

二、有线通信传输方式及技术

有线通信传输方式及技术主要有光纤有线传输、同轴电缆的有线传输和双绞线的有线传输。

1. 光纤传输

光纤是一种利用光的全内反射原理来传输数据的传输介质。与传统的铜线相比,光纤具有带宽大、传输距离远、抗电磁干扰能力强等优点。光纤的传输方式主要分为两种:单模光纤和多模光纤。单模光纤的核心直径很小,只允许一种模式的光通过,这可以消除模式色散,提高传输距离和带宽。但是,由于单模光纤的核心直径小,对设备的精度要求较高,因此成本较高。多模光纤的核心直径较大,允许多种模式的光通过。由于多种模式的光速度不同,会造成模式色散,限制了传输距离和带宽。但是,多模光纤的设备成本较低,适合短距离的传输。光纤传输具有频带宽,传输信息有效性强,容量大,传输的距离较远,损耗较低,抗干扰能力强等优点。

2. 同轴电缆传输

同轴电缆传输是一种主要的数据传输方式,信号通过其中心导体进行传输。由于同轴电缆内部包含铜质的屏蔽层,可以保证信号不受外界各种信号的各种干扰,所以,同轴电缆传输信道的带宽相对而言是比较宽的,不仅能够稳定传输平时的话音信号,同时还可传输有线数字电视的信号,并且在传输信号的同时还有保证期线路的稳定性与通畅性。同轴电缆传输主要优点是能够提供良好的信号质量和较高的带宽,因此它常常被用于需要高速数据传输的应用。同轴电缆也有一些缺点。例如,它比其他类型的电缆(如双绞线或光纤)更重、更粗,安装和布线也更困难。

3.双绞线传输

双绞线的传输方式主要有基带传输和宽带传输两种。基带传输是指电缆上的信号不进行任何形式的调制,数据以数字信号的形式直接在电缆上发送。这种方式的优点是传输速度快,但缺点是传输距离短。宽带传输是数据信号会被调制到一个较高的频率范围(即宽带)。这种方式的优点是可以在同一根电缆上同时传输多个信号(即多路复用),并且传输距离比基带传输更远。

三、无线通信传输方式及技术

常见的无线通信传输技术分为"近距离无线通信技术"和"远距离无线传输技术"两种。

(一)近距离无线通信技术

近距离无线通信技术是指通信双方通过无线电波传输数据,并且传输距离在较近的范围内,其应用范围非常广泛。常见的且具有较好发展前景的短距离无线通信有:紫蜂(Zig-Bee)、蓝牙(Bluetooth)、无线宽带(Wi-Fi)等。

1.紫蜂(Zig-Bee)

一种低速短距离传输的无线网上协议,底层采用 IEEE 802.15.4 标准规范的媒体访问层与物理层。主要特点有低速、低耗电、低成本、支持大量网上节点、支持多种网上拓扑、低复杂度、快速、可靠、安全。Zig-Bee 通信技术主要适用于家庭和楼宇控制、工业现场自动化控制、农业信息收集与控制、公共场所信息检测与控制、智能型标签等领域,可以嵌入各种设备。

2.蓝牙(Bluetooth)

能够在 10m 的半径范围内实现点对点或一点对多点的无线数据和声音传输,其数据传输带宽可达 1Mbps,通信介质为频率在 2.402GHz 到 2.480GHz 之间的电磁波。蓝牙技术主要负责在局域网络中传输各类数据及语音设备中实现实时通信,如 PC、拨号网络、打印机、数码相机、移动电话等设备的数据互通。该技术被广泛应用于无线办公环境、汽车工业、信息家电、医疗设备和自动控制等领域。

3.无线宽带(Wi-Fi)

它是一种基于 802.11 协议的无线局域网接入技术。Wi-Fi 技术突出的优势在于它有较广的局域网覆盖范围,其覆盖半径可达 100m 左右,传输速度非常快,适合高速数据传输的业务,无须布线,非常适合移动办公用户的需要。在一些人员密集的地方通过设置"热点",用户只需要将支持无线网络的终端设备置于该区域内,即可高速接入因特网。由于 Wi-Fi 发射功率不超过 100mW,实际发射功率约 60~70mW,与手机、手持式对讲机等通信设备相比,更加健康安全。

4.红外线传输

红外线是指波长在 0.76um~1mm 之间的电磁波。红外线传输具有保密性好、抗干扰能力强、不干扰其他设备等优点,因此被广泛应用于短距离保密通信中。红外线传输分为直接红外线传输和调制红外线传输两种。直接红外线传输是将数据信号直接调制在红外线载波上发送,而调制红外线传输则是将数据信号调制在音频或视频载波上发送。例如,电视遥控器、红外线传感器等都采用红外线传输,如图 6-41 所示。

图6-41　红外线遥控接收器

(二)远距离无线通信技术

远距离无线通信技术主要有 GPRS/CDMA、数传电台、扩频微波、无线传输及卫星通信、短波通信技术等。远距离无线通信技术主要应用于较为偏远或不宜铺设线路的地区,如:煤矿、海上、有污染或环境较为恶劣地区等。

1. GPRS/CDMA 无线通信技术

GPRS(通用无线分组业务)是由中国移动开发运营的一种基于 GSM(全球通信系统)的无线分组交换技术,是介于第二代和第三代之间的技术,通常称为 2.5G。优势在于有数据需要传送时才会占用频宽,而且是以数据量计价,有效地提高了网络的利用率。GPRS 网络同时支持电路型数据和分组交换数据,GPRS 网络能够方便的与因特网互相连接,相比原来的 GSM 网络的电路交换数据传送方式,GRRS 的分组交换技术具有实时在线"按量计费"高速传输等优点。CDMA(码分多址)由中国电信运行的一种基于码分技术和多址技术的新的无线通信系统,其原理基于扩频技术。如图 6-42 所示。

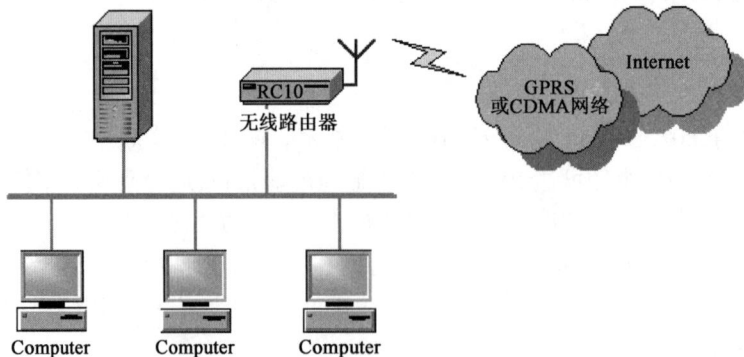

图6-42　GPRS/CDMA 无线通信技术工作示意图

2. 数传电台通信

数传电台是数字式无线数据传输电台的简称,它是采用数字信号处理、数字调制解调、具有前向纠错、均衡软判决等功能的一种无线数据传输电台。数传电台的工作频率大多使用220～240MHz 或 400～470MHz 频段，具有数话兼容、数据传输实时性好、专用数据传输通道、一次投资、没有运行使用费、适用于恶劣环境、稳定性好等优点。数传电台的有效覆盖半径约有几十公里，可以覆盖一个城市或一定的区域。数传电台通常提供标准的 RS-232 数据接口，可直接与计算机、数据采集器、远程终端单元（RTU）、可编程逻辑控制器（PLC）、数据终端、GPS 接收机、数码相机等连接。其在航空航天、铁路、电力、石油、气象、地震等各个行业均有应用，在遥控、遥测、遥信、遥感等领域中也取得了长足的进步和发展。

3. 卫星通信

卫星通信是指利用人造地球卫星作为中继站来转发无线电信号，从而实现在多个地面站之间进行通信的一种技术，它是地面微波通信的继承和发展，如图6-43 所示。卫星通信系统通常由两部分组成，分别是卫星端、地面端。卫星端在空中，主要用于将地面站发送的信号放大再转发给其他地面站。地面端主要用于对卫星的控制、跟踪以及实现地面通信系统接入卫星通信系统。

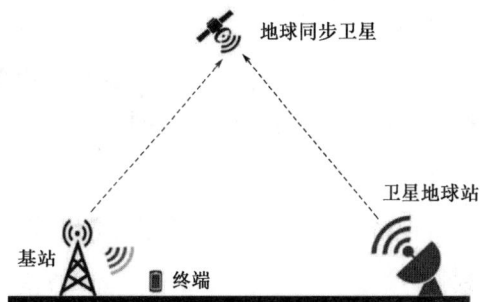

图 6-43 卫星通信技术工作示意图

4. 短波通信

按照国际无线电咨询委员会的划分，短波是指波长为 10～100m，频率为 3～30MHZ 的电磁波。短波通信是指利用短波进行的无线电通信，又称高频（HF）通信。短波通信可分为地波传播和天波传播。地波传播的衰耗随工作频率的升高而递增，在同样的地面条件下，频率越高，衰耗越大。地波传播只适用于近距离通信，其工作频率一般选在 5MHZ 以下。地波传播受天气影响小，比较稳定，信道参数基本不随时间变化，故其信道可视为恒参信道。天波传播是利用无线电波经电离层反射来进行远距离通信的方式，倾斜投射的电磁波经电离层反射后，可以传到几千公里外的地面。天波的传播损耗比地波小得多，经地面与电离层之间多次反射之后，可以达到极远的地方，因此，利用天波可以进行环球通信。

第九节　组网技术和配置知识

本节讲述计算机网络的基础知识和网络设备基本配置知识，主要包括计算机网络的组成、功能等知识，路由器和交换机等网络设备的知识。

一、计算机网络

（一）计算机网络的组成

1. 网络通信终端

根据网络通信终端在网络中的用途其可分为两类：服务器和终端计算机。

179

2.数据通信系统

数据通信系统主要由通信控制处理机、传输介质和网络连接设备组成。

3.网络软件和网络协议

网络软件一般包括网络操作系统、网络协议、网络管理和网络应用软件等。

(二)计算机网络功能

1.资源共享

主要包括各类硬件资源(包括存储设备、打印机等)、软件资源(包括应用软件、工具软件等)、数据资源(包括数据库文件、办公文档资料等)的共享。

2.网络通信

可以传输各种类型的信息,包括数据信息和图形、图像、声音、视频流等各种多媒体信息。

3.分布处理

把要处理的任务分散到各个计算机上运行,不仅可以降低软件设计的复杂性,而且还可以大大提高工作效率和降低成本。

4.集中管理

计算机联网后,可以在某个中心位置实现对整个网络的管理。如数据库情报检索系统、订票系统、军事指挥系统等。

5.均衡负荷

当网络中某台计算机的任务负荷太重时,通过网络和应用程序的控制和管理,将作业分散到网络中的其他计算机中,由多台计算机共同完成。

(三)计算机网络分类

1.按网络覆盖的地理范围分类

(1)局域网。

局域网简称 LAN(local area network),覆盖的地理范围可以从几十米到几公里,是局部区域较小的计算机网络,局域网的本质特征是分布距离短、数据传输速度快。

(2)城域网。

城域网简称 MAN(metropolitan area network),覆盖的地理范围可以从几十公里到几百公里,其规模局限于一个城市的范围内。

(3)广域网。

广域网简称 WAN(wide area network),覆盖的地理范围可以从几十公里到上千公里,甚至是上万公里,因此,可跨越城市、地区、国家甚至几个大洲。

2.按网络的拓扑结构分类

(1)总线型网络拓扑。

总线型网络拓扑由一条高速公用主干电缆即总线连接若干个结点构成网络。如图 6-44 所示。此网络中所有的结点通过总线进行信息的传输。这种结构的特点是结构简单灵活,建网容易,使用方便,性能好。其缺点是主干总线对网络起决定性作用,总线故障将影响整个网络。

(2)星型网络拓扑。

星型网络拓扑由中央结点与各个结点连接组成。如图 6-45 所示,这种网络各结点必须通过中央结点才能实现通信。星型网络拓扑的特点是结构简单、建网容易,便于控制和管理。其缺点是中央结点负担较重,容易形成系统的"瓶颈",线路的利用率也不高。

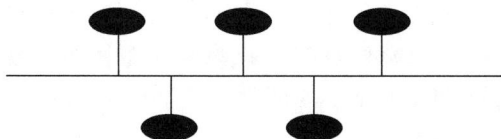

图 6-44 总线型网络拓扑

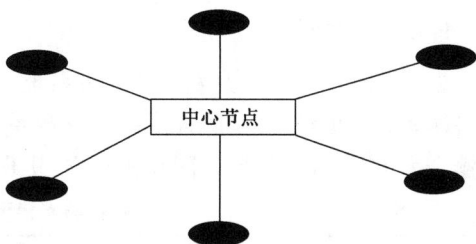

图 6-45 星型网络拓扑

(3)环形网络拓扑。

环形网络拓扑由各结点首尾相连形成一个闭合环型线路,如图 6-46 所示,这种结构的特点是结构简单、建网容易、便于管理。其缺点是当结点过多时,将影响传输效率,不利于扩充。

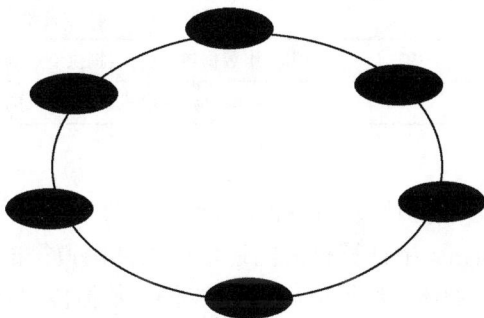

图 6-46 环形网络拓扑

(4)树型网络拓扑。

树型网络拓扑是一种分级结构,如图 6-47 所示,在树型结构的网络中,任意两个结点之间不产生回路,每条通路都支持双向传输。这种结构的特点是扩充方便、灵活,成本低,易推广,适合于分主次或分等级的层次型管理系统。

(5)网型网络拓扑。

网型网络拓扑主要用于广域网,由于结点之间有多条线路相连,如图 6-48 所示,这种网络的可靠性较高,由于结构比较复杂,建设成本较高。

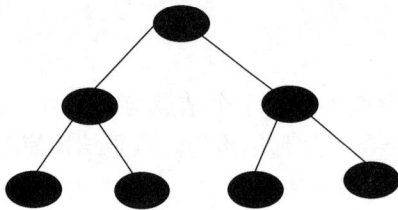

图 6-47　树型网络拓扑

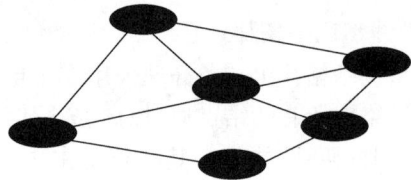

图 6-48　网型网络拓扑

(四)网络参考模型

计算机网络是一个复杂而庞大的系统,要保证它可靠运转,网络中的各个部分必须遵守一套合理而严谨的结构化管理规则,因此网络系统必须按照高度结构化的设计思想来实现。

1. OSI 参考模型

为了实现不同厂家开发的计算机系统之间及不同网络之间的数据通信,必须遵循相同的网络体系结构模型,即国际标准——开放系统互连参考模型(OSI)。该参考模型将网络数据传输分为 7 个层次,每层之间互相独立,实现不同的功能,如表6-4所示。

OSI 参考模型的分层和每层功能　　　　　　　　　　表6-4

分层	名称	功能
7	应用层	提供一组常用的应用程序给用户
6	表示层	对数据进行转换加密和压缩
5	会话层	建立、管理和终止会话
4	传输层	提供可靠的端到端的报文传输
3	网络层	将分组从源端传送到目的端,提供网络互连
2	数据链路层	将分组数据封装成帧,提供节点到节点的传输
1	物理层	在媒体上传输比特流,提供机械的、电气的、功能和规程的特性

2. TCP/IP 体系结构

TCP/IP(传输控制协议/网际协议)是 Internet 赖以存在的基础,是针对 Internet 开发的一种体系结构和协议标准 Internet 中计算机之间通信必须共同遵循的 TCP/IP 通信规定。相对于 OSI 的体系结构,TCP/IP 的体系结构更简洁,其将网络数据传输划分为四个层次,分别是应用层、传输层、网络层、网络接口层。

TCP/IP 体系结构的分层和每层对应实现的功能如表6-5所示。

TCP/IP 体系结构的分层和每层功能　　　　　　　　　　表6-5

分层	名称	功能
4	应用层	提供一组常用的应用程序给用户
3	传输层	提供可靠的端到端的报文传输
2	网络层	将分组从源端传送到目的端,提供网络互连
1	网络接口层	逻辑链路和媒体访问控制

3. TCP/IP 协议集

在网络中使用网络协议来实现不同网络系统之间通信，网络协议是为进行网络中数据交换而建立的规则、标准、约定，一个网络协议由语法、语义、同步三部分组成。在网络结构分层后，各个层次都需要某种协议来实现各层的功能，TCP/IP 体系结构中，每层的通信协议如表6-6所示。

TCP/IP 体系结构协议集　　　　　　　　　　　　　　　　　　表 6-6

分层	名称	协议
4	应用层	HTTP、FTP、DNS、TELNET、SMTP、SNMP 等
3	传输层	TCP、UDP
2	网络层	IP、ICMP、ARP、RARP
1	网络接口层	HDLC、FDDI、802.3、802.5 等

二、网络配置

1. IP 地址定义

因特网上的每一台主机都有一个唯一的 IP 地址，每个 IP 地址长度为 32 位二进制数，由网络号（net-id）和主机号（host-id）构成，为了方便书写和记忆，将 IP 地址分为 4 个字节，然后再将八位二进制数转换为十进制数，用点分十进制记法表示。例如 172.16.122.204 这个 IP 地址，是先将原始的 32 位二进制数拆分成四个字节，再将其转换为对应的 10 进制数，中间用点分割，如表6-7 所示。

IP 地址表示方式　　　　　　　　　　　　　　　　　　　表 6-7

网络号		主机号	
172	16	122	204
10101100	00010000	01111010	11001100

2. IP 地址分类

常用的 IP V4 地址可分为 A 类、B 类、C 类、D 类、E 类，每类地址中所容纳的网络数、主机数以及地址范围的详细定义如表6-8 所示。

各类地址的详细定义　　　　　　　　　　　　　　　　　　表 6-8

类别	第一字节十进制范围	二进制固定最高位	二进制网络位	二进制主机位	地址范围	网络数	主机数
A	1~126	0	8 位	24 位	1.0.0.0 ~ 126.255.255.255	126	16777214
B	128~191	10	16 位	16 位	128.0.0.0 ~ 191.255.255.255	16384	65534
C	192~223	110	24 位	8 位	192.0.0.0 ~ 223.255.255.255	2097152	254
D	224~239	1110	不标识网络		224.0.0.0 ~ 239.255.255.255	组播使用	
E	240~255	1111	不标识网络		240.0.0.0 ~ 247.255.255.255	保留试验使用	

三、局域网组建

1.网络拓扑设计模型

大中型网络组建过程中,网络拓扑结构设计采用分层的设计思想,通过对网路的各种功能进行分离,可以实现模块化的网络设计,有利于提高网络的可扩展性和通信性能。典型的分层设计模型为三层结构,即接入层、汇聚层和核心层,如图6-49所示,核心层是园区数据交换的核心,连接园区网内的各个组成部分,如数据中心、管理中心、园区出口等。汇聚层处于园区网的中间层次,完成数据汇聚或交换的功能,可以提供一些关键的网络基本功能,如路由、服务质量、安全等。接入层为终端用户提供园区网接入服务,是园区网的边界。

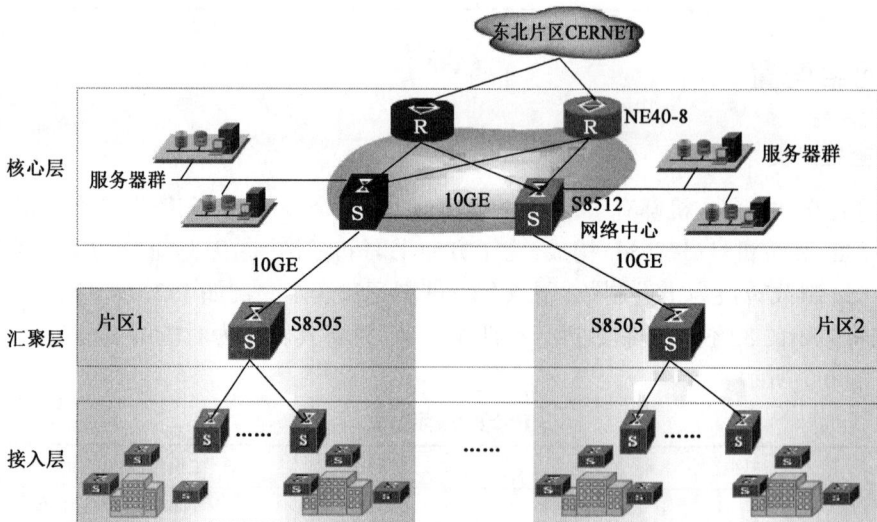

图6-49　网络拓扑分层设计案例

2.局域网组网设备

组建局域网设备主要包括交换机和路由器,目前生产网络设备的厂家主要有华为、锐捷、思科、H3C、中兴等。每个厂家都生产有各自的交换机和路由器等网络设备,例如华为X7系列以太网交换机包括了S1700、S2700、S3700、S5700、S7700、S9700等型号。

交换机在网络中主要提供数据交换功能,一般位于企业网络的接入层、汇聚层和核心层,提供网络上多业务的可靠接入和高质量的传输需求,实现高效的报文转发。

路由器在网络中主要提供路由、交换、安全等功能。路由器一般部署在企业网络和公网之间,作为两个网络间数据传输的入口和出口。华为AR系列企业路由器有多个型号,例如AR150、AR200、AR2200、AR3200等型号。交换机和路由器组网的具体应用如图6-50所示。

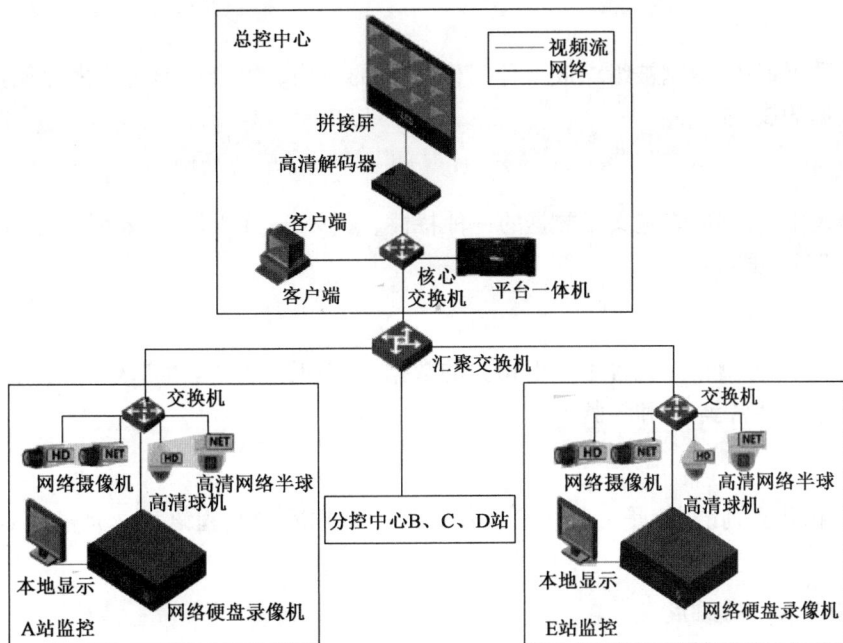

图 6-50　高速公路收费监控系统

第十节　数据库应用基础知识

本节介绍数据库的基本原理、类型等,帮助从业者掌握数据库应用的基础知识。

一、数据库基础知识

数据库(Database,DB)是长期存放在计算机内、有组织、可共享的相关数据的集合,它将数据按一定的数据模型组织、描述和存储,具有较小的冗余度、较高的数据独立性和易扩展性、可被各类用户共享等特点。以下是数据库与应用相关的概述。

1. 数据

数据库中存储的实际信息,可以是文本、数字、图像等各种形式的数据。

2. 数据模型

用于描述数据库中数据的结构和关系的方式。常用的数据模型包括关系模型、层次模型、网络模型、面向对象模型等。

3. 数据库管理系统(DBMS)

数据库管理系统(Database Management System,DBMS)是位于用户与操作系统之间的一层数据管理软件,它为用户或应用程序提供访问数据库的方法,包括数据库的创建、查询、更新及各种数据控制,提高数据的存储效率和查询性能,同时保障数据的安全性和完整性,它是数据库系统的核心。常见的数据库管理系统有 MySQL、Oracle、SQL Server。

4. 表

在关系数据库中，数据被组织成一种叫作"表"的结构。每个表通过行来存储数据，通过列来定义数据的属性。

5. 字段

字段是表中的一列，它定义了数据的一种特性。例如，一个"学生"表可能有"姓名"、"学号"和"年龄"等字段。

6. 记录

记录是表中的一行，它包含了一组相关的数据。例如，一个"学生"表的一条记录可能包含了一个学生的姓名、学号和年龄。

7. SQL

SQL（结构化查询语言）是一种用来操作和查询数据库的编程语言。大多数 DBMS 都支持 SQL。

8. 数据库系统的组成

数据库系统（DatabaseSystem，DBS）是指在计算机系统中引入数据库后的系统，它由计算机硬件、数据库、数据库管理系统（及其开发工具）、数据库应用系统、数据库用户构成。在数据库系统中，各组成部分的层次关系如图 6-51 所示。

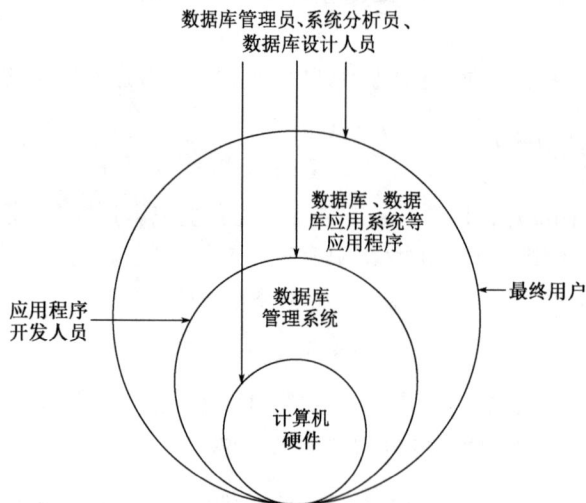

图 6-51　数据库层次关系

常见的数据库类型是关系型数据库（RDBMS），采用表格形式存储数据，每个表格包含多个行和列，使用结构化查询语言（SQL）进行数据的操作和查询。常见的关系型数据库有 MySQL、Oracle、SQL Server 等。关系型数据库的优势在于其强大的数据一致性和完整性维护能力，以及高效的查询性能。它采用标准化数据模型和规范，确保了数据的一致性和规范性，同时提供了多种优化技术，使得查询效率更高。此外，关系型数据库还具有良好的事务处理和数据恢复功能,保证了数据的安全性和完整性。

二、数据库的查询语言

数据库的查询语言是实现对数据库操作的工具,不同的数据库类型和应用场景需要选择不同的查询语言,以实现更高效和灵活的数据查询和操作。本节主要对 SQL 进行简单介绍:

1. SQL 概述

SQL 是结构化查询语言,是关系型数据库最常用的查询语言,支持数据的增删改查操作,包括 SELECT、INSERT、UPDATE、DELETE 等语句。通过 SQL,用户可以执行创建、增删、修改数据库表和数据等操作,同时也能够控制对数据库的访问权限和处理事务。SQL 是一种强大且灵活的工具,广泛应用于各种数据库管理系统。

2. SQL 分类

根据 SQL 的特点,可以将 SQL 分为 3 种类型:数据定义语言(DDL)、数据操作语言(DML)和数据控制语言(DCL)。

数据定义语言(Date Definition Language, DDL):DDL 是最基础的 SQL 类型,主要用于定义或修改数据库的结构,包括创建、修改、删除或重命名数据库对象,如表、视图、索引等。

数据操作语言(Date Manipulation Language, DML):DML 用于对数据库中的数据进行增删改查操作。

数据控制语言(Date Control Language, DCL):DCL 用于控制数据库的访问权限和对数据的约束条件。

三、数据库的基本操作

数据库的基本操作包括以下几个方面:

(一)数据库创建和维护

使用数据库管理系统提供的命令或可视化工具,创建新的数据库。在创建数据库时,需要指定数据库名称、字符集、排序规则等。

1. 使用 CREATE DATABASE 语句创建新的数据库

语法如下:

CREATE DATABASE database_name;

其中,database_name 是你想要为新数据库指定的名称。

例如,要创建一个名为"mydatabase"的数据库,可以执行以下命令:

CREATE DATABASE mydatabase;

2. 打开数据库

使用 SQL 语句打开数据库的语法格式如下。

USE database_name；

其中 database_name 为要打开的数据库名。

例如，要打开 gradem 数据库，可使用下面的语句：

USE gradem；

3.删除数据库

在进行删除操作前，必须备份数据库以防止数据丢失。

使用 DROP DATABASE 语句删除数据库的语法格式如下。

DROP DATABASE database_name；

其中 database_name 为要打开的数据库名。

关闭数据库：在数据文件被删除后，关闭数据库防止文件系统出现问题。

具体操作请根据数据库类型和具体需求进行相应调整。

（二）表的创建

在数据库中创建表格来存储数据。表的创建包括定义表的结构，指定列名、数据类型、约束条件等。可以通过 SQL 语句或可视化工具进行表的创建。

在 SQL 中，使用 CREATE TABLE 语句创建表，语法格式如下。

CREATE TABLE ＜表名＞

（＜字段 1＞ ＜数据类型 1＞ ［＜列级完整性约束条件 1＞］

［，＜字段 2＞ ＜数据类型 2＞ ［＜列级完整性约束条件 2＞］］ ［，…］

［，＜表级完整性约束条件 1＞］

［，＜表级完整性约束条件 2＞］ ［，…］

）；

（三）数据录入

向表中插入数据。可以使用 INSERT 语句将数据插入到表中，指定要插入的列和对应的值。

INSERT 语句用于向数据库表中插入数据。其基本语法如下：

INSERT INTO table_name（column1，column2，…）

VALUES（value1，value2，…）；

其中，table_name 是要插入数据的表名，column1，column2 等是要插入数据的列名，value1，value2 等是要插入的具体数值。

（四）数据查询

使用 SELECT 语句从表中检索数据。可以根据条件过滤数据，使用 WHERE 子句进行查询条件的设置。

SELECT 语句是用来从数据库中获取数据的主要方式。它可以指定需要获取的列，并可以使用条件来筛选数据。基本语法如下：

```
SELECT column1, column2, ...
FROM table_name
WHERE condition;
```
示例：从一个名为"employees"的表中获取所有来自部门3的员工名字和工资。
```
SELECT name, salary
FROM employees
WHERE department = 3;
```

(五)数据更新

使用 UPDATE 语句更新表中的数据。可以指定要更新的列和对应的新值，并使用 WHERE 子句限定更新的条件。

UPDATE 语句是一种 SQL 语句，用于更新数据库表中的数据。UPDATE 语句的基本语法如下：
```
UPDATE table_name
SET column1 = value1, column2 = value2, ...
WHERE condition;
```
其中，table_name 是要更新数据的表名；column1，column2 等是要更新的列名；value1，value2 等是要更新的新值；WHERE condition 是更新数据的条件。

(六)数据删除

使用 DELETE 语句从表中删除数据。可以使用 WHERE 子句指定删除的条件。

DELETE 语句是用于在数据库中删除数据的命令。DELETE 语句的基本语法如下：
```
DELETE FROM table_name
WHERE condition;
```
其中，table_name 是要删除数据的表名；WHERE condition 是删除数据的条件。如果未指定 WHERE condition，则将删除表中的所有行。

(七)数据库备份与恢复

定期备份数据库以防止数据丢失，同时可以使用备份文件进行数据恢复。

第十一节　网络防护安全管理知识

一、网络安全概念

1. 网络安全定义

网络安全是指通过采取必要措施，防范对网络的攻击、侵入、干扰、破坏和非法使用及意外事故，使网络处于稳定可靠运行的状态，以及保障网络数据的完整性、保密性、可用性的能力。

2.网络安全内容

网络安全涉及的内容包括以下五个方面内容：

(1)实体安全：又称物理安全，包括环境安全、设备安全和介质安全等；

(2)系统安全：包括网络系统安全、操作系统安全和数据库系统安全等；

(3)运行安全：包括相关系统的运行安全和访问控制安全；

(4)应用安全：由应用软件平台安全和应用数据安全两部分组成；

(5)管理安全：又称安全管理，涉及法律法规、政策策略、规范标准、人员、设备、软件、操作、文档、数据、机房、运营、应用系统、安全培训等各个方面。

3.网络安全防护的目标

可从技术和管理等方面进行防护，技术方面主要侧重于防范外部非法攻击，管理方面则侧重于内部人为因素的管理。具体防护目标体现在以下五个方面：

(1)保密性：指网络信息不被泄露给非授权用户和实体，或供其利用的特性。可通过信息加密、身份认证、访问控制和安全通信协议等技术实现。

(2)完整性：指网络信息未经授权不能进行改变的特性，即保持信息在传输、交换、存储和处理过程中不被修改、不被破坏和不会丢失。

(3)可用性：是指网络信息可被授权实体访问并按需求使用的特性，即系统面向用户服务的安全特性。

(4)可控性：是指对网络信息的内容及其传播具有控制能力的特性，代表了网络系统和信息在传输范围和存放空间内的可控程度。

(5)可审查性：指通信双方在通信过程中，对自己所发送或接收的信息不可抵赖或否认，也就是对出现的安全问题提供调查的依据和手段。

二、网络安全的重要性

1.保护个人信息

网络安全能够有效地保护个人信息，防止个人信息被滥用。网络犯罪分子经常利用钓鱼网站、恶意软件、社交工程等手段获取他人的个人信息，这不仅可能造成财产损失，还可能威胁到个人隐私。

2.避免经济损失

网络攻击可能会导致直接的经济损失。例如，网络诈骗，钓鱼攻击，勒索软件等都可能造成严重的经济损失，企业也可能因为数据泄露或网络瘫痪而遭受巨大的经济损失。

3.维护社会秩序

网络安全不仅关乎个人和企业，也关乎整个社会的稳定和秩序。网络攻击可能会破坏基础设施、金融系统、交通系统等关键领域，造成社会混乱。

4.推动信息化建设

网络安全是信息化建设的基础。只有当网络安全得到保障,人们才能放心地享受信息化带来的便利。

三、网络安全防护

1.安全策略

要实现网络安全,一般从以下四个方面制定网络安全策略:

(1)物理安全策略:保护硬件实体和通信链路;验证用户身份和使用权限;建立完备的机房安全管理制度。

(2)访问控制策略:保证网络资源不被非法使用和访问。

(3)信息加密策略:保护网络系统中存储的数据和在通信线路上传输的数据的安全。

(4)安全管理策略:加强网络的安全管理,制定有关规章制度,对于确保网络的安全、可靠运行,将起到十分有效的作用。

2.关键技术

保护网络安全可采用的关键技术有:

(1)鉴别技术:对通信双方的身份及传输数据的完整性进行验证;

(2)加密技术:对信息进行重新编码来隐藏信息内容,使非法用户无法获取信息的真实内容;

(3)访问控制技术:保障授权用户在其权限内对授权资源进行正当使用;

(4)恶意代码防范技术:建立、健全恶意代码的预防、检测、隔离和清除机制;

(5)防火墙技术:两个网络之间执行访问控制策略的一个或一组系统;

(6)入侵检测技术:动态的攻击检测技术,能在网络系统的运行过程中发现入侵者的攻击行为和踪迹;

(7)加固技术:对系统漏洞及隐患采取必要的安全防范措施;

(8)监控技术:监控用户主体的访问行为;

(9)审计跟踪技术:对网络系统异常访问、探测及操作等事件及时进行核查、记录和追踪;

(10)备份恢复技术:网络系统出现意外情况时,为及时恢复系统和数据而进行的预先备份等技术方法。

四、防火墙技术

(一)什么是防火墙

防火墙(Fire Wall)是用来连接两个网络并控制两个网络之间相互访问的系统,如图6-52所示。防火墙用于对进出的所有数据进行分析,并对用户进行认证,从而防止有害信息进入受保护网,为网络提供安全保障。

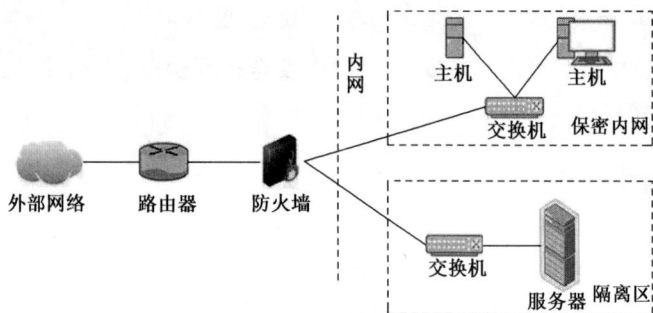

图 6-52　防火墙的位置与功能示意图

（二）防火墙的主要功能

1.网络安全防护

防火墙允许网络人员定义一系列访问规则来防止非法用户进入内部网络,禁止存在不安全因素的访问进出网络,并抗击来自各种线路的攻击。

2.安全警报

通过防火墙可以方便地监视网络的安全性,并产生报警信号。

3.部署网络地址转换（NAT）

防火墙具备 NAT 功能,可以部署在网络出口,用来将局域网接入 Internet 的机构,可以通过网络地址转换（NAT）来完成内部私有地址到外部注册地址的映射。

4.监控网络流量

由于进出网络的所有流量均通过防火墙进行数据交换,所以防火墙可以对局域网内部用户访问 Internet 的数据进行记录。

5.保护服务器安全

防火墙同样还是部署 WWW 服务器和 FTP 服务器的理想位置。它允许 Internet 上的其他用户访问上述服务器,而禁止访问内部受保护的其他系统。

五、网络防病毒技术

（一）计算机病毒的定义

计算机病毒是指编制者在计算机程序中插入的破坏计算机功能或者破坏数据,影响计算机使用并且能够自我复制的一组计算机指令或者程序代码。

（二）计算机病毒的特点

计算机病毒都是人为制造的、具有一定破坏性的程序,它不同于生物意义上的传染病毒。

计算机病毒具有以下一些基本特征。

1. 传染性

计算机病毒能通过各种渠道从已被感染的计算机扩散到未被感染的计算机,而计算机中被感染的文件又会成为新的传染源,再与其他机器进行数据交换或通过网络接触,使病毒传播范围越来越广。

2. 繁殖性

计算机病毒可以像生物病毒一样进行繁殖,当正常程序运行时,它也运行并进行自身复制。是否具有繁殖的特征,是判断某段程序是否为计算机病毒的首要条件。

3. 隐蔽性

计算机病毒往往是短小精悍的程序,若不经过代码分析,病毒程序和普通程序是不容易区分开的。正因为如此,病毒在被发现之前一般已经过了广泛的传播。

4. 潜伏性

计算机病毒程序进入系统之后一般不会马上发作,可以在几周或者几个月内甚至几年内隐藏在合法文件中,对其他系统进行传染,而不被人发现。

5. 触发性

触发病毒程序的条件较多,可以是内部时钟,系统的日期和用户名,也可以是网络的一次通信等。一个病毒程序可以按照设计者的要求,在某个计算机上激活并发出攻击。

6. 破坏性

计算机病毒的最终目的是破坏系统的正常运行,轻则降低速度,影响工作效率;重则删除文件内容、抢占内存空间甚至对硬盘进行格式化,造成整个系统的崩溃。

7. 衍生性

计算机病毒本身由几部分组成,所以它可以被恶作剧者或恶意攻击者模仿,甚至对计算机病毒的几个模块进行修改,使之衍生为不同于原病毒的另一种计算机病毒。

8. 不可预见性

计算机病毒的制作技术不断提高,种类也不断增加,而防病毒技术却落于其后。新系统、新软件的应用,也为病毒制作提供了方便。预测未来计算机病毒的类型、特点及破坏性等均很困难。

(三)计算机病毒的分类

1. 按照依附的媒体类型分类

(1)网络病毒:通过计算机网络感染可执行文件的计算机病毒。

(2)文件病毒:主攻计算机内文件的病毒。

(3)引导型病毒:是一种主攻感染驱动扇区和硬盘系统引导扇区的病毒。

2.按照计算机特定算法分类

(1)附带型病毒:通常附带于一个 EXE 文件上,其名称与 EXE 文件名相同,但扩展是不同的,一般不会破坏更改文件本身,但在磁盘操作系统(DOS)读取该时首先激活的就是这类病毒。

(2)蠕虫病毒:它不会损害计算机文件和数据。蠕虫病毒入侵并控制了一台计算机后,就以此计算机为宿主,进而通过网络感染下一台计算机。

(3)可变病毒:该病毒可以改变自身内部结构,每次感染计算机系统都会自我重写和重新编程,很难被发现。

(四)计算机病毒的危害

1.破坏计算机数据

计算机病毒激发后会通过格式化、改写、删除、破坏设置等破坏计算机储存数据。窃取用户隐私信息(如银行密码、账户密码),盗用用户财产或利用被病毒控制的用户计算机进行非法行为。

2.占用计算机空间、抢占内存资源

计算机病毒自我复制、传播会占用磁盘扇区。同时会抢占内存空间,影响计算机运行速度,影响正常的系统运行和软件使用,造成系统运行不稳定或瘫痪。

3.攻击硬盘

一种被命名为"鬼影"的电脑病毒,寄生在磁盘主引导记录(MBR),即使格式化重装系统,也无法将该病毒清除。当系统再次重启时,该病毒会早于操作系统内核先行加载。而当病毒成功运行后,在进程中、系统启动加载项里找不到任何异常,病毒就像"鬼影"一样在中毒电脑上"阴魂不散"。

4.破坏主板

CIH 病毒掀起了不小的波澜。以前的各种病毒最多只能破坏硬盘数据,而 CIH 病毒却能侵入主板上的 Flash BIOS,破坏其内容而使主板报废。

5.攻击网络

"网游大盗""德芙""QQ 木马""灰鸽子"等以盗取用户密码账号、个人隐私、商业秘密、网络财产为目的的木马病毒越来越多地影响着人们的日常生活。

(五)计算机病毒的主要来源

据统计,目前 70% 的病毒来源于在网络感染,例如访问非法网站、病毒邮件、不明链接等,还有一些来自磁盘带、光盘、系统安装盘、U 盘、移动硬盘等存储设备。

(六)防病毒软件的应用

(1)网络防病毒软件的功能。

网络防病毒软件能对文件服务器和工作站进行查毒扫描,发现病毒后立即报警并隔离带

毒文件,由网络管理员负责清除病毒。

(2)网络防病毒软件扫描方式有实时扫描、预置扫描、人工扫描三种方式。

(3)常见的网络防病毒软件。

常见的国内防病毒软件有 360 杀毒、360 安全卫士、瑞星杀毒、金山毒霸、火绒安全软件、电脑管家、鲁大师等,国外的有卡巴斯基、比特梵德、Avast、Norton 诺顿等,在选择时,出于安全考虑,尽量使用国内的杀毒软件比较安全。

第七章

文明服务

本章主要介绍服务的基本知识、公路收费及监控员形象标准、队列动作和指挥动作标准、普通话和服务用语标准、收费服务礼仪标准、监控服务标准。本章形象标准和收费员服务礼仪标准示意图均来自广州交通投资集团有限公司员工,由于各高速公路运营管理情况不一,相关文明服务示意图不限于本章图示。

第一节　服务的基本知识

一、服务的定义

服务一般是指社会成员之间相互提供方便的一类活动,通常可分为有偿的、无偿的、直接或间接地提供方便的经济性劳动服务。

二、服务分类

1.高接触性服务

高接触性服务是指顾客在服务推广过程中参与其中全部或者大部分的活动,如电影院、娱乐场所、公共交通、学校等部门所提供的服务。

2.中接触性服务

中接触性服务是指顾客只是部分在局部时间内参与其中的活动,如银行、律师、地产经纪人等所提供的服务。

3.低接触性服务

低接触性服务是指在服务推广中顾客与服务的提供者接触较少的服务,其间的交往主要是通过仪器设备进行的,如信息中心、邮电通信行业的服务。

高速公路企业为顾客提供包含但不仅限于收费服务、路政服务、救援服务、信息服务、服务区服务等。本章涉及内容仅指收费服务和信息服务(出行服务)。

第二节 形象标准

一、发型

1. 男性发型

男职工不留长发，不剃光头。头发保持顶不散乱、轮廓分明，保守整洁、修剪得体，侧不及耳、前不遮额、后不及领，可使用发泥使头发定型。染发只限于黑色或接近发色的自然色。可参考图 7-1。

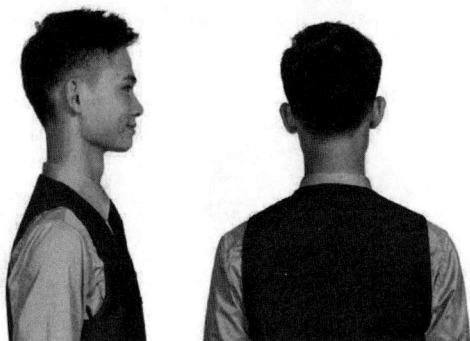

图 7-1　男职工发型参考

2. 女性发型

（1）发型：女职工发型以端庄为宜。长发必须统一扎束，束发在高于后发际线一掌的位置为宜，盘于脑后，佩戴统一的头花，发网呈现饱满状，多余发用发胶、发夹固定，不同时使用两种或两种以上头饰（不含黑色发夹），发夹须接近自然发色。不能束发的短发保持整洁自然，且前不遮眉、侧不及耳、后不及领。染发只限于黑色或接近发色的自然色。女职工发型参考如图 7-2 所示。

（2）刘海：刘海须保持在眉毛上方。不能束发的短发保持整洁自然。女职工刘海参考如图 7-3 所示。

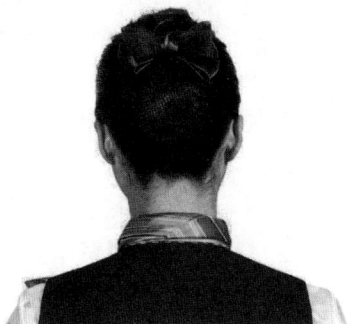

图 7-2　女职工发型参考　　　　图 7-3　女职工刘海参考

二、面容妆容

1. 男性面容

男性面容干净整洁不留胡须和鬓角。如图 7-4 所示。

2. 女性面容

女职工妆容以化淡妆为宜。如图 7-5 所示。

3. 其他

工作期间,禁止涂有色指甲油,保持手部清洁,不蓄指甲,不涂彩甲;裸露的肌肤不得有文身;不得佩戴结婚戒指以外的饰品(例如项链、手镯、手链、耳环、珠链等)上班。职工手部参考如图 7-6 所示。

图 7-4　男职工面容参考　　　图 7-5　女职工妆容参考　　　图 7-6　职工手部参考

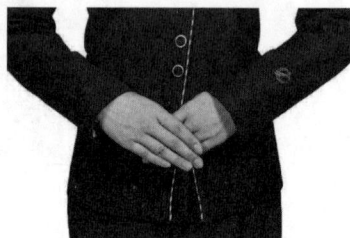

三、着装

为增强集体组织观念、弘扬企业精神,各高速公路运营管理单位均会要求一线公路收费及监控员工在工作期间规范穿着统一的工作制服。各岗位根据实际情况统一调整换装,确保同一工班内人员服装统一。尤其是车辆通行费收费员作为高速公路窗口岗位人员,他们的着装和形象代表着企业的形象。我国各省高速公路收费及监控员工的工作服装款式各有特点,有些还会采用代表地方特色和风土人情的本土服饰,如采用少数民族服装等作为工作制服。

一般情况下,各单位会要求相关员工在工作期间,规范穿着全套制服。同时为确保着装效果,职工应保持服装整洁、美观。具体可参考如下标准。

1. 规范的衣着

(1)夏装可参考图 7-7。

(2)春、秋装可参考图 7-8。

(3)冬装可参考图 7-9。

图 7-7　男女职工夏装参考　　　图 7-8　男女职工春、秋装参考　　　图 7-9　男女职工冬装参考

2. 鞋袜

职工鞋袜可参考图 7-10 ~ 图 7-12。

图 7-10　女职工裤装鞋袜参考　　　图 7-11　女职工裙装鞋袜参考　　　图 7-12　男职工裤装鞋袜参考

3. 配饰

（1）女职工丝巾：为避免丝巾在收费工作中频繁滑落，建议在丝巾的一角和女收费员马甲、外套的左肩位置缝入一套子母扣，达到固定丝巾不滑落的效果。女职工丝巾佩戴可参考图 7-13。

（2）男职工领带和腰带：男职工佩戴统一发放的领带和领带夹，领带长度不超过皮带，皮带使用有面扣式皮带。男职工领带和腰带可参考图 7-14。

图 7-13　女职工丝巾佩戴参考　　　　　图 7-14　男职工领带和腰带佩戴参考

（3）党徽佩戴：为发挥党员先锋模范作用，党员工作期间将党徽佩戴于外衣左胸前。

四、仪态

良好的仪态是一种规范、一种修养、一种风度，也是更深层次的美。

图7-15 男女职工站姿示范

1. 优雅的站姿

女职工：头正，眼睛平视前方，下巴微微抬起。女式肩部微微下沉，向后扣。从头顶开始，到颈椎，再到尾骨感觉有力将人体挺拔起来。微微挺胸，收腹，立腰，脚跟并拢，两脚按左前右后的顺序呈丁字步站立。右手握左手，呈心形，工作中搭于腹前。

男职工：头正，眼睛平视前方，下巴微微抬起。男式肩部微微下沉，向两侧伸展。从头顶开始，到颈椎，再到尾骨感觉有力将人体挺拔起来。微微挺胸，收腹，立腰，两脚一拳间隔分开，右手握左手拳头。如图7-15所示。

2. 优雅的坐姿

女职工：上身动作同站姿，身体坐于凳子2/3处，手放于大腿两腿之间，两腿并拢，小腿斜摆于体前，脚尖一前一后，放于凳子右侧。

男职工：上身动作同站姿，身体坐于凳子2/3处，手平摊放于大腿之上，上身、大腿、小腿及地面呈90度夹角，两腿分开，两脚同肩宽。男女职工坐姿可参照图7-16。

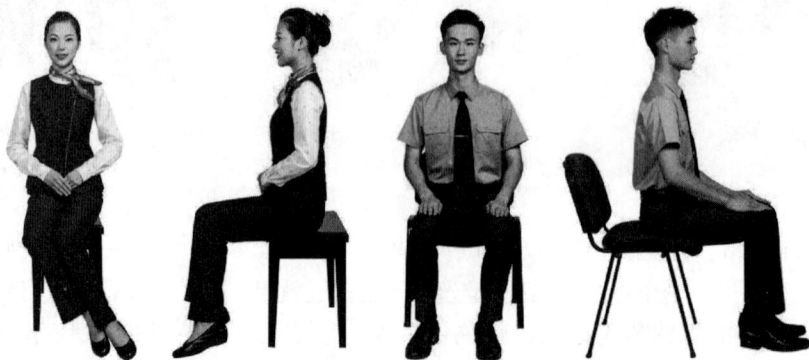

图7-16 男女职工坐姿示范

3. 优雅的走姿

保持目光平视，头正颈直，挺胸收腹，两臂自然下垂前后摆动，身体要保持平稳，从腰部以下开始移动，双手要和谐摆动。走动时，男性应表现出内心的自信和阳刚之美，不要把双手背在身后；女性则应该动作稳健而轻盈，以表现出女性的优雅。出脚和落脚时，脚尖都应指向正前方，避免走路出现内八字或外八字。女职工站姿可参照图7-17。

4. 优雅的手势

上身略向前倾，眼神注视驾驶人，左手五指并拢，手掌与小臂呈一直线，小臂与上臂呈小于

90度夹角,两腿夹紧,呈丁字步站立。左手五指并拢,右手置于小腹前。女职工手势可参照图7-18。

图7-17　女职工站姿示范　　　　图7-18　女职工手势示范

第三节　队列动作和指挥动作标准

一、列队动作

本节所指的列队动作主要是运营管理单位对公路收费及监控员开展岗前半军事化培训管理时所涉及的相关列队动作标准,参考《中国人民解放军队列条令(试行)》(军令〔2018〕60号)内容汇编,如表7-1所示。

列队动作标准　　　　　　　　　　表7-1

序号	内容	口令	要求
1	着装	—	着统一工作服装,整齐划一,整洁,保持队容严整
2	集合	①成班横队 (一列横队)——集合	正确、迅速,基准人员到指挥员左前方适当位置,成立正姿势,其他人员以基准人员为准,依次向左排列,自行看齐
		②成班纵队 (一路纵队)——集合	基准人员迅速到指挥员前方适当位置,成立正姿势,其他人员以基准人员为准,依次向后排列,自行对正
3	解散	解散	队列人员迅速离开原队列位置
4	整齐	①向右(左)看——齐	基准人员不动,其他队员向右(左)转头,眼睛看右(左)领队员腮部,前四名能通视基准人员,自第五名起,以能通视到本人以右(左)第三人为度
		②以×同志为准 向中看——齐	当指挥人员指定"以×同志为准(或以第×名为准)"时,基准人员答"到!"同时左手握拳高举,大臂前伸与肩略平,小臂垂直举起,掌心向右,听到"向中看一齐"的口令后,迅速将手放下,其他队员迅速向右(左)看齐
		③向前——看	迅速将头转正,恢复立正姿势
5	出列	×同志 (或第×位同志)出列	队员听到呼点自己姓名或序号以及"出列"的口令后,应答"是!"然后,走到指挥人员右侧适当位置或指定位置,面向指挥员成立正姿势

序号	内容	口令	要求
6	入列	入列	队员听到"入列"口令后,应答"是!"然后进到队列中去
7	立正	立正	两脚跟靠拢并齐,两脚尖向外分开约60°,两腿挺直,小腹微收,自然挺胸,上体正直,微向前倾,两肩要平,稍向后张,两臂自然下垂,手指并拢自然微曲,拇指尖贴于食指的第二节,中指贴于裤缝,头要正,颈要直,口要闭,下颌微收,两眼向前平视
8	稍息	稍息	左脚顺脚尖方向伸出约全脚的三分之二,两腿自然伸直,上体保持立正姿势,身体重心大部分落于右脚
9	停止间转法	向右(左)——转	以右(左)脚跟为轴,右(左)脚跟和左(右)脚掌前部同时用力,使身体和脚一致向右(左)转90°,体重落在右(左)脚,左(右)脚取捷径迅速靠拢右(左)脚,成立正姿势,转动和靠脚时两腿挺直,上体保持立正姿势
		向后——转	按向右转的要求向后转180°
10	齐步	齐步——走	左脚向正前方迈出约75cm着地,身体重心前移,右脚相同,上体正直,微向前倾,手指轻轻握拢,拇指贴于食指第二关节,两臂前后自然摆动,向前摆臂时,肘部弯曲,小臂自然里合,手心向内稍向下,拇指根部对正衣扣线,并与最下方衣扣同高
11	正步	正步——走	左脚向正前方踢出(腿要绷直,脚尖下压,脚掌与地面平行,离地面约25cm)约75cm,适当用力,使全脚掌着地,同时身体重心前移,右脚相同。上体正直,微向前倾,手指轻轻握拢,拇指贴于食指第二关节,向前摆臂时,肘部弯曲,小臂略成水平,手心向内稍向下,手腕下沿摆到高于最下方衣扣约10cm处(约与第四衣扣同高),离身体约10cm,向后摆臂时(左手心向右,右手心向左),手腕前侧距裤缝线约30cm
12	跑步	跑步——走	听到预令,两手迅速握拳(四指蜷握,拇指贴在食指第一关节和中指第二关节上)提到腰际,约与腰带同高,掌心向下,肘部稍向里合,听到动令,上体微向前倾,两腿微弯,同时左脚利用右即掌的蹬力跃出约85cm,前脚掌先着地,身体重心前移,右脚要求相同,两臂前后自然摆动,向前摆臂时,大臂略直,肘部贴于腰际,小臂略平,稍向里合,两拳两侧各距衣扣线约5cm;向后摆臂时,拳贴于腰际
13	踏步	踏步——走(停止间口令) 踏步(行进间口令)	两脚在原地上下起落(拍起时,脚尖自然下垂,离地面约15cm;落下时,前脚掌先着地)上体保持正直,两臂按齐步的要求摆动,踏步时听到"前进"的口令,继续踏两步,再换齐步或跑步前进
14	立定	立——定	齐步和正步时,听到口令,左脚再向前大半步着地,两腿挺直,右脚取捷径靠拢左脚,成立正姿势;跑步时,听到口令,再跑两步,然后左脚向前大半步(两拳收于腰际,停止摆动)着地,右脚靠拢左脚同时将手放下,成立正姿势;踏步时,听到口令,左脚踏一步,右脚靠拢左脚,原地成立正姿势(跑步的踏步,听到口令,连续踏两步,再按上述要求进行)
15	步法变换	齐步、正步、跑步	步法变换,均从左脚开始;齐步、正步互换,听到口令,即换正步或齐步行进;齐步换跑步,听到口令,两手迅速握拳提到腰际,两臂前后自然摆动,听到动令,即换跑步行进;跑步换齐步,听到动令,继续跑两步,然后换齐步行进

续上表

序号	内容	口令	要求
16	行进间转法	向右(左)转——走	左(右)脚向前半步(跑步时,继续跑两步,再向前半步)脚尖向右(左)约45°,身体向右(左)转90°时,左(右)脚不转动,同时出右(左)脚按原步法向新方向行进,半面向右(左)转走,按向右(左)转走的要求转45°
		向后转——走	左脚向脚前迈出约半步(跑步时,继续跑两步,再向前半步)脚尖向右约45°,以两脚的前脚掌为轴,向后转180°,出左脚按原步法向新方向行进,转动时,保持行进时的节奏,两臂自然摆动,不得外张,两腿自然挺直,上体保持正直
17	敬礼①举手礼	敬礼	上体正直,右手取捷径迅速抬起,五指并拢自然伸直,中指微接帽檐右角前约2cm处,手心向下,微向外张(约20°),手腕不得弯曲,右大臂略平,与两肩略成一线,同时注视受礼者
	敬礼②注目礼		面向受礼者成立正姿势,同时注视受礼者,并目迎目送(右、左转头角度不超过45°)
18	礼毕	礼毕	迅速将手放下,成立正姿势,行注目礼者,迅速将头转正
19	脱帽	脱帽	双手捏帽檐或帽前端两侧,将帽取下,置于左小臂上,帽微向前,掌心向上,四指扶帽檐或帽前端中央处,小臂略成水平
20	戴帽	戴帽	双手捏帽檐或帽前端两侧,将帽迅速戴正
21	坐下	坐下	左小腿在右小腿后交叉,迅速坐下,两手自然放在两膝上,上体保持正直
22	蹲下	蹲下	右脚后退半步,臀部坐在右脚跟上(膝盖不着地)两手自然放在两膝上,上体保持正直
23	起立	起立	全身协力迅速起立,成立正姿势
24	横队和纵队的互换	向右(左)——转(停止间)向右(左)转走(行进间)	整齐划一,动作标准
25	指挥	—	姿势正确,指挥准确,口令标准,声音清晰洪亮
26	报数	报数	横队从右至左(纵队由前向后)依次以短促洪亮的声音转头(纵队向左转头)报数,最后一名不转头

二、指挥动作

本节所指的指挥动作是车辆通行费收费员在岗工作期间,遇特殊情况需对收费岗亭外车辆进行指挥引导的相关动作标准,如表7-2所示。

指挥动作标准　　　　　　　　　　　　　　　　　　　　　表7-2

序号	项目	要求	内容
1	士气	精神振作	着装:整洁、统一、配套齐全。 精神面貌:精神振作,注意力集中,士气高昂
2	直行	身体保持正直,出手有力,头手同步移动,目视前方	①头右摆45°,右手平起与肩同高,五指并拢,掌心向内;②右手放下,头摆45°成立正势;③头左摆45°,左手平起与肩同高,五指合拢,掌心向内;④左手放下,头摆45°成立正姿势

续上表

序号	项目	要求	内容
3	直行辅助	头手同步移动,摆臂要有力度,折臂迅速	①出左手与肩同高,头左摆45°;②出右手与肩同高,头右摆45°;③收右手折于胸前,头摆左45°;④右手复原,头右摆45°;⑤右手收于胸前,头摆45°;⑥回收右臂垂直放下,头摆正;⑦左手放下,成立正姿势
4	左转弯	出左手时向斜前方45°头迅速摆正,目视前方动作干净利索	①右手立掌向前方平伸,头摆左45°;②出左手向斜前方摆,头部摆正45°;③收左手冲头摆45°成大转弯式;④出左手向斜前方摆,头部摆正45°;⑤收左手头摆正;⑥右手迅速放下成立正姿势
5	右转弯	出右手时向斜前方45°头迅速摆正,目视前方动作干净利索	①出左手立掌向前伸,头摆右45°;②出右手斜前方摆45°头部摆正45°;③收右手,头摆正;④出右手斜前方摆45°,头部摆正45°;⑤收右手,头摆正;⑥左手迅速放下成立正姿势
6	待转	左手举45°时,两眼目视左手,做到目光随手移动	①出左手向前方斜45°,两眼目视左手;②右手下摆15°,两眼目光随手走;③回位于左手45°;④左手下摆15°,两眼目光随手走;⑤左手收回成立正姿势
7	停车	出手定位迅速,准确	①左手立掌于头顶角度125°,五指并拢,两眼目视前方;②左手迅速放下成立正姿势
8	停车辅助	右手向左摆动45°时头不动,两眼目视前方,动作完毕时迅速恢复立正姿势	①出左手立掌高于头顶角度125°;②出右手直掌90°;③右手向左方摆45°;④复位直掌90°;⑤右手向左摆45°;⑥收于直掌90°;⑦同时收双手成立正姿势
9	减速慢行	出右手时斜与肩同高下摆45°,目光随手动	①出右手斜90°与肩同高,两眼目视右手;②右手下摆45°两眼目光随手动;③右手复原与肩同高;④右手再下摆45°,目光随手走;⑤右手迅速收于立正姿势
10	倒车	双臂折起成直角90°,动作有力,干净利索	①两手向前平伸,反掌,手心向上,两臂夹紧,成90°直角;②两臂向上折起,成90°直角;③重复第一个动作要领;④两臂向上折起,90°直角;⑤两臂迅速收回,成立正姿势
11	倒车辅助	左右手平伸时,两手夹紧;右手成90°直角时动作有力,干净利索	①左手向前平伸,立掌,成90°直角;②右手向前平伸,反掌掌心向上,成90°直角;③右手折起成90°直角;④右手伸掌掌心向上;⑤右手迅速折起成90°直角;⑥两手迅速收回,成立正姿势

第四节　普通话和服务用语标准

一、普通话标准

1.普通话的使用

公路收费及监控员在工作期间,应使用文明服务用语,以使用普通话为原则,但允许根据司乘人员的实际需要使用方言交流。

（1）提倡应时应节应现场情景与司乘人员温馨交流，营造良好的交流氛围。

（2）使用普通话语言要准确，恰当，说话力求语意完整。

（3）语言、表情要协调一致，力求词达意显。

2.普通话的训练技巧

普通话的主要训练方式为口腔运动操。通过利用控制口腔咬字器官唇、齿、舌、腭、颊的力度，来增强口腔的吐字能力。主要包括4种练习方式：

（1）面部按摩，即用双手顺序沿眼睛四周、额头、两鬓、双耳、口腔四周进行按摩致使面部生热，精神放松，鼻腔通道通畅，达到口腔肌肉松弛自如的目的。

（2）开口练习，身体端坐，两目平视，用右手轻抵下颌，做开口练习。做开口练习时感觉像打哈欠一样，切忌用力往下开口，要感觉颈部的后拽力量。其目的是发好 a，o 单韵母。

（3）撮口练习，做单韵母 i，u，ü 的连续发音动作但不出声，注意力量主要用在 ü 上，做此训练可增强口腔的力度和控制作用。

（4）舌头练习，即通过舌头往外伸，向里卷，左顶，右顶及沿门齿外周的转动训练吐字器官舌头的顶、卷、弹、吐的力量及灵活性。

二、服务用语标准

（一）日常工作用语规范

工作用语是职工在工作时间内，相互传递信息，对外进行交流的语言工具，是个人文化素养和单位文明程度的具体体现，所以公路收费及监控员应在服务过程中规范使用服务用语，不讲粗言秽语和闲言碎语。和服务对象交流时，热情问候、礼貌道谢，语言温婉亲切，音量要求以客人能听清楚为准。对司乘人员的疑难问题，应认真倾听，耐心解答，体现对司乘人员的尊敬和友爱。坚持使用"您好"或"请"开头，"谢谢""再见"或"清楚"结束的规范用语。

1.基本礼貌用语

（1）您好（或早上好、下午好、晚上好）！

（2）请问您的车是多少座？

（3）请拿好通行卡。

（4）请出示通行卡。

（5）请交费＊＊元。

（6）收您＊＊元。

（7）找您＊＊元。

（8）对不起。

（9）请原谅。

（10）请您理解。

（11）谢谢您的合作。

（12）感谢您的表扬，这是我们应该做的。

(13)欢迎您留下宝贵意见。

(14)谢谢,请走好。

(15)祝您一路平安。

(16)祝您周末(节日)愉快。

2.收费服务过程中特殊场合基本礼貌用语

(1)凡因操作失误或己方责任导致驾驶人等待时间过长时,必须先对驾驶人说:"请稍等!"

(2)对于驾驶人提出的疑问必须回答,如果自己不懂,则应说:"对不起,请稍等,我请值班站长(或其他人)来解决。"

(3)如果短时间不能解释清楚且需驾驶人配合暂时驶出车道时,应说:"对不起,请先付通行费＊＊元! 您驶出车道后向右停,我请值班站长(或其他人)来解决。"报监控派现场人员前往解答。

(4)收费员对驾驶人递交的钱币必须做到唱收唱找。

(5)监控员对某个收费亭讲话:＊＊车道请注意! 请你……

(6)监控员对全体收费员讲话:全体收费员请注意!……

(7)监控员接听某个收费亭的请求对话:请讲,请问什么事?……

(8)使用无线对讲机讲话:＊＊(号码),听到请回答。……再见!

(9)接听无线对讲:＊＊(号码),这里是＊＊,请讲话(重复)。……收到(明白)。

(10)监控员使用外线电话请求帮助:您好! 这里是＊＊高速,在某处发生某事,请您提供……的帮助。谢谢!

3.收费异常情况文明用语

在收费过程如出现有规律性的异常事项,建议与司乘人员沟通时使用以下指引性文明用语,服务过程应遵循"保畅通与做好服务工作有机结合"的基本原则。

(1)在交接班、设备故障、换发票、换卡夹或其他原因要耽误驾驶人时间时:应说"对不起,我们正在交接班(或相应原因),请您稍等!"

(2)顾客有疑问时应主动积极与顾客沟通,仍无法解决时,应说"请稍等! 我需通知管理人员前来处理。"

(3)对收费有争执的车辆在做好解释工作但无效的情况下,或驾驶人甚至有不文明举动、语言时,不能采取恶意顶撞的方式激化矛盾。应及时通知管理人员到现场处理:"请您稍等! 我们管理人员已前来处理。"

(4)经解释后但事情仍无法处理,如需向上一级请示时,应说:"您好,这事情需由上一级领导来处理,请稍候。"或"您好,我需请示后才能决定,请稍候。"(根据站场情况,应尽量让车辆开离车道,停放在站场范围内再处理,避免阻塞其他车辆通行)

(二)人际交往用语

(1)早上遇到同事或上级要说"早上好"。

(2)在向别人请教了问题后要说"谢谢"。

(3)下班离开时,对还在坚守岗位的人要说"我下班了,再见"。

(4)接听外线电话:您好! ＊＊高速。……

(5)接听内线电话:您好! ＊＊部门。……

(三) 文明礼貌禁语十句

(1)不知道。

(2)没有零钱,自己找。

(3)有意见找领导去!

(4)你自己不会看吗?

(5)催什么,我又没闲着。

(6)快点交费,真慢!

(7)我说了,难道你没听见?

(8)我只管收费,这些你问别人(他们)去!

(9)这不关我的事,随便你怎么样!

(10)这是我的工号(或其他证件),你投诉去吧!

(四) 接待用语

1.上级领导来电话时

(1)当能分清对方身份时。

您好! ＊＊(职务)。

您有什么指示?

请稍等(准备记录)。

好的,我马上向部门(公司)领导汇报。

＊＊再见!

(2)当不能分清对方身份时。

您好,这里是＊＊高速＊＊部门。

好的,我们马上就去落实。

＊＊再见!

2.外单位打电话来时

(1)当对方所需要联系部门与接通电话的部门一致时。

您好! 这里是＊＊高速＊＊部门。

请问我怎么称呼您?

请问需要我给您提供什么服务吗?

请留下您的地址或电话由我帮您转告。

好的,再见!

(2)当对方所需要联系部门与接通电话的部门不一致时。

您好! 这里是＊＊高速＊＊部门。

您所需要的部门电话是……

再见！（如对方说"谢谢"，还可加一句不用客气）

3. 接听电话时禁止说

您找谁？

你要干什么？不知道！

我不管这事！

我不是告诉你了吗，怎么还不明白？

有完没完！

你是哪的？……

第五节　收费服务礼仪标准

车辆通行费收费员在收费或发卡过程中，需将友善的眼神（目视）、优雅的手势（扬手）、真诚的笑脸（微笑）、温馨的问候（文明用语）和快速的操作贯穿其中。收费服务礼仪分为坐姿服务礼仪和站姿服务礼仪两种，坐姿礼仪有直臂式和曲臂式礼仪，各收费公路经营管理单位可根据实际情况选择其中一种礼仪姿势，也可参考以下服务礼仪流程。

一、收费员服务操作标准

1. 入口收费操作流程（表7-3）

入口收费操作标准　　　　　　　　　　表7-3

步骤	来车状态	基本礼仪标准		基本用语
		坐姿	站姿	
正襟瞭望	车辆刚进入车道，车头到达防撞岛	面带微笑，身体自然挺直，左手五指并拢与前臂平放于窗台边前1/3～1/2处，右手放于操作台上。双腿自然合拢，面向来车方向。（车道连续来车可省略此步骤，但仍需目视、微笑）	面带微笑，挺胸收腹，身体与来车方向垂直，双脚呈45°。（车道连续来车可省略此步骤）	无
微笑迎车	车已进入车道，车头到达收费亭前处	保持微笑，扬起左手五指自然并拢，手掌心迎向来车方向，后臂与前臂约成90°夹角。（车道连续来车可省略此步骤，但仍需目视、微笑）	身体向左转45°，身体向前倾约15°，微笑迎接车辆，双手交叉放于小腹前。（车道连续来车仍需微笑迎车）	无
目视点头	车停到收费窗口处	面带微笑，目视驾驶人，点头示意，右手操作发卡。微笑并左手交卡给驾驶人。（车道连续来车可省略此步骤，但仍需目视、微笑，使用文明用语）	面带微笑，目视驾驶人，点头示意，右手操作发卡。微笑并左手交卡给驾驶人。（车道连续来车仍需目视点头，使用文明用语）	"您好！请拿好卡"

续上表

步骤	来车状态	基本礼仪标准		基本用语
		坐姿	站姿	
扬手送行	驾驶人接卡后,车辆离开前	面对微笑,身体微侧,与来车约成30°角。左手送行,左手后臂与身体成45°角。前臂与后臂成90°角,手掌与前臂成一直线,左手五指并拢(掌心与地面垂直),轻贴窗户边框。右手自然放于操作台面上。手势停留2s,目视驾驶人离开。(车道连续来车可省略此步骤,但仍需目视,微笑,使用文明用语)	面带微笑,身体微侧,与来车约成30°角。左手送行,左手后臂与身体成45°角。前臂与后臂成90°角,手掌与前臂成一直线,左手五指并拢(掌心与地面垂直),轻贴窗户边框。女员工右手放于小腹前,男员工右手自然垂直。手势停留2s,如驾驶人仍未离开,请目视至驾驶人离开窗口。(车道连续来车可省略此步骤)	"谢谢!祝您一路平安!"

2.出口收费操作流程(表7-4)

出口收费操作标准   表7-4

步骤	来车状态	基本礼仪标准		基本用语
		坐姿	站姿	
正襟瞭望	车辆刚进入车道,车头到达防撞岛	面带微笑,身体自然挺直,左手五指并拢与前臂平放于窗台边前1/3~1/2处,右手放于操作台上。双腿自然合拢,面向来车方向。(车道连续来车可省略此步骤,但仍需目视,微笑)	面带微笑,挺胸收腹,身体与来车方向垂直,双脚呈45°。(车道连续来车可省略此步骤)	无
微笑迎车	车已进入车道,车头到达收费亭前处	保持微笑,扬起左手五指自然并拢,手掌心迎向来车方向,后臂与前臂约成90°角。(车道连续来车可省略此步骤,但仍需目视,微笑)	身体向左转45°,身体向前倾约15°,微笑迎接车辆,双手交叉放于小腹前。(车道连续来车仍需微笑迎车)	无
目视点头	车停到收费窗口处	面带微笑,目视驾驶人,点头示意,右手自然放在操作台上,左手自然放平。(车道连续来车可省略此步骤,但仍需目视,微笑,使用文明用语)	面带微笑,目视驾驶人,点头示意,右手自然放在操作台上,左手自然放平。(车道连续来车可省略此步骤,但仍需目视,微笑,使用文明用语)	"您好!请出示通行卡"(若驾驶人已递卡此句可省)
	驾驶人提供卡及钱→接发票	微笑并伸出左手接卡,右手操作。(车道连续来车可省略此步骤,但仍需目视,微笑,使用文明用语)	微笑并伸出左手接卡,右手操作。(车道连续来车仍需目视点头,使用文明用语)	"收您＊＊元""找您＊＊元"
扬手送行	驾驶人接票后,车辆离开前	面带微笑,身体微侧,与来车约成30°角。左手送行,左手后臂与身体成45°角。前臂与后臂成90°角,手掌与前臂成一直线,左手五指并拢(掌心与地面垂直),轻贴窗户边框。右手自然放于操作台面上。手势停留2s,目视驾驶人离开。(车道连续来车可省略此步骤,但仍需目视,微笑,使用文明用语)	面带微笑,身体微侧,与来车约成30°角。左手送行,左手后臂与身体成45°角。前臂与后臂成90°角,手掌与前臂成一直线,左手五指并拢(掌心与地面垂直),轻贴窗户边框。女员工右手放于小腹前,男员工右手自然垂直。手势停留2s,如驾驶人仍未离开,请目视至驾驶人离开窗口。(车道连续来车可省略此步骤)	"请拿好票,谢谢!找您＊＊元,谢谢(一路平安)!"

3.快速操作服务细心

(1)在收费操作时,应快速、准确、细心,向司乘人员提供优质服务,提高司乘人员的满意度。

(2)正常情况下收费人员必须熟练、快速地进行收费和发卡操作。

(3)收费员应熟练掌握各类业务知识,快速、清楚、正确地解释驾驶人提出的收费相关问题。

二、收费员服务操作图示

1.坐姿收费服务图示

(1)正襟瞭望如图7-19所示。

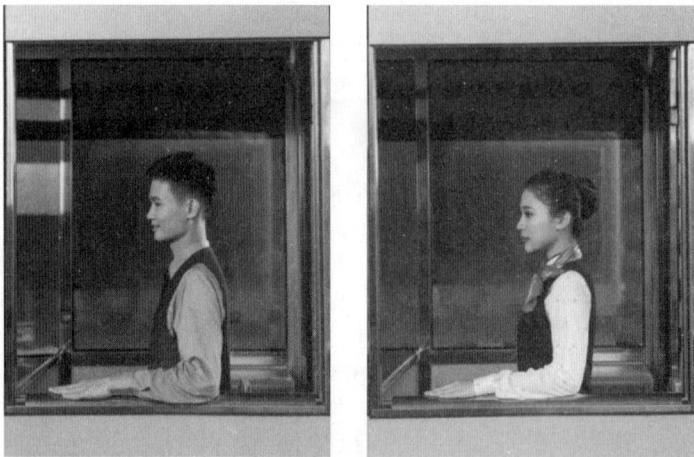

图7-19　坐姿正襟瞭望示意图

(2)微笑迎车如图7-20所示。

图7-20　坐姿微笑迎车示意图

（3）目视点头如图 7-21 所示。

图 7-21　坐姿目视点头示意图

（4）扬手送行如图 7-22 所示。

图 7-22　坐姿扬手送行示意图

2.站姿收费服务图示

（1）正襟瞭望如图 7-23 所示。

图 7-23　站姿正襟瞭望示意图

(2)微笑迎车如图 7-24 所示。

图 7-24　站姿微笑迎车示意图

(3)目视点头如图 7-25 所示。

图 7-25　站姿目视点头示意图

(4)扬手送行如图 7-26 所示。

图 7-26　站姿扬手送行示意图

三、服务工号牌

收费员工上岗时,应将本人服务工号牌放置于收费亭台面靠窗处,面朝驾驶人。如图7-27所示。

图7-27　服务工号牌放置示意图

四、收费现场简单业务纠纷处理应对参考

1. 无入口信息卡、无通行介质卡、丢卡

应对措施:礼貌向驾驶人询问入口站,并及时上报当班管理人员,通过联网稽核系统核查,要做到礼貌解释、坚持原则。

2. 假钞或怀疑假钞

应对措施:遇到顾客递来的是假钞或怀疑假钞时,要礼貌地并以商量的语气请驾驶人更换,不得出现谴责驾驶人的行为,如驾驶人不配合,应及时上报管理人员处理。

3. 非免费车要求免费时

应对措施:礼貌向驾驶人解释相关收费政策,如驾驶人不配合不理解时应及时上报当班管理人员到场处理,做到"应免不征、应收不漏"。

4. 对收费金额有争议、临界车型或无理取闹的车辆

应对措施:礼貌向驾驶人解释相关收费政策,在做好解释工作无效的情况下,或驾驶人甚至有不文明的举动,语言,要避免矛盾激化,不得采取以牙还牙、恶意顶撞的方式,应及时上报管理人员到现场处理。

5. (高速公路复合通行卡)(CPC卡)车辆误走电子不停车收费(ETC)车道

应对措施:收费现场人员及时到场处理,通过移动设备进行收费,必要时抬杆让车辆开出车道再进行收费处理,确保ETC车道畅通。

6. 超限车

应对措施:礼貌向驾驶人解释相关政策,及时上报管理人员到现场处理,入口要按规定拒

绝超限车进入高速公路,并及时向交通执法部门报告。

7.节假日非免费车走免费专用车道

应对措施:现场人员及时到场处理,引导车辆开出专用车道后协助驾驶人到收费车道交费,确保免费专用车道畅通。

8.移动支付车辆要求纸质发票(未开通移动支付打印纸质发票路段)

应对措施:礼貌向驾驶人介绍电子发票的开票渠道和方法,如驾驶人需要现场打印纸质发票,要及时向管理人员报告,通过站场办公电脑登录协助驾驶人打印纸质发票。

第六节　监控服务标准

路况信息采集和发布员在处理对内或对外监控工作中,可参考本节监控服务的相关内容做好文明服务工作。

一、服务内容

(1)接听顾客咨询电话,提供路况咨询、交通拯救服务及各类信息咨询服务。

(2)受理顾客意见的具体工作,包括投诉的受理、初步的沟通与解释、投诉处理表的流转、跟进投诉处理进程、电话回访、投诉资料的汇总、存档等工作。

二、基本要求

(1)监控中心人员配置充足,排班合理,能满足监控客服工作的实际需要,确保二十四小时在岗,客服电话畅通。工号实行统一规划和编排,监控人员对内、对外话务工作时应主动报号,自觉接受监督。

(2)监控客服人员应熟悉相关法律法规、管理制度、工作流程、各种监控收费软件以及本路段的基本情况,具有良好的语言组织及表达能力,积极为各类客户解决问题,解答问题时流利、有条理,不敷衍、怠慢。

(3)监控人员工作期间应着装统一,坐姿端正,形象良好,微笑服务,注意使用规范礼貌用语。

(4)监控客服人员接打电话时语速、音量适中,吐字清晰,语气亲切自然,语调柔和;接听电话时应集中精神,听清来电内容并妥善应答,态度和蔼,尊重各类客户,不得随意打断、插话、反问客户,不与客户争辩。

三、基本工作流程

(1)监控人员接听客服电话,初步沟通与信息收集,建立顾客意见工单,流转相关业务部门进行处置。相关部门处置后流转回监控中心。

(2)监控人员对事件处置结果与顾客进行核实、回访。回访顾客无异议后进行登记,客服业务处理完结;如顾客有异议,将顾客反馈意见如实填写,抄送相关部门、领导进行后续跟进处置直至事件完结。

(3)各类工单资料存档完整,摆放有序,查阅方便。

四、投诉话务处理的注意事项

(1)熟练掌握并灵活运用相关业务知识与工作中积累的丰富实际经验,是做好客服投诉处理工作的根基。

(2)对于客服人员来说,大部分的客户投诉并不是针对电话另一端的人员,接听处理投诉时不必紧张上火,紧张会影响思路和表达,容易给出错误应答,应尽量沉着应对。

(3)对于客服人员来说,关键是尽职尽责(按规定处置或按规定应答)就好了,超出岗位职责范围的事,并不是客服人员需要承担的责任;对于一些特殊情况,也应该要有足够的敏感性,要视情况及时报告领导请示处理意见。

(4)投诉的客户与客服人员是平等的,不会因为受理投诉,客服人员就矮人一截,应该有理有据有节地大胆开展工作。

(5)对于客户的要求和意见,受理人员没有义务完全予以满足,关键需要区分意见是否合理、是否有法律规定的支持。但不管怎样,受理人员都要做到有所回应,耐心解答。

(6)有时适当放慢对话速度,能达到更好的对话效果。一来便于集中精神、听清来电内容,能让说出来的话多经过思考,更为慎重稳妥,避免忙中说错话;二来可以让客户感受到你的耐心和善意,营造好的对话氛围;三来可以避免让人觉得你在与之抢话、争论,从而恶化对话氛围。

(7)无论何时,服务态度一定要好,否则合理性的工作会被动摇,之前的努力容易白费。

(8)对于不同的投诉客户,结合自身特点(特长)采取相应的沟通方式(如倾听、安抚、沟通等)也很重要。

(9)在投诉处理过程中,要有适度的换位思考(即同理心,但不是放弃原则和规定),这能让客户感觉到尊重理解,这是融洽人际关系的最佳润滑剂。

(10)在不违反法律、规章制度的前提下,在力所能及范围内,给予客户适当的帮助、提醒,体现人文关怀。

(11)主动沟通、化解矛盾,可以让客户感受到你的尊重和真诚;反之,如果推诿消极,客户感受的是敷衍而不是尊重,不利于问题的解决,抱怨容易升级。

(12)无论是现场一线收费人员,还是电话旁的监控员、客服人员,面对情绪化的客户,耐心倾听和细致解释总能多少缓解情绪,至少不会让矛盾升级。

涉及高速公路联网收费的客户投诉处理,根据交通运输部办公厅《关于印发收费公路联网收费客户投诉处理实施细则(试行)的通知》(交办公路函〔2020〕781号)、《收费公路联网收费运营和服务规则(2019)》(交办公路函〔2019〕873号),及上级有关文件、要求执行。

第八章

相关法律、法规知识

本章主要介绍《中华人民共和国民法典》《中华人民共和国劳动法》《中华人民共和国劳动合同法》《中华人民共和国安全生产法》《中华人民共和国公路法》《中华人民共和国道路交通安全法》《中华人民共和国突发事件应对法》《中华人民共和国道路交通安全法实施条例》《收费公路管理条例》《公路安全保护条例》《超限运输车辆行驶公路管理规定》中与公路收费及监控员职业相关的法律、法规知识。

《中华人民共和国民法典》

2020 年 5 月 28 日,十三届全国人大三次会议表决通过了《中华人民共和国民法典》自2021 年 1 月 1 日起施行。婚姻法、继承法、民法通则、收养法、担保法、合同法、物权法、侵权责任法、民法总则同时废止。

第二章　自　然　人

第十七条　十八周岁以上的自然人为成年人。不满十八周岁的自然人为未成年人。

第十八条　成年人为完全民事行为能力人,可以独立实施民事法律行为。

十六周岁以上的未成年人,以自己的劳动收入为主要生活来源的,视为完全民事行为能力人。

第五章　民　事　权　利

第一百零九条　自然人的人身自由、人格尊严受法律保护。

第一百一十条　自然人享有生命权、身体权、健康权、姓名权、肖像权、名誉权、荣誉权、隐私权、婚姻自主权等权利。

法人、非法人组织享有名称权、名誉权和荣誉权。

第八章　民　事　责　任

第一百八十三条　因保护他人民事权益使自己受到损害的,由侵权人承担民事责任,受益人可以给予适当补偿。没有侵权人、侵权人逃逸或者无力承担民事责任,受害人请求补偿的,受益人应当给予适当补偿。

第一百八十四条 因自愿实施紧急救助行为造成受助人损害的,救助人不承担民事责任。

第一百八十五条 侵害英雄烈士等的姓名、肖像、名誉、荣誉,损害社会公共利益的,应当承担民事责任。

《中华人民共和国劳动法》

本法自 1995 年 1 月 1 日起施行,1994 年 7 月 5 日第八届全国人民代表大会常务委员会第八次会议通过,根据 2009 年 8 月 27 日第十一届全国人民代表大会常务委员会第十次会议《关于修改部分法律的决定》第一次修正,根据 2018 年 12 月 29 日第十三届全国人民代表大会常务委员会第七次会议《关于修改〈中华人民共和国劳动法〉等七部法律的决定》第二次修正。

第一章 总 则

第三条 劳动者享有平等就业和选择职业的权利、取得劳动报酬的权利、休息休假的权利、获得劳动安全卫生保护的权利、接受职业技能培训的权利、享受社会保险和福利的权利、提请劳动争议处理的权利以及法律规定的其他劳动权利。

劳动者应当完成劳动任务,提高职业技能,执行劳动安全卫生规程,遵守劳动纪律和职业道德。

第七条 劳动者有权依法参加和组织工会。

工会代表和维护劳动者的合法权益,依法独立自主地开展活动。

第八条 劳动者依照法律规定,通过职工大会、职工代表大会或者其他形式,参与民主管理或者就保护劳动者合法权益与用人单位进行平等协商。

第二章 促 进 就 业

第十二条 劳动者就业,不因民族、种族、性别、宗教信仰不同而受歧视。

第十三条 妇女享有与男子平等的就业权利。在录用职工时,除国家规定的不适合妇女的工种或者岗位外,不得以性别为由拒绝录用妇女或者提高对妇女的录用标准。

第十四条 残疾人、少数民族人员、退出现役的军人的就业,法律、法规有特别规定的,从其规定。

第十五条 禁止用人单位招用未满十六周岁的未成年人。

文艺、体育和特种工艺单位招用未满十六周岁的未成年人,必须遵守国家有关规定,并保障其接受义务教育的权利。

第三章 劳动合同和集体合同

第十七条 订立和变更劳动合同,应当遵循平等自愿、协商一致的原则,不得违反法律、行政法规的规定。

劳动合同依法订立即具有法律约束力,当事人必须履行劳动合同规定的义务。

第二十条　劳动合同的期限分为有固定期限、无固定期限和以完成一定的工作为期限。

劳动者在同一用人单位连续工作满十年以上,当事人双方同意续延劳动合同的,如果劳动者提出订立无固定期限的劳动合同,应当订立无固定期限的劳动合同。

第二十五条　劳动者有下列情形之一的,用人单位可以解除劳动合同:

(一)在试用期间被证明不符合录用条件的;

(二)严重违反劳动纪律或者用人单位规章制度的;

(三)严重失职,营私舞弊,对用人单位利益造成重大损害的;

(四)被依法追究刑事责任的。

第二十九条　劳动者有下列情形之一的,用人单位不得依据本法第二十六条、第二十七条的规定解除劳动合同:

(一)患职业病或者因工负伤并被确认丧失或者部分丧失劳动能力的;

(二)患病或者负伤,在规定的医疗期内的;

(三)女职工在孕期、产期、哺乳期内的;

(四)法律、行政法规规定的其他情形。

第三十一条　劳动者解除劳动合同,应当提前三十日以书面形式通知用人单位。

第四章　工作时间和休息休假

第三十六条　国家实行劳动者每日工作时间不超过八小时、平均每周工作时间不超过四十四小时的工时制度。

第三十八条　用人单位应当保证劳动者每周至少休息一日。

第四十五条　国家实行带薪年休假制度。

劳动者连续工作一年以上的,享受带薪年休假。具体办法由国务院规定。

第五章　工　资

第五十条　工资应当以货币形式按月支付给劳动者本人。不得克扣或者无故拖欠劳动者的工资。

第五十一条　劳动者在法定休假日和婚丧假期间以及依法参加社会活动期间,用人单位应当依法支付工资。

第六章　劳动安全卫生

第五十六条　劳动者在劳动过程中必须严格遵守安全操作规程。

劳动者对用人单位管理人员违章指挥、强令冒险作业,有权拒绝执行;对危害生命安全和身体健康的行为,有权提出批评、检举和控告。

第五十八条　国家对女职工和未成年工实行特殊劳动保护。

未成年工是指年满十六周岁未满十八周岁的劳动者。

第七章　女职工和未成年工特殊保护

第五十九条　禁止安排女职工从事矿山井下、国家规定的第四级体力劳动强度的劳动和其他禁忌从事的劳动。

第六十条　不得安排女职工在经期从事高处、低温、冷水作业和国家规定的第三级体力劳动强度的劳动。

第六十一条　不得安排女职工在怀孕期间从事国家规定的第三级体力劳动强度的劳动和孕期禁忌从事的劳动。对怀孕七个月以上的女职工,不得安排其延长工作时间和夜班劳动。

第六十二条　女职工生育享受不少于九十天的产假。

第六十三条　不得安排女职工在哺乳未满一周岁的婴儿期间从事国家规定的第三级体力劳动强度的劳动和哺乳期禁忌从事的其他劳动,不得安排其延长工作时间和夜班劳动。

第六十四条　不得安排未成年工从事矿山井下、有毒有害、国家规定的第四级体力劳动强度的劳动和其他禁忌从事的劳动。

第九章　社会保险和福利

第七十三条　劳动者在下列情形下,依法享受社会保险待遇:

(一)退休;

(二)患病、负伤;

(三)因工伤残或者患职业病;

(四)失业;

(五)生育。

劳动者死亡后,其遗属依法享受遗属津贴。

劳动者享受社会保险待遇的条件和标准由法律、法规规定。

劳动者享受的社会保险金必须按时足额支付。

第十章　劳动争议

第七十九条　劳动争议发生后,当事人可以向本单位劳动争议调解委员会申请调解;调解不成,当事人一方要求仲裁的,可以向劳动争议仲裁委员会申请仲裁。当事人一方也可以直接向劳动争议仲裁委员会申请仲裁。对仲裁裁决不服的,可以向人民法院提起诉讼。

第八十三条　劳动争议当事人对仲裁裁决不服的,可以自收到仲裁裁决书之日起十五日内向人民法院提起诉讼。一方当事人在法定期限内不起诉又不履行仲裁裁决的,另一方当事人可以申请人民法院强制执行。

第八十四条　因签订集体合同发生争议,当事人协商解决不成的,当地人民政府劳动行政部门可以组织有关各方协调处理。

因履行集体合同发生争议,当事人协商解决不成的,可以向劳动争议仲裁委员会申请仲裁;对仲裁裁决不服的,可以自收到仲裁裁决书之日起十五日内向人民法院提起诉讼。

《中华人民共和国劳动合同法》

本法自 2008 年 1 月 1 日起施行,2007 年 6 月 29 日第十届全国人民代表大会常务委员会第二十八次会议通过,根据 2012 年 12 月 28 日第十一届全国人民代表大会常务委员会第三十次会议《关于修改〈中华人民共和国劳动合同法〉的决定》修正。

第一章　总　　则

第三条　订立劳动合同，应当遵循合法、公平、平等自愿、协商一致、诚实信用的原则。

依法订立的劳动合同具有约束力，用人单位与劳动者应当履行劳动合同约定的义务。

第二章　劳动合同的订立

第十条　建立劳动关系，应当订立书面劳动合同。

已建立劳动关系，未同时订立书面劳动合同的，应当自用工之日起一个月内订立书面劳动合同。

用人单位与劳动者在用工前订立劳动合同的，劳动关系自用工之日起建立。

第十二条　劳动合同分为固定期限劳动合同、无固定期限劳动合同和以完成一定工作任务为期限的劳动合同。

第二十条　劳动者在试用期的工资不得低于本单位相同岗位最低档工资或者劳动合同约定工资的百分之八十，并不得低于用人单位所在地的最低工资标准。

第二十一条　在试用期中，除劳动者有本法第三十九条和第四十条第一项、第二项规定的情形外，用人单位不得解除劳动合同。用人单位在试用期解除劳动合同的，应当向劳动者说明理由。

第三章　劳动合同的履行和变更

第三十二条　劳动者拒绝用人单位管理人员违章指挥、强令冒险作业的，不视为违反劳动合同。

劳动者对危害生命安全和身体健康的劳动条件，有权对用人单位提出批评、检举和控告。

第四章　劳动合同的解除和终止

第三十九条　劳动者有下列情形之一的，用人单位可以解除劳动合同：

（一）在试用期间被证明不符合录用条件的；

（二）严重违反用人单位的规章制度的；

（三）严重失职，营私舞弊，给用人单位造成重大损害的；

（四）劳动者同时与其他用人单位建立劳动关系，对完成本单位的工作任务造成严重影响，或者经用人单位提出，拒不改正的；

（五）因本法第二十六条第一款第一项规定的情形致使劳动合同无效的；

（六）被依法追究刑事责任的。

第四十二条　劳动者有下列情形之一的，用人单位不得依照本法第四十条、第四十一条的规定解除劳动合同：

（一）从事接触职业病危害作业的劳动者未进行离岗前职业健康检查，或者疑似职业病病人在诊断或者医学观察期间的；

（二）在本单位患职业病或者因工负伤并被确认丧失或者部分丧失劳动能力的；

（三）患病或者非因工负伤，在规定的医疗期内的；

（四）女职工在孕期、产期、哺乳期的；

（五）在本单位连续工作满十五年，且距法定退休年龄不足五年的；

（六）法律、行政法规规定的其他情形。

《中华人民共和国安全生产法》

本法自 2002 年 11 月 1 日起施行，2002 年 6 月 29 日第九届全国人民代表大会常务委员会第二十八次会议通过 2009 年 8 月 27 日第十一届全国人民代表大会常务委员会第十次会议关于《关于修改部分法律的决定》第一次修正 2014 年 8 月 31 日第十二届全国人民代表大会常务委员会第十次会议《关于修改〈中华人民共和国安全生产法〉的决定》第二次修正，2021 年 6 月 10 日第十三届全国人民代表大会常务委员会第二十九次会议《关于修改〈中华人民共和国安全生产法〉的决定》第三次修正。

第一章 总 则

第三条 安全生产工作坚持中国共产党的领导。

安全生产工作应当以人为本，坚持人民至上、生命至上，把保护人民生命安全摆在首位，树牢安全发展理念，坚持安全第一、预防为主、综合治理的方针，从源头上防范化解重大安全风险。

安全生产工作实行管行业必须管安全、管业务必须管安全、管生产经营必须管安全，强化和落实生产经营单位主体责任与政府监管责任，建立生产经营单位负责、职工参与、政府监管、行业自律和社会监督的机制。

第二章 生产经营单位的安全生产保障

第三十五条 生产经营单位应当在有较大危险因素的生产经营场所和有关设施、设备上，设置明显的安全警示标志。

第三十六条 安全设备的设计、制造、安装、使用、检测、维修、改造和报废，应当符合国家标准或者行业标准。

生产经营单位必须对安全设备进行经常性维护、保养，并定期检测，保证正常运转。维护、保养、检测应当作好记录，并由有关人员签字。

生产经营单位不得关闭、破坏直接关系生产安全的监控、报警、防护、救生设备、设施，或者篡改、隐瞒、销毁其相关数据、信息。

第四十五条 生产经营单位必须为从业人员提供符合国家标准或者行业标准的劳动防护用品，并监督、教育从业人员按照使用规则佩戴、使用。

第四十六条 生产经营单位的安全生产管理人员应当根据本单位的生产经营特点，对安全生产状况进行经常性检查；对检查中发现的安全问题，应当立即处理；不能处理的，应当及时报告本单位有关负责人，有关负责人应当及时处理。检查及处理情况应当如实记录在案。

生产经营单位的安全生产管理人员在检查中发现重大事故隐患，依照前款规定向本单位有关负责人报告，有关负责人不及时处理的，安全生产管理人员可以向主管的负有安全生产监督管理职责的部门报告，接到报告的部门应当依法及时处理。

第四十七条 生产经营单位应当安排用于配备劳动防护用品、进行安全生产培训的经费。

第五十条 生产经营单位发生生产安全事故时，单位的主要负责人应当立即组织抢救，并不得在事故调查处理期间擅离职守。

第五十一条 生产经营单位必须依法参加工伤保险，为从业人员缴纳保险费。

国家鼓励生产经营单位投保安全生产责任保险；属于国家规定的高危行业、领域的生产经营单位，应当投保安全生产责任保险。具体范围和实施办法由国务院应急管理部门会同国务院财政部门、国务院保险监督管理机构和相关行业主管部门制定。

第三章　从业人员的安全生产权利义务

第五十二条 生产经营单位与从业人员订立的劳动合同，应当载明有关保障从业人员劳动安全、防止职业危害的事项，以及依法为从业人员办理工伤保险的事项。

生产经营单位不得以任何形式与从业人员订立协议，免除或者减轻其对从业人员因生产安全事故伤亡依法应承担的责任。

第五十三条 生产经营单位的从业人员有权了解其作业场所和工作岗位存在的危险因素、防范措施及事故应急措施，有权对本单位的安全生产工作提出建议。

第五十四条 从业人员有权对本单位安全生产工作中存在的问题提出批评、检举、控告；有权拒绝违章指挥和强令冒险作业。

生产经营单位不得因从业人员对本单位安全生产工作提出批评、检举、控告或者拒绝违章指挥、强令冒险作业而降低其工资、福利等待遇或者解除与其订立的劳动合同。

第五十五条 从业人员发现直接危及人身安全的紧急情况时，有权停止作业或者在采取可能的应急措施后撤离作业场所。

生产经营单位不得因从业人员在前款紧急情况下停止作业或者采取紧急撤离措施而降低其工资、福利等待遇或者解除与其订立的劳动合同。

第五十六条 生产经营单位发生生产安全事故后，应当及时采取措施救治有关人员。

因生产安全事故受到损害的从业人员，除依法享有工伤保险外，依照有关民事法律尚有获得赔偿的权利的，有权提出赔偿要求。

第五十七条 从业人员在作业过程中，应当严格落实岗位安全责任，遵守本单位的安全生产规章制度和操作规程，服从管理，正确佩戴和使用劳动防护用品。

第五十八条 从业人员应当接受安全生产教育和培训，掌握本职工作所需的安全生产知识，提高安全生产技能，增强事故预防和应急处理能力。

第五十九条 从业人员发现事故隐患或者其他不安全因素，应当立即向现场安全生产管理人员或者本单位负责人报告；接到报告的人员应当及时予以处理。

第六十一条 生产经营单位使用被派遣劳动者的，被派遣劳动者享有本法规定的从业人员的权利，并应当履行本法规定的从业人员的义务。

第四章　安全生产的监督管理

第七十四条　任何单位或者个人对事故隐患或者安全生产违法行为,均有权向负有安全生产监督管理职责的部门报告或者举报。

因安全生产违法行为造成重大事故隐患或者导致重大事故,致使国家利益或者社会公共利益受到侵害的,人民检察院可以根据民事诉讼法、行政诉讼法的相关规定提起公益诉讼。

《中华人民共和国公路法》

本法自 1998 年 1 月 1 日起施行,1997 年 7 月 3 日第八届全国人民代表大会常务委员会第二十六次会议通过,根据 1999 年 10 月 31 日第九届全国人民代表大会常务委员会第十二次会议《关于修改〈中华人民共和国公路法〉的决定》第一次修正,根据 2004 年 8 月 28 日第十届全国人民代表大会常务委员会第十一次会议《关于修改〈中华人民共和国公路法〉的决定》第二次修正,根据 2009 年 8 月 27 日第十一届全国人民代表大会常务委员会第十次会议《关于修改部分法律的决定》第三次修正。根据 2016 年 11 月 7 日第十二届全国人民代表大会常务委员会第二十四次会议《关于修改〈中华人民共和国对外贸易法〉等十二部法律的决定》第四次修正,根据 2017 年 11 月 4 日第十二届全国人民代表大会常务委员会第三十次会议《关于修改〈中华人民共和国会计法〉等十一部法律的决定》第五次修正。

第一章　总　　则

第六条　公路按其在公路路网中的地位分为国道、省道、县道和乡道,并按技术等级分为高速公路、一级公路、二级公路、三级公路和四级公路。具体划分标准由国务院交通主管部门规定。新建公路应当符合技术等级的要求。原有不符合最低技术等级要求的等外公路,应当采取措施,逐步改造为符合技术等级要求的公路。

第九条　禁止任何单位和个人在公路上非法设卡、收费、罚款和拦截车辆。

第二章　公 路 规 划

第十七条　国道的命名和编号,由国务院交通主管部门确定;省道、县道、乡道的命名和编号,由省、自治区、直辖市人民政府交通主管部门按照国务院交通主管部门的有关规定确定。

第五章　路 政 管 理

第五十条　超过公路、公路桥梁、公路隧道或者汽车渡船的限载、限高、限宽、限长标准的车辆,不得在有限定标准的公路、公路桥梁上或者公路隧道内行驶,不得使用汽车渡船。超过公路或者公路桥梁限载标准确需行驶的,必须经县级以上地方人民政府交通主管部门批准,并按要求采取有效的防护措施;运载不可解体的超限物品的,应当按照指定的时间、路线、时速行驶,并悬挂明显标志。

运输单位不能按照前款规定采取防护措施的,由交通主管部门帮助其采取防护措施,所需费用由运输单位承担。

第六章 收 费 公 路

第五十九条 符合国务院交通主管部门规定的技术等级和规模的下列公路,可以依法收取车辆通行费:

(一)由县级以上地方人民政府交通主管部门利用贷款或者向企业、个人集资建成的公路;

(二)由国内外经济组织依法受让前项收费公路收费权的公路;

(三)由国内外经济组织依法投资建成的公路。

第六十三条 收费公路车辆通行费的收费标准,由公路收费单位提出方案,报省、自治区、直辖市人民政府交通主管部门会同同级物价行政主管部门审查批准。

第六十四条 收费公路设置车辆通行费的收费站,应当报经省、自治区、直辖市人民政府审查批准。跨省、自治区、直辖市的收费公路设置车辆通行费的收费站,由有关省、自治区、直辖市人民政府协商确定;协商不成的,由国务院交通主管部门决定。同一收费公路由不同的交通主管部门组织建设或者由不同的公路经营企业经营的,应当按照"统一收费、按比例分成"的原则,统筹规划,合理设置收费站。

《中华人民共和国道路交通安全法》

法自 2004 年 5 月 1 日起施行,2003 年 10 月 28 日第十届全国人民代表大会常务委员会第五次会议通过,根据 2007 年 12 月 29 日第十届全国人民代表大会常务委员会第三十一次会议《关于修改〈中华人民共和国道路交通安全法〉的决定》第一次修正,根据 2011 年 4 月 22 日第十一届全国人民代表大会常务委员会第二十次会议《关于修改〈中华人民共和国道路交通安全法〉的决定》第二次修正,根据 2021 年 4 月 29 日第十三届全国人民代表大会常务委员会第二十八次会议《关于修改〈中华人民共和国道路交通安全法〉等八部法律的决定》第三次修正。

第一章 总 则

第二条 中华人民共和国境内的车辆驾驶人、行人、乘车人以及与道路交通活动有关的单位和个人,都应当遵守本法。

第二章 车辆和驾驶人

第十一条 驾驶机动车上道路行驶,应当悬挂机动车号牌,放置检验合格标志、保险标志,并随车携带机动车行驶证。

机动车号牌应当按照规定悬挂并保持清晰、完整,不得故意遮挡、污损。

任何单位和个人不得收缴、扣留机动车号牌。

第十五条 警车、消防车、救护车、工程救险车应当按照规定喷涂标志图案,安装警报器、标志灯具。其他机动车不得喷涂、安装、使用上述车辆专用的或者与其相类似的标志图案、警报器或者标志灯具。

警车、消防车、救护车、工程救险车应当严格按照规定的用途和条件使用。

公路监督检查的专用车辆,应当依照公路法的规定,设置统一的标志和示警灯。

第三章　道路通行条件

第二十五条 全国实行统一的道路交通信号。

交通信号包括交通信号灯、交通标志、交通标线和交通警察的指挥。

交通信号灯、交通标志、交通标线的设置应当符合道路交通安全、畅通的要求和国家标准,并保持清晰、醒目、准确、完好。

根据通行需要,应当及时增设、调换、更新道路交通信号。增设、调换、更新限制性的道路交通信号,应当提前向社会公告,广泛进行宣传。

第二十六条 交通信号灯由红灯、绿灯、黄灯组成。红灯表示禁止通行,绿灯表示准许通行,黄灯表示警示。

第二十八条 任何单位和个人不得擅自设置、移动、占用、损毁交通信号灯、交通标志、交通标线。

道路两侧及隔离带上种植的树木或者其他植物,设置的广告牌、管线等,应当与交通设施保持必要的距离,不得遮挡路灯、交通信号灯、交通标志,不得妨碍安全视距,不得影响通行。

第四章　道路通行规定

第四十二条 机动车上道路行驶,不得超过限速标志标明的最高时速。在没有限速标志的路段,应当保持安全车速。

夜间行驶或者在容易发生危险的路段行驶,以及遇有沙尘、冰雹、雨、雪、雾、结冰等气象条件时,应当降低行驶速度。

第四十八条 机动车载物应当符合核定的载质量,严禁超载;载物的长、宽、高不得违反装载要求,不得遗洒、飘散载运物。机动车运载超限的不可解体的物品,影响交通安全的,应当按照公安机关交通管理部门指定的时间、路线、速度行驶,悬挂明显标志。在公路上运载超限的不可解体的物品,并应当依照公路法的规定执行。

机动车载运爆炸物品、易燃易爆化学物品以及剧毒、放射性等危险物品,应当经公安机关批准后,按指定的时间、路线、速度行驶,悬挂警示标志并采取必要的安全措施。

第四十九条 机动车载人不得超过核定的人数,客运机动车不得违反规定载货。

第五十条 禁止货运机动车载客。

货运机动车需要附载作业人员的,应当设置保护作业人员的安全措施。

第五十二条 机动车在道路上发生故障,需要停车排除故障时,驾驶人应当立即开启危险报警闪光灯,将机动车移至不妨碍交通的地方停放;难以移动的,应当持续开启危险报警闪光灯,并在来车方向设置警告标志等措施扩大示警距离,必要时迅速报警。

第六十七条 行人、非机动车、拖拉机、轮式专用机械车、铰接式客车、全挂拖斗车以及其他设计最高时速低于七十公里的机动车,不得进入高速公路。高速公路限速标志标明的最高时速不得超过一百二十公里。

第六十八条 机动车在高速公路上发生故障时,应当依照本法第五十二条的有关规定办理;但是,警告标志应当设置在故障车来车方向一百五十米以外,车上人员应当迅速转移到右侧路肩上或者应急车道内，并且迅速报警。

机动车在高速公路上发生故障或者交通事故，无法正常行驶的，应当由救援车、清障车拖曳、牵引。

第六十九条 任何单位、个人不得在高速公路上拦截检查行驶的车辆，公安机关的人民警察依法执行紧急公务除外。

《中华人民共和国突发事件应对法》

本法自 2007 年 11 月 1 日起施行，2007 年 8 月 30 日第十届全国人民代表大会常务委员会第二十九次会议通过。

第一章 总 则

第三条 本法所称突发事件，是指突然发生，造成或者可能造成严重社会危害，需要采取应急处置措施予以应对的自然灾害、事故灾难、公共卫生事件和社会安全事件。

按照社会危害程度、影响范围等因素，自然灾害、事故灾难、公共卫生事件分为特别重大、重大、较大和一般四级。法律、行政法规或者国务院另有规定的，从其规定。

突发事件的分级标准由国务院或者国务院确定的部门制定。

第四条 国家建立统一领导、综合协调、分类管理、分级负责、属地管理为主的应急管理体制。

第五条 突发事件应对工作实行预防为主、预防与应急相结合的原则。国家建立重大突发事件风险评估体系，对可能发生的突发事件进行综合性评估，减少重大突发事件的发生，最大限度地减轻重大突发事件的影响。

第二章 预防与应急准备

第二十四条 公共交通工具、公共场所和其他人员密集场所的经营单位或者管理单位应当制定具体应急预案，为交通工具和有关场所配备报警装置和必要的应急救援设备、设施，注明其使用方法，并显著标明安全撤离的通道、路线，保证安全通道、出口的畅通。

有关单位应当定期检测、维护其报警装置和应急救援设备、设施，使其处于良好状态，确保正常使用。

第三章 监测与预警

第三十九条 地方各级人民政府应当按照国家有关规定向上级人民政府报送突发事件信息。县级以上人民政府有关主管部门应当向本级人民政府相关部门通报突发事件信息。专业机构、监测网点和信息报告员应当及时向所在地人民政府及其有关主管部门报告突发事件信息。

有关单位和人员报送、报告突发事件信息，应当做到及时、客观、真实，不得迟报、谎报、瞒报、漏报。

第四章　应急处置与救援

第五十四条　任何单位和个人不得编造、传播有关突发事件事态发展或者应急处置工作的虚假信息。

《中华人民共和国道路交通安全法实施条例》

本条例自 2004 年 5 月 1 日起施行,1960 年 2 月 11 日国务院批准、交通部发布的《机动车管理办法》,1988 年 3 月 9 日国务院发布的《中华人民共和国道路交通管理条例》,1991 年 9 月 22 日国务院发布的《道路交通事故处理办法》,同时废止,根据 2017 年 10 月 7 日《国务院关于修改部分行政法规的决定》第一次修订。

第一章　总　　则

第二条　中华人民共和国境内的车辆驾驶人、行人、乘车人以及与道路交通活动有关的单位和个人,应当遵守道路交通安全法和本条例。

第二章　车辆和驾驶人

第十三条　机动车号牌应当悬挂在车前、车后指定位置,保持清晰、完整。重型、中型载货汽车及其挂车、拖拉机及其挂车的车身或者车厢后部应当喷涂放大的牌号,字样应当端正并保持清晰。

机动车检验合格标志、保险标志应当粘贴在机动车前窗右上角。

机动车喷涂、粘贴标识或者车身广告的,不得影响安全驾驶。

第十八条　警车、消防车、救护车、工程救险车标志图案的喷涂以及警报器、标志灯具的安装、使用规定,由国务院公安部门制定。

第三章　道路通行条件

第二十九条　交通信号灯分为:机动车信号灯、非机动车信号灯、人行横道信号灯、车道信号灯、方向指示信号灯、闪光警告信号灯、道路与铁路平面交叉道口信号灯。

第三十条　交通标志分为:指示标志、警告标志、禁令标志、指路标志、旅游区标志、道路施工安全标志和辅助标志。

道路交通标线分为:指示标线、警告标线、禁止标线。

第三十一条　交通警察的指挥分为:手势信号和使用器具的交通指挥信号。

第四章　道路通行规定

第五十四条　机动车载物不得超过机动车行驶证上核定的载质量,装载长度、宽度不得超出车厢,并应当遵守下列规定:

(一)重型、中型载货汽车,半挂车载物,高度从地面起不得超过 4 米,载运集装箱的车辆不得超过 4.2 米;

（二）其他载货的机动车载物,高度从地面起不得超过 2.5 米;

（三）摩托车载物,高度从地面起不得超过 1.5 米,长度不得超出车身 0.2 米。两轮摩托车载物宽度左右各不得超出车把 0.15 米;三轮摩托车载物宽度不得超过车身。

载客汽车除车身外部的行李架和内置的行李箱外,不得载货。载客汽车行李架载货,从车顶起高度不得超过 0.5 米,从地面起高度不得超过 4 米。

第五十六条 机动车牵引挂车应当符合下列规定:

（一）载货汽车、半挂牵引车、拖拉机只允许牵引 1 辆挂车。挂车的灯光信号、制动、连接、安全防护等装置应当符合国家标准;

（二）小型载客汽车只允许牵引旅居挂车或者总质量 700 千克以下的挂车。挂车不得载人;

（三）载货汽车所牵引挂车的载质量不得超过载货汽车本身的载质量。

大型、中型载客汽车,低速载货汽车,三轮汽车以及其他机动车不得牵引挂车。

第七十八条 高速公路应当标明车道的行驶速度,最高车速不得超过每小时 120 公里,最低车速不得低于每小时 60 公里。

在高速公路上行驶的小型载客汽车最高车速不得超过每小时 120 公里,其他机动车不得超过每小时 100 公里,摩托车不得超过每小时 80 公里。

同方向有 2 条车道的,左侧车道的最低车速为每小时 100 公里;同方向有 3 条以上车道的,最左侧车道的最低车速为每小时 110 公里,中间车道的最低车速为每小时 90 公里。道路限速标志标明的车速与上述车道行驶车速的规定不一致的,按照道路限速标志标明的车速行驶。

第八十二条 机动车在高速公路上行驶,不得有下列行为:

（一）倒车、逆行、穿越中央分隔带掉头或者在车道内停车;

（二）在匝道、加速车道或者减速车道上超车;

（三）骑、轧车行道分界线或者在路肩上行驶;

（四）非紧急情况时在应急车道行驶或者停车;

（五）试车或者学习驾驶机动车。

《收费公路管理条例》

自 2004 年 11 月 1 日起施行,《收费公路管理条例》是 2004 年 8 月 18 日国务院第 61 次常务会议通过的一个条例,由 2004 年 9 月 13 日国务院令第 417 号公布。

第一章 总 则

第二条 本条例所称收费公路,是指符合公路法和本条例规定,经批准依法收取车辆通行费的公路(含桥梁和隧道)。

第四条 全部由政府投资或者社会组织、个人捐资建设的公路,不得收取车辆通行费。

第五条 任何单位或者个人不得违反公路法和本条例的规定,在公路上设站(卡)收取车辆通行费。

第六条　对在公路上非法设立收费站(卡)收取车辆通行费的,任何单位和个人都有权拒绝交纳。

任何单位或者个人对在公路上非法设立收费站(卡)、非法收取或者使用车辆通行费、非法转让收费公路权益或者非法延长收费期限等行为,都有权向交通、价格、财政等部门举报。收到举报的部门应当按照职责分工依法及时查处;无权查处的,应当及时移送有权查处的部门。受理的部门必须自收到举报或者移送材料之日起 10 日内进行查处。

第七条　收费公路的经营管理者,经依法批准有权向通行收费公路的车辆收取车辆通行费。

军队车辆、武警部队车辆,公安机关在辖区内收费公路上处理交通事故、执行正常巡逻任务和处置突发事件的统一标志的制式警车,以及经国务院交通主管部门或者省、自治区、直辖市人民政府批准执行抢险救灾任务的车辆,免交车辆通行费。

进行跨区作业的联合收割机、运输联合收割机(包括插秧机)的车辆,免交车辆通行费。联合收割机不得在高速公路上通行。

第八条　任何单位或者个人不得以任何形式非法干预收费公路的经营管理,挤占、挪用收费公路经营管理者依法收取的车辆通行费。

第二章　收费公路建设和收费站的设置

第十二条　收费公路收费站的设置,由省、自治区、直辖市人民政府按照下列规定审查批准:

(一)高速公路以及其他封闭式的收费公路,除两端出入口外,不得在主线上设置收费站。但是,省、自治区、直辖市之间确需设置收费站的除外。

(二)非封闭式的收费公路的同一主线上,相邻收费站的间距不得少于 50 公里。

第十四条　收费公路的收费期限,由省、自治区、直辖市人民政府按照下列标准审查批准:

(一)政府还贷公路的收费期限,按照用收费偿还贷款、偿还有偿集资款的原则确定,最长不得超过 15 年。国家确定的中西部省、自治区、直辖市的政府还贷公路收费期限,最长不得超过 20 年。

(二)经营性公路的收费期限,按照收回投资并有合理回报的原则确定,最长不得超过 25 年。国家确定的中西部省、自治区、直辖市的经营性公路收费期限,最长不得超过 30 年。

第十六条　车辆通行费的收费标准,应当根据公路的技术等级、投资总额、当地物价指数、偿还贷款或者有偿集资款的期限和收回投资的期限以及交通量等因素计算确定。对在国家规定的绿色通道上运输鲜活农产品的车辆,可以适当降低车辆通行费的收费标准或者免交车辆通行费。

修建与收费公路经营管理无关的设施、超标准修建的收费公路经营管理设施和服务设施,其费用不得作为确定收费标准的因素。

车辆通行费的收费标准需要调整的,应当依照本条例第十五条规定的程序办理。

第十七条　依照本条例规定的程序审查批准的收费公路收费站、收费期限、车辆通行费收费标准或者收费标准的调整方案,审批机关应当自审查批准之日起 10 日内将有关文件向国务院交通主管部门和国务院价格主管部门备案;其中属于政府还贷公路的,还应当自审查批准之日起 10 日内向国务院财政部门备案。

第十八条 建设收费公路,应当符合下列技术等级和规模:

(一)高速公路连续里程 30 公里以上。但是,城市市区至本地机场的高速公路除外。

(二)一级公路连续里程 50 公里以上。

(三)二车道的独立桥梁、隧道,长度 800 米以上;四车道的独立桥梁、隧道,长度 500 米以上。

技术等级为二级以下(含二级)的公路不得收费。但是,在国家确定的中西部省、自治区、直辖市建设的二级公路,其连续里程 60 公里以上的,经依法批准,可以收取车辆通行费。

第四章　收费公路的经营管理

第二十七条 收费公路经营管理者应当在收费站的显著位置,设置载有收费站名称、审批机关、收费单位、收费标准、收费起止年限和监督电话等内容的公告牌,接受社会监督。

第二十八条 收费公路经营管理者应当按照国家规定的标准,结合公路交通状况、沿线设施等情况,设置交通标志、标线。

交通标志、标线必须清晰、准确、易于识别。重要的通行信息应当重复提示。

第二十九条 收费道口的设置,应当符合车辆行驶安全的要求;收费道口的数量,应当符合车辆快速通过的需要,不得造成车辆堵塞。

第三十条 收费站工作人员的配备,应当与收费道口的数量、车流量相适应,不得随意增加人员。

收费公路经营管理者应当加强对收费站工作人员的业务培训和职业道德教育,收费人员应当做到文明礼貌,规范服务。

第三十二条 收费公路经营管理者收取车辆通行费,必须向收费公路使用者开具收费票据。政府还贷公路的收费票据,由省、自治区、直辖市人民政府财政部门统一印(监)制。经营性公路的收费票据,由省、自治区、直辖市人民政府税务部门统一印(监)制。

第三十三条 收费公路经营管理者对依法应当交纳而拒交、逃交、少交车辆通行费的车辆,有权拒绝其通行,并要求其补交应交纳的车辆通行费。

任何人不得为拒交、逃交、少交车辆通行费而故意堵塞收费道口、强行冲卡、殴打收费公路管理人员、破坏收费设施或者从事其他扰乱收费公路经营管理秩序的活动。

发生前款规定的扰乱收费公路经营管理秩序行为时,收费公路经营管理者应当及时报告公安机关,由公安机关依法予以处理。

第三十四条 在收费公路上行驶的车辆不得超载。

发现车辆超载时,收费公路经营管理者应当及时报告公安机关,由公安机关依法予以处理。

第四十条 任何单位或者个人不得通过封堵非收费公路或者在非收费公路上设卡收费等方式,强迫车辆通行收费公路。

第四十六条 省、自治区、直辖市人民政府应当将本行政区域内收费公路及收费站名称、收费单位、收费标准、收费期限等信息向社会公布,接受社会监督。

第五章　法律责任

第五十七条　违反本条例的规定,为拒交、逃交、少交车辆通行费而故意堵塞收费道口、强行冲卡、殴打收费公路管理人员、破坏收费设施或者从事其他扰乱收费公路经营管理秩序活动,构成违反治安管理行为的,由公安机关依法予以处罚;构成犯罪的,依法追究刑事责任;给收费公路经营管理者造成损失或者造成人身损害的,依法承担民事赔偿责任。

第五十八条　违反本条例的规定,假冒军队车辆、武警部队车辆、公安机关统一标志的制式警车和抢险救灾车辆逃交车辆通行费的,由有关机关依法予以处理。

《公路安全保护条例》

本条例自 2011 年 7 月 1 日起施行,1987 年 10 月 13 日国务院发布的《中华人民共和国公路管理条例》同时废止。

第一章　总　　则

第九条　任何单位和个人不得破坏、损坏、非法占用或者非法利用公路、公路用地和公路附属设施。

第二章　公路线路

第十六条　禁止将公路作为检验车辆制动性能的试车场地。

禁止在公路、公路用地范围内摆摊设点、堆放物品、倾倒垃圾、设置障碍、挖沟引水、打场晒粮、种植作物、放养牲畜、采石、取土、采空作业、焚烧物品、利用公路边沟排放污物或者进行其他损坏、污染公路和影响公路畅通的行为。

第二十二条　禁止利用公路桥梁进行牵拉、吊装等危及公路桥梁安全的施工作业。

禁止利用公路桥梁(含桥下空间)、公路隧道、涵洞堆放物品,搭建设施以及铺设高压电线和输送易燃、易爆或者其他有毒有害气体、液体的管道。

第三章　公路通行

第三十五条　车辆载运不可解体物品,车货总体的外廓尺寸或者总质量超过公路、公路桥梁、公路隧道的限载、限高、限宽、限长标准,确需在公路、公路桥梁、公路隧道行驶的,从事运输的单位和个人应当向公路管理机构申请公路超限运输许可。

第三十八条　公路管理机构批准超限运输申请的,应当为超限运输车辆配发国务院交通运输主管部门规定式样的超限运输车辆通行证。

经批准进行超限运输的车辆,应当随车携带超限运输车辆通行证,按照指定的时间、路线和速度行驶,并悬挂明显标志。

禁止租借、转让超限运输车辆通行证。禁止使用伪造、变造的超限运输车辆通行证。

第四十三条　车辆应当规范装载,装载物不得触地拖行。车辆装载物易掉落、遗洒或者飘散的,应当采取厢式密闭等有效防护措施方可在公路上行驶。

公路上行驶车辆的装载物掉落、遗洒或者飘散的，车辆驾驶人、押运人员应当及时采取措施处理；无法处理的，应当在掉落、遗洒或者飘散物来车方向适当距离外设置警示标志，并迅速报告公路管理机构或者公安机关交通管理部门。其他人员发现公路上有影响交通安全的障碍物的，也应当及时报告公路管理机构或者公安机关交通管理部门。公安机关交通管理部门应当责令改正车辆装载物掉落、遗洒、飘散等违法行为；公路管理机构、公路经营企业应当及时清除掉落、遗洒、飘散在公路上的障碍物。

车辆装载物掉落、遗洒、飘散后，车辆驾驶人、押运人员未及时采取措施处理，造成他人人身、财产损害的，道路运输企业、车辆驾驶人应当依法承担赔偿责任。

《超限运输车辆行驶公路管理规定》

自 2016 年 9 月 21 日起施行，2021 年 6 月 23 日交通运输部《关于修改〈超限运输车辆行驶公路管理规定〉的决定》经第 15 次部务会议通过，原交通部发布的《超限运输车辆行驶公路管理规定》（交通部令 2000 年第 2 号）同时废止。

第一章 总 则

第二条 超限运输车辆通过公路进行货物运输，应当遵守本规定。

第三条 本规定所称超限运输车辆，是指有下列情形之一的货物运输车辆：

（一）车货总高度从地面算起超过 4 米；

（二）车货总宽度超过 2.55 米；

（三）车货总长度超过 18.1 米；

（四）二轴货车，其车货总质量超过 18000 千克；

（五）三轴货车，其车货总质量超过 25000 千克；三轴汽车列车，其车货总质量超过 27000 千克；

（六）四轴货车，其车货总质量超过 31000 千克；四轴汽车列车，其车货总质量超过 36000 千克；

（七）五轴汽车列车，其车货总质量超过 43000 千克；

（八）六轴及六轴以上汽车列车，其车货总质量超过 49000 千克，其中牵引车驱动轴为单轴的，其车货总质量超过 46000 千克。

前款规定的限定标准的认定，还应当遵守下列要求：

（一）二轴组按照二个轴计算，三轴组按照三个轴计算；

（二）除驱动轴外，二轴组、三轴组以及半挂车和全挂车的车轴每侧轮胎按照双轮胎计算，若每轴每侧轮胎为单轮胎，限定标准减少 3000 千克，但安装符合国家有关标准的加宽轮胎的除外；

（三）车辆最大允许总质量不应超过各车轴最大允许轴荷之和；

（四）拖拉机、农用车、低速货车，以行驶证核定的总质量为限定标准；

（五）符合《汽车、挂车及汽车列车外廓尺寸、轴荷及质量限值》（GB 1589）规定的冷藏车、汽车列车、安装空气悬架的车辆，以及专用作业车，不认定为超限运输车辆。

第二章　大件运输许可管理

第六条　载运不可解体物品的超限运输(以下称大件运输)车辆,应当依法办理有关许可手续,采取有效措施后,按照指定的时间、路线、速度行驶公路。未经许可,不得擅自行驶公路。

第七条　大件运输的托运人应当委托具有大型物件运输经营资质的道路运输经营者承运,并在运单上如实填写托运货物的名称、规格、重量等相关信息。

第二十条　经批准进行大件运输的车辆,行驶公路时应当遵守下列规定:

(一)采取有效措施固定货物,按照有关要求在车辆上悬挂明显标志,保证运输安全;

(二)按照指定的时间、路线和速度行驶;

(三)车货总质量超限的车辆通行公路桥梁,应当匀速居中行驶,避免在桥上制动、变速或者停驶;

(四)需要在公路上临时停车的,除遵守有关道路交通安全规定外,还应当在车辆周边设置警告标志,并采取相应的安全防范措施;需要较长时间停车或者遇有恶劣天气的,应当驶离公路,就近选择安全区域停靠;

(五)通行采取加固、改造措施的公路设施,承运人应当提前通知该公路设施的养护管理单位,由其加强现场管理和指导;

(六)因自然灾害或者其他不可预见因素而出现公路通行状况异常致使大件运输车辆无法继续行驶的,承运人应当服从现场管理并及时告知做出行政许可决定的公路管理机构,由其协调当地公路管理机构采取相关措施后继续行驶。

第二十一条　大件运输车辆应当随车携带有效的《超限运输车辆通行证》,主动接受公路管理机构的监督检查。

大件运输车辆及装载物品的有关情况应当与《超限运输车辆通行证》记载的内容一致。

任何单位和个人不得租借、转让《超限运输车辆通行证》,不得使用伪造、变造的《超限运输车辆通行证》。

第二十四条　经批准的大件运输车辆途经实行计重收费的收费公路时,对其按照基本费率标准收取车辆通行费,但车辆及装载物品的有关情况与《超限运输车辆通行证》记载的内容不一致的除外。

第三章　违法超限运输管理

第三十九条　收费高速公路入口应当按照规定设置检测设备,对货运车辆进行检测,不得放行违法超限运输车辆驶入高速公路。其他收费公路实行计重收费的,利用检测设备发现违法超限运输车辆时,有权拒绝其通行。收费公路经营管理者应当将违法超限运输车辆及时报告公路管理机构或者公安机关交通管理部门依法处理。

公路管理机构有权查阅和调取公路收费站车辆称重数据、照片、视频监控等有关资料。

第四章　法　律　责　任

第四十七条　大件运输车辆有下列情形之一的,视为违法超限运输:

（一）未经许可擅自行驶公路的；

（二）车辆及装载物品的有关情况与《超限运输车辆通行证》记载的内容不一致的；

（三）未按许可的时间、路线、速度行驶公路的；

（四）未按许可的护送方案采取护送措施的。

参 考 文 献

[1] 李灵.职业道德与职业指导[M].北京:电子科技大学出版社,2017.

[2] 北京市住房和城乡建设委员会,北京市市场监督管理局.建设工程施工现场安全防护、场容卫生及消防保卫标准　第1部分:通则:DB11/945.1—2023[S].北京:北京城建科技促进会,2023.

[3] 王洪德.施工现场业务管理细节大全丛书　安全员[M].北京:机械工业出版社,2015.

[4] 吴宗之.安全生产技术[M].北京:中国大百科全书出版社,2011.

[5] 国家质量监督检验检疫总局.消防词汇　第1部分:通用术语:GB/T 5907.1—2014[S].北京:中国标准出版社,2014.

[6] 国家质量监督检验检疫总局.火灾分类:GB/T 4968—2008[S].北京:中国标准出版社,2008.

[7] 国家质量监督检验检疫总局.安全标志及其使用导则:GB 2894—2008[S].北京:中国标准出版社,2008.

[8] 中国安全生产科学研究院.安全生产技术基础[M].北京:应急管理出版社,2022.

[9] 朱坚儿.安全用电[M].北京:电子工业出版社,2014.

[10] 国家质量监督检验检疫总局.用电安全导则:GB/T 13869—2017[S].北京:中国标准出版社,2018.

[11] 国家质量监督检验检疫总局.电气安全标志:GB 29481—2013[S].北京:中国标准出版社,2013.

[12] 张晓艳.安全员岗位实务知识[M].北京:中国建筑工业出版社,2012.

[13] 国家市场监督管理总局.道路交通标志和标线　第2部分:道路交通标志:GB 5768.2—2022[S].北京:中国标准出版社,2022.

[14] 国家质量监督检验检疫总局.道路交通标志和标线　第3部分:道路交通标线:GB 5768.3—2009[S].北京:中国标准出版社,2009.

[15] 国家质量监督检验检疫总局.道路交通标志和标线　第4部分:作业区:GB 5768.4—2017[S].北京:中国标准出版社,2018.

[16] 徐格宁.机械安全工程[M].北京:中国劳动社会保障出版社,2018.

[17] 国家质量监督检验检疫总局.高处作业分级:GB/T 3608—2008[S].北京:中国标准出版社,2008.

[18] 黑龙江省市场监督管理局.高处作业风险辩识与防范导则:DB23/T 3285—2022[S/OL].(2022-8-2)[2024-5-17].https://dbba.sacinfo.org.cn/stdDetail/d5685982e0dff016a50352cd37b6654964ad53a589fafb1e3b8aa2e2e18843d7.

[19] 北京市市场监督管理局.占道作业交通安全设施设置技术要求:DB11/T 854—2023[S/OL].(2022-8-2)[2024-5-17].https://jtgl.beijing.gov.cn/jgj/jgxx/flfg/qt/326086979/index.html.

[20] 交通运输部公路科学研究院.公路养护安全作业规程:JTG H30—2015[S].北京:人民交

通出版社股份有限公司,2015.

[21] 应急管理部.有限空间作业安全指导手册[M].北京:应急管理出版社,2020.

[22] 应急管理部.有限空间四个专题系列折页[M].北京:应急管理出版社,2020.

[23] 北京市市场监督管理局.有限空间作业安全技术规范:DB11/T 852—2019[S].(2019-9-26)[2024-5-17].https://yjglj.beijing.gov.cn/art/2019/9/26/art_9596_12676.html.

[24] 中国安全生产科学研究院.安全生产管理[M].北京:应急管理出版社,2022.

[25] 国家质量监督检验检疫总局.危险货物包装标志:GB 190—2009[S].北京:中国标准出版社,2009.

[26] 国家质量监督检验检疫总局.危险货物分类和品名编号:GB 6944—2012[S].北京:中国标准出版社,2012.

[27] 国家质量监督检验检疫总局.公路路线标识规则和国道编号标准 GB/T 917—2017[S].北京:中国标准出版社,2017.

[28] 中华人民共和国交通运输部.收费公路车辆通行费车型分类标准:JT/T 489—2019[S].北京:人民交通出版社股份有限公司,2019.

[29] 张帆,赵莉,谭玲丽.计算机基础[M].北京:北京理工大学出版社,2021.

[30] 王晓燕,张桂霞,张华忠.大学计算机[M].北京:北京理工大学出版社,2022.

[31] 徐照兴,刘庆,蔚治国.网络安全技术[M].上海:上海交通大学出版社,2020.

[32] 周舸,张志敏,唐宾薇.计算机网络技术基础[M].3版.北京:人民邮电出版社,2021.

[33] 周晖.有线传输技术特点及发展趋势研究[J].数字通信世界,2018(12):167-168.

[34] 田米民.传输技术在通信工程中的应用及发展趋势[J].通讯世界,2018(10):15.

[35] 胡博,姚裕宝,顾荣.路由交换技术与网络安全[M].天津:天津科学技术出版社,2021.

[36] 龚娟.计算机网络基础[M].北京:人民邮电出版社,2008.

[37] 武洪萍,马桂婷.MySQL 数据库原理及应用[M].北京:人民邮电出版社,2018.

[38] 吴伶琳,杨正校.SQL Server 数据库技术及应用[M].4版.大连:大连理工大学出版社,2022.